Toxische Männlichkeit bei jungen Migranten

Mohamed Zakzak • Ibrahim Ezzedine

Toxische Männlichkeit bei jungen Migranten

Wenn Ehre zu Gewalt wird: Handlungsansätze für Soziale Arbeit und Jugendhilfe

 Springer VS

Mohamed Zakzak
Stadt Pforzheim
Pforzheim, Deutschland

Ibrahim Ezzedine
Darmstadt, Deutschland

ISBN 978-3-658-49635-7   ISBN 978-3-658-49636-4 (eBook)
https://doi.org/10.1007/978-3-658-49636-4

Die Deutsche Nationalbibliothek verzeichnet diese Publikation in der Deutschen Nationalbibliografie; detaillierte bibliografische Daten sind im Internet über https://portal.dnb.de abrufbar.

Springer VS ist ein Imprint der eingetragenen Gesellschaft Springer Fachmedien Wiesbaden GmbH und ist ein Teil von Springer Nature.
Die Anschrift der Gesellschaft ist: Abraham-Lincoln-Str. 46, 65189 Wiesbaden, Germany

Einführung: Toxische Männlichkeit

Fast täglich erscheinen auf den Smartphone-Displays Push Meldungen von Nachrichtenportalen, Agenturen oder Social-Media-Kanälen, die in Echtzeit über Messerattacken, Schlägereien oder Raubüberfälle berichten. Die Sender sind dabei so heterogen wie das Publikum. Von überregionalen Leitmedien bis zu hyperlokalen Polizei Feeds erreicht die Meldung binnen Sekunden alle, die Alerts aktiviert haben – ganz gleich, ob sie auf dem Weg zur Arbeit sind oder abends durch ihren News Stream scrollen. Sobald in diesen Kurzmeldungen junge Männer mit Migrationsgeschichte als Tatverdächtige genannt werden, schellen die Zugriffszahlen nach oben, Talkshows setzen Sondersendungen an und in Kommentarspalten wie Kaffeeküchen bewegt plötzlich nur noch eine Frage: Wie sicher sind unsere Straßen wirklich?

Die daraus entstehende Verunsicherung ist nachvollziehbar: Gewaltverstanden als jede Form physischer oder psychischer Schädigung, die gegen den erklärten oder mutmaßlichen Willen einer Person ausgeübt wird – unterbricht das Grundbedürfnis nach Schutz und Vorhersehbarkeit. Doch jedes (mediale) Schlaglicht auf eine Gewalttat wirft zugleich einen langen Schatten. Es blendet die Biografien der Tatverdächtigen aus ihre Bildungsabbrüche, Ausgrenzungserfahrungen, Loyalitätszwänge und Rollenvorbilder, die Härte zur Pflicht erklären. Es gibt keine Täterschaft ohne Geschichte. Genau auf diese Geschichten richtet dieses Buch den Fokus: Es fragt weniger nach härteren Strafen als danach, welche Versäumnisse, Kränkungen und Leerstellen einer Tat vorausgehen und wie Prävention dort ansetzen kann, bevor das Messer gezogen oder die Faust geballt wird.

Dieses Buch richtet den Fokus genau auf diese verborgenen Faktoren und zeigt, warum Prävention weit vor der Eskalation ansetzen muss. Hinter jeder Schlagzeile verstecken sich komplexe Lebensläufe, verpasste Chancen, schleichende Kränkungen, institutionelle Fehlstellen. Jeder Stich mit einer Klinge in Richtung des Körpers einer anderen Person, jeder Tritt gegen einen Kopf eines Menschen ist nicht nur eine unmittelbare Verletzung des Opfers, sondern auch ein alarmierendes Symptom tiefer liegender gesellschaftlicher Bruchstellen: Mängel im Schutzsystem, Lücken in der schulischen Förderung, Versäumnisse bei der Integration, Enttäuschungen im Kontakt mit Behörden, fehlende Kompetenzen zur Bewältigung psychischer Notlagen. Wer auf diese Gewalt ausschließlich mit verschärften Strafen reagiert, löscht zwar die sichtbaren Flammen, lässt aber den Brandbeschleuniger dort weiterglimmen, wo er entstanden ist in den tragenden Strukturen unserer Gesellschaft, sei es in schlecht ausgestatteten Schulen, überlasteten Jugendämtern, diskriminierenden Behördenabläufen und all jenen sozialen Netzen, die Brüche nur notdürftig auffangen.

Konstatiert werden muss, dass konsequente Strafverfolgung unverzichtbar bleibt. Eine Gesellschaft, die Opfer alleinlässt, verrät ihr Versprechen, Sicherheit zu gewährleisten. Doch Repression ohne Prävention gleicht dem Versuch, ein leckgeschlagenes Schiff mit Eimern auszuschöpfen, statt das Loch im Rumpf zu schließen. Gesellschaftliche Instanzen und Institutionen müssen genauer hinsehen, bevor die Gewalt eskaliert – dort, wo Jugendliche lernen, was „Stärke" bedeutet; dort, wo Kränkungen in Selbsthass umschlagen; dort, wo Hilferufe gar nicht erst formuliert werden dürfen, weil Schwäche als Schande gilt. Viele der jungen Männer, über die wir sprechen, tragen eine lange Chronik der Zurückweisung in sich. Sie sind wiederholt gescheitert in Klassenzimmern, auf dem Ausbildungsmarkt, vor Behördenfenstern. Gleichzeitig begegnet ihnen ein Rollenbild, das Härte verherrlicht und Verletzlichkeit verspottet: Ein ‚richtiger Mann' zeigt keine Angst, gibt keine Fehler zu, führt notfalls mit Gewalt. Diese Deutung von Männlichkeit ist nicht angeboren. Sie wird gelernt. Patriarchale Familienstrukturen, in denen Autorität über Fürsorge steht, liefern die erste Skizze. Gruppendruck auf Schulhöfen, Cliquen in sozialen Netzwerken und manche Rap-Texte füllen die Konturen mit aggressiver Farbe.

Alfred Adlers Individualpsychologie geht davon aus, dass jeder Mensch von frühester Kindheit an ein Gefühl grundlegender Unvollkommenheit oder organischer Minderwertigkeit erlebt. Dieses Empfinden ist zunächst produktiv, weil es das Kind zum Streben nach Vervollkommnung anregt. Gerät das Minderwertigkeitsgefühl jedoch außer Kontrolle – etwa durch wiederholte Demütigungen, Lieblosigkeit oder gesellschaftliche Abwertung, entsteht ein kompensatorisches Bedürfnis nach Überlegenheit (Adler, 1929/2013). Das Ich entwickelt dann einen Lebensstil, der Schwäche verleugnet und Stärke inszeniert, um die innere Kränkung zu neutralisieren. In patriarchal-autoritären Milieus kann dieser Lebensstil leicht in Dominanz- und Machtverhalten kippen, weil Härte dort sozial anerkannt und emotionaler Ausdruck abgewertet ist.

Gesellschaftliche Ausgrenzung ob real erfahren oder medial zugespitzt verleiht dem Bild seine dramatische Tiefenwirkung. Wer sich dauerhaft minderwertig oder machtlos erlebt, neigt nach dieser Logik dazu, Kränkungen durch demonstrative Überlegenheit wettzumachen etwa durch Einschüchterung oder Gewalt. Genau hier braucht es ein Umdenken. Stellen wir uns vor, Schulen, Jugendhilfe, Medien und Politik eröffneten Jugendlichen die Möglichkeit, Größe neu zu definieren. Stärke würde dann nicht länger bedeuten, andere zu unterwerfen, sondern den Mut aufzubringen, eigene Angst, Zweifel und Verletzlichkeit anzusprechen und Verantwortung zu übernehmen. Ein solches Leitbild könnte die kompensatorische Spirale aus Minderwertigkeit und demonstrativer Härte durchbrechen und Raum für empathische, konstruktive Formen von Selbstbehauptung schaffen.

Wie wäre es, wenn Respekt nicht länger über Drohgebärden, sondern über Empathie verhandelt werden würde? Wer solche Räume öffnet ob in Schulprojekten, Jugendclubs oder Gesprächskreisen stellt fest, dass Männlichkeit formbar ist. Sie ist kein Betonpfeiler, sondern ein Geflecht aus Gewohnheiten, Erwartungen und Mythen. Schließlich sind dies Elemente, die sich überprüfen, herausfordern und verändern lassen.

Dieses Buch will einen praktischen Beitrag leisten. Es lädt dazu ein, genauer hinzuschauen, irritierende Fragen zu stellen, eingefrorene Überzeugungen und Schubladendenken aufzutauen. Es will Fachkräfte befähigen, Eltern stärken, politische Entscheider:innen sensibilisieren und nicht zuletzt den Jugendlichen selbst eine Stimme geben. Denn hinter den meisten aggressiven Posen steckt ein Mensch, der so paradox es klingen mag, Anschluss sucht, Anerkennung braucht und um seiner selbst willen gesehen werden möchte. Im Zentrum des Buches stehen männliche Jugendliche und junge Erwachsene in Deutschland, deren familiäre Wurzeln mehrheitlich in türkisch-, kurdisch- oder arabischsprachigen, meist muslimisch geprägten Milieus liegen – unabhängig, ob sie hier geboren wurden oder im Zuge von Familienmigration bzw. Flucht eingereist sind. Alle Fallvignetten, Statistiken und Praxisbeispiele beziehen sich daher auf Gewalthandlungen, die im deutschen Kontext registriert wurden und spiegeln die Bedingungen von Schule, Sozialarbeit und Strafverfolgung in der Bundesrepublik wider.

»Toxische Männlichkeit« meint in diesem Buch nicht den Mann per se. Vielmehr bezeichnet der Begriff ein kulturell und psychologisch gewachsenes Rollenskript, das Männer auf eine schmale Verhaltensspur zwingt. Diese wird dominiert von Härte, Abwertung des Weiblichen, emotionaler Selbstverleugnung und Gewaltbereitschaft. Der Psychiater Terry A. Kupers (2005) definiert toxische Männlichkeit als eine „Konstellation sozial rückschrittlicher männlicher Eigenschaften, die Dominanz, die Abwertung von Frauen, Homophobie und zügellose Gewalt fördern" (S. 714). Auch die American Psychological Association

(APA, 2018) betont in ihren Leitlinien zur Arbeit mit Jungen und Männern, dass bestimmte traditionelle Männlichkeitsideale etwa emotionale Kontrolle, Wettbewerbsstreben und Dominanzverhalten signifikant mit gesundheitsschädlichem Verhalten, innerpsychischer Überlastung und der Tendenz zu aggressivem oder selbstschädigendem Handeln einhergehen. Toxische Männlichkeit ist somit kein einzelnes Verhalten, sondern ein Normensystem, das tief in kulturellen, erzieherischen und medialen Kontexten verwurzelt ist. Es beginnt oft subtil mit harmlos scheinenden Sätzen wie „Ein Indianer kennt keinen Schmerz" oder „Stell dich nicht so an". Es setzt sich fort in religiösen oder patriarchalen Narrativen („Der Mann muss das Sagen haben"), in Heldenbildern aus Werbung, Sport oder Actionfilmen („No pain, no gain") und in Alltagscodierungen, die jede Form von Empfindsamkeit mit Makel gleichsetzen. In diesem Skript gilt: Stärke bedeutet Kontrolle, Emotionen mit Ausnahme von Wut – sind zu unterdrücken und echte Männlichkeit misst sich an Durchsetzungsfähigkeit, nicht an Reflexion. Doch diese Normen fordern ihren Preis nicht nur von Frauen, die unter sexualisierter Gewalt und struktureller Abwertung leiden, sondern auch von Männern selbst. Wer von klein auf lernt, Gefühle zu unterdrücken, entwickelt laut American Psychological Association (APA, 2018) ein höheres Risiko für psychische Erkrankungen wie Depressionen, Angststörungen oder Suchterkrankungen. Gleichzeitig neigen Männer, die stark an solchen Männlichkeitsidealen festhalten, statistisch häufiger zu Gewalt, zu Risikoverhalten und zur Abwertung anderer Gruppen insbesondere von Frauen, queeren Menschen oder als „weich" wahrgenommenen Männern. Die Folgen sind weitreichend: Männer bagatellisieren eigene Verletzungen oder schweigen sich aus, um nicht als schwach zu gelten. Frauen erleben Grenzüberschreitungen, die durch männliche Kontrollfantasien legitimiert werden. Kinder wachsen in einem Klima auf, in dem Nähe rar ist, Empathie sanktioniert wird und autoritäre Härte als Stärke gilt. Diese soziale Programmierung kennt kein Geschlecht, aber sie wirkt besonders stark dort, wo andere Ressourcen fehlen, z. B. in prekären Lebenslagen, in Ausgrenzungserfahrungen, in Milieus, in denen Zugehörigkeit über Stärke definiert wird.

Deshalb geht es bei toxischer Männlichkeit nicht um eine pauschale Kritik an Männlichkeit, sondern um die Ablehnung jener einengenden und gesundheitsgefährdenden Ideale, die Jungen und Männer emotional vereinsamen, Beziehungen vergiften und gesellschaftliche Gewaltspiralen antreiben. Es braucht neue Bilder von Männlichkeit solche, die Empathie, Verantwortungsübernahme, Dialogfähigkeit und Reflexion als Ausdruck echter Stärke begreifen. Erst wenn Männer ihre Gefühle nicht mehr verstecken müssen, wenn Nähe nicht als Schwäche gilt, sondern als Mut, dann verliert das alte Skript seine Macht.

Ich begegne diesen Wirkmechanismen täglich. Als Diplom-Sozialarbeiter und Inklusionsbeauftragter bewege ich mich an Nahtstellen von Zugehörigkeit, Identitätsbildung und struktureller Ungleichheit. In Jugendämtern, Schulfluren, Haftanstalten und Stadtteilzentren sehe ich, wie toxische Männlichkeit Bildungswege verkürzt, Beziehungen vergiftet, politische Teilhabe blockiert. Ich höre die Geschichten von Vätern, die jahrelang keine andere Gefühlsregung als Zorn kannten und von Söhnen, die dieselbe Sprache lernen, weil niemand sie in eine andere einführt. Besonders in marginalisierten Milieus – dort, wo Armut, Rassismus-Erfahrungen und Perspektivlosigkeit zusammenkommen – kann diese schwierige Gemengelage das Risiko von Konflikten deutlich erhöhen.

Warum also müssen wir darüber sprechen?

- **Weil Gewaltprävention weit vor dem Polizeieinsatz beginnt:** Sie entsteht dort, wo Kinder und Jugendliche erleben, dass ihre Gefühle ernst genommen werden, Konflikte gewaltfrei gelöst werden können und Erwachsene ihnen aufmerksam zuhören im Klassenrat, in der Jugendarbeit und in der Familie.
- **Weil verantwortungsvolles Handeln, die Bereitschaft zu Fehlerkorrektur und Empathie prägende Kernkompetenzen sind:** Sie stärken jede Person, machen Machtdemonstrationen überflüssig und fördern konstruktive Beziehungen unabhängig vom Geschlecht.
- **Weil Geschlechtergerechtigkeit allen zugutekommt:** Wenn starre Rollenbilder aufgelöst werden, gewinnen Frauen an Teilhabe und Sicherheit, während Männer mehr emotionalen Spielraum und vielfältigere Lebensoptionen erhalten.

Ich schreibe dieses Buch als Fachkraft, als Mann mit Migrationsgeschichte und vor allem als Mensch, der erlebt hat, wie tief verankerte Männlichkeitsmythen Leid verursachen. Seit vielen Jahren arbeite ich in der Jugendhilfe, in der Schulsozialarbeit und in der Gewaltprävention und habe beobachtet, wie Scham in Aggression kippt, wie aus innerer Leere Radikalisierung wächst und wie spät manche begreifen, dass Härte nicht schützt, wenn die Seele blutet. Dieses Buch richtet sich an alle, die zu spät verstanden haben, dass ‚Durchbeißen' kein Heilmittel ist; an Lehrkräfte, die zwischen Lehrplan und Lebenswelt vermitteln wollen; an Sozialarbeiterinnen, die täglich abwägen zwischen Konfrontation und Fürsorge; an Politiker, die Gesetze verabschieden, aber Lebensrealitäten oft nur aus Statistiken kennen. Doch vor allem richtet es sich an die Jugendlichen selbst, die in dem engen Korsett toxischer Männlichkeit kaum atmen können. Ihnen möchte ich zeigen: Du darfst zweifeln. Du darfst Angst haben. Du darfst Hilfe annehmen, ohne deine Würde zu verlieren. Denn Würde wächst nicht aus Dominanz, sondern aus der Freiheit, sich verletzlich zeigen zu dürfen. Damit Veränderung greift, reicht kein Appell an die Einzelnen. Prävention und Resozialisierung sind Gemeinschaftsaufgaben. Politik und Gesellschaft tragen die Verantwortung, Rahmenbedingungen zu schaffen, in denen pädagogische Arbeit gelingt: verlässliche Finanzierung, verzahnte Hilfesysteme, konsequente Inklusionspolitik, niedrigschwellige Freizeitangebote. Geschlechtersensible Bildungsarbeit darf kein Randthema sein; sie gehört in Lehrpläne, Ausbildungsordnungen, Stadtratssitzungen. Nur so können wir Gewalt nachhaltig vorbeugen, Teilhabe stärken und jungen Männern echte Zukunftsperspektiven eröffnen.

Was toxische Männlichkeit antreibt

Wie wird ein Rollenbild so mächtig, dass es selbst gegen den gesunden Selbsterhalt verstoßen kann? Wer das verstehen will, muss zwei Ebenen gleichzeitig betrachten: die großen kulturellen Erzählungen, die Männer seit Jahrhunderten prägen und die konkreten Alltagsskripte, die Jungen in ihren Familien und Peergroups erlernen. Beginnen wir mit Letzteren, denn sie entscheiden darüber, ob sich ein abstraktes Ideal tatsächlich in Handlung übersetzt.

In meiner Praxis tauchen immer wieder vier Familientypen auf, die – bei aller Überschneidung – unterschiedliche Signale an heranwachsende Söhne senden. Da ist zum einen der konservativ-patriarchale Typ, in welchem Autorität ohne Diskussion gilt und Vaterworte eher Befehl als Einladung sind. Hier lernen Jungen früh, dass die eigene Wertzuschreibung über Gehorsam und Härte definiert wird; Gefühle erscheinen höchstens als vermeintlich schwacher Zug der Mutter. Des Weiteren gibt es religiös geprägte Haushalte, die starken Halt und Gemeinschaft bieten, zugleich aber Geschlechtergrenzen normativ absichern: Der Sohn erlebt, dass Fürsorge zwar erlaubt ist, doch letztlich die Verantwortung und damit die Macht bei ihm liegen soll. Im leistungsorientierten Setting wiederum ist Zuneigung eng an ein Resultat gekoppelt. Dieses vergegenwärtigt sich in Form von Noten, Sporterfolgen und sozialem Status. Wer versagt, dem wird Enttäuschung entgegengebracht – manchmal subtil, manchmal unverblümt. Überdies existieren modernegalitäre Familien, die auf Dialog, geteilte Hausarbeit und emotionale Offenheit setzen, doch auch hier kann Unsicherheit entstehen, wenn externe Rollenvorbilder die heimische Botschaft kontrastieren. Die Mischung aus diesen Erziehungskonzepten erzeugt bei vielen Jugendlichen kognitive Reibung: Zwischen ,sei weich' und ,sei unantastbar' bleibt wenig Raum für authentische Selbstdefinition.

Parallel dazu wirkt ein historisch gewachsener Ehrbegriff, der in weiten Teilen des Mittelmeer- und Nahostraums, aber auch in ländlichen deutschen Regionen lange Zeit soziale Ordnung garantierte. Ursprünglich beschrieb *Ehre* Hilfsbereitschaft, Gastfreundschaft, die Verpflichtung, Schwächere zu schützen. Mit dem

Übergang zur Moderne verengte sich der Begriff jedoch: In feudalen Macht-systemen verschmolz Ehre zunehmend mit Kontrolle weiblicher Sexualität und der Fähigkeit, Beschämung öffentlich zu vergelten. Wer Angriffe auf die eigene oder familiäre ‚Ehre' unbeantwortet ließ, riskierte Statusverlust. Dieses Deutungs-muster überdauerte Migration, weil es als transgenerationales Narrativ weiter-gegeben wurde – oft unreflektiert, jedoch emotional stark besetzt. Wenn Jugend-liche heute von „Respekt" sprechen, greifen sie nicht selten auf eben dieses alte Skript zurück, nur dass die Bühne jetzt der Spielplatz, der Bus oder ein Instagram-Livestream ist. Die Geschwindigkeit, mit der ein Blick, ein Spruch oder ein Emoji eskalieren kann, erklärt sich nicht nur durch fehlende Impulskontrolle, sondern auch durch ein tief verankertes Mandat: ‚Ehr-Verletzung' darf nicht offenbleiben, sie verlangt Handlung bzw. Reaktion zur Wiederherstellung der Ehre, auch wenn diese selbstschädigend ist.

Als weiterer Verstärker wirkt Gruppenzugehörigkeit. Viele der von der Mehr-heitsgesellschaft als ‚Problemjugendliche' etikettierten Jungen bewegen sich in ge-sellschaftlichen Kontexten, die öffentliches Scheitern laufend vorführen: Hoch-hausfassaden mit kaputten Fahrstühlen; Schulen, deren Digitaltafeln seit Monaten in Folge eines Defekts blinken; Behördenflure mit Formularen in Amtsdeutsch. Re-spekt erhält, wer Kontrolle demonstriert – über Körper, Territorium, notfalls Waf-fen. Peers fungieren dabei wie Resonanzräume: Peers sind Menschen derselben Alters- oder Statusgruppe meist gleichaltrige Freund:innen, Klassenkamerad:in-nen oder Clique, deren gemeinsame Lebenswelt sie zu besonders einflussreichen Bezugspersonen macht, weil Anerkennung unter Gleichgestellten in der Jugend-phase oft wichtiger wirkt als das Urteil von Erwachsenen. Jeder Blick bestätigt oder entwertet die Inszenierung von Männlichkeit, bis am Ende ein verzerrte Selbstbild, das in einem Gruppenbild aufgeht, den eigentlichen Selbstwert ersetzt. Manch aggressive Tat lässt sich erst entschlüsseln, wenn man das Publikum mit-denkt, das sie über Live-Stories oder Gruppenchats in Echtzeit verfolgt.

An dieser Stelle kommt ein psychodynamischer Mechanismus ins Spiel, den psychoanalytische Autoren als „narzisstische Wunde" beschreiben. Wer in Kind-heit und Jugend kaum gespiegelt wurde sei es durch abwesende Väter, überforderte Mütter oder diskriminierende Autoritäten, entwickelt ein fragiles Selbstgefühl. Jede Kleinigkeit kann zur Totalkränkung werden und jeder Widerspruch kann sich zur Demütigung entwickeln. Gewalt fungiert dann als radikale Selbststabilisierungs-strategie: Der Schlag nach außen übertönt die Ohnmacht innen. In Gesprächen mit delinquenten Jugendlichen wird dieser Punkt rasch sichtbar: Hinter der breit-beinigen Pose lauert die Angst, man könne sie auf ihre Unsicherheit festnageln dies ist ein Risiko, das sie lieber mit Übergriff als mit Offenlegung beantworten. Doch toxische Männlichkeit speist sich nicht nur aus Defiziten, denn sie bietet auch verführerische Gewinne. Wer sich an das ‚Skript' hält, erhält mitunter sofortige Bestätigungen: Einschüchtern verschafft Gehör, Revanche sichert Anerkennung, Härte wird als Schutzschild wahrgenommen. Der ultimative Kurzschluss lautet: Gewalt = Präsenz. Diese Formel wäre bequemer zu delegitimieren, wenn alternative Wege zu Anerkennung im Alltag wirklich offen stünden. Häufig jedoch erleben dieselben Jugendlichen, dass schulische Erfolge weniger zählen als die Adresse im Ausweis, dass Sportvereine Gebühren verlangen, die das Monatsbudget sprengen, oder dass Homepages von Ausbildungsbetrieben zwar Vielfalt propagieren, aber Bewerbungen mit fremd klingendem Nachnamen keine Einladung erhalten. Das System belohnt ihre Friedfertigkeit nicht verlässlich, warum also nicht die Tools verwenden, die im Kiez tatsächlich Wirkung zeigen? Die Antwort liegt nicht im moralischen Zeigefinger, sondern in glaubwürdig gelebten Gegenmodellen. An Schulen, die respektvollen Diskurs üben, sinkt das Bedürfnis nach physischer Machtdemonstration. In Jugendhäusern, in denen männliche Fachkräfte offen über Angst sprechen, verlieren Tränen ihren Preis. In Stadtteilen, die Chance auf legale Teilhabe bieten, verringert sich der Reiz, Respekt über Grenzverletzung einzufordern. Solche Erfahrungen sind das pädagogische Gegenmittel zur toxischen Selbsterzählung: Sie schreiben ein neues Drehbuch, in dem Verletzlichkeit nicht Exil bedeutet, sondern Zugehörigkeit.

Themenkompass des Buches

Ich beginne mit der Praxis, aus der dieses Buch erwachsen ist: Fast zwei Jahrzehnte begleite ich arabische und türkische Familien in Deutschland, beobachte konservativ-patriarchale, streng religiöse, stark leistungsorientierte und egalitär-moderne Erziehungsmuster jeweils mit eigenen Stärken und Risiken. Indem ich typische Konfliktfelder wie Sprachförderung, Geschlechterrollen oder Loyalitätsdruck offenlege, zeige ich, wo Fachkräfte ansetzen können, um Türen zu öffnen, anstatt Mauern hochzuziehen. Darauf folgt ein historischer Rückblick auf den Ehrbegriff: Ehre bedeutete einst Schutzpflicht, Gastfreundschaft und Versöhnung; erst moderne Umbrüche machten sie zum Instrument patriarchaler Kontrolle über weibliche Sexualität. Ich zeige, wie dieser begriffliche Schwenk die Grundlage für viele heutige Gewaltlogiken bildet und weshalb eine Rückbesinnung auf die ursprünglichen Werte von Verantwortung und Großmut nötig ist. Aus dieser Grundlage heraus erkläre ich, wie toxische Männlichkeit entsteht, wenn Angst vor Entwertung, Ehr- und Loyalitätszwang sowie patriarchaler Erwartungsdruck einander verstärken. Härte wird dann zur Schutzrüstung, Gewalt zur Ersatzsprache. Ich beschreibe fünf typische Eskalationsmechanismen, die diesen Prozess antreiben und lege offen, an welchen biografischen Rissen Pädagogik eingreifen kann. Weil kein Mensch in einem Vakuum lebt, widme ich ein ganzes Kapitel den Kraftquellen gelingender Beziehungen. Eltern, Geschwister, Mentor:innen, Lehrkräfte und Peers wirken wie Puffer gegen Gewalt, wenn sie Stabilität und Anerkennung bieten. Empirische Befunde belegen, dass schon ein einziger verlässlicher Erwachsener das Risiko für Delinquenz drastisch senkt, besonders bei Jugendlichen, die zwischen Herkunftserwartungen und deutscher Mehrheitskultur zerrieben werden. Danach zerlege ich Gewalt in ihre Grammatik. Ein Schlag kann die Botschaft sein: „Ich existiere und ich ertrage meinen Schmerz nicht mehr." Ich definiere Gewalt daher nicht nur juristisch, sondern als Kommunikation, deren fünfstufige Dramaturgie von Demütigung bis Kurzschluss reicht. Psychodynamische Analysen, sozioökonomische Stressoren und strukturelle Diskriminierung fließen zusammen, um sichtbar zu machen, warum junge Männer häufig genau dort zuschlagen, wo Worte fehlen. Damit die Debatte nicht in bloßer Empörung verharrt, ordne ich anschließend die Polizeistatistiken von 2015 bis 2024 ein. Die Zahlen offenbaren Überrepräsentationen, aber auch methodische Stolperfallen: Anzeigeverhalten, Kontrolldichte und Altersstruktur verzerren das Bild. Wenn Delikte auf Bevölkerungsanteile, Aufenthaltsdauer und Soziallage umgerechnet werden, verliert so mancher Tabloid-Alarm seinen Schrecken und wird zum Steuerinstrument für passgenaue Prävention. Die nächste Station ist die Stadt als Bühne: Ich schildere, wie Quartiere veröden, wenn Infrastruktur bröckelt und sich der Staat zurückzieht und wie Gewalt als soziale Währung gedeiht. Zugleich zeige ich erprobte Modelle: beleuchtete Unterführungen, präsente Streetworker, Quartiersräte, in denen Polizei und Jugendhilfe auf Augenhöhe agieren. Diese Mischung senkt Gewaltraten messbar, ohne Bewohner unter Generalverdacht zu stellen. Zum Schluss rücke ich von der Makro-Ebene wieder ganz nah heran: An der Biografie eines Jugendlichen namens Omar illustriere ich, wie Anerkennung, Anti-Gewalt-Training und ein Praktikum in der Kfz-Werkstatt eine scheinbar festgeschriebene Spirale aus Härte und Loyalität durchbrechen. Ich entwickle ein gestuftes Präventionsdesign, das von breiter Sensibilisierung über zielgerichtete Gruppenarbeit bis zur intensiven Einzelbegleitung reicht und argumentiere, warum konsequente Sanktionen erst dann wirken, wenn sie von echten Chancen flankiert sind.

So spannt das Buch einen Bogen von familiären Wurzeln über kulturelle Codes, strukturelle Rahmenbedingungen und städtische Lebenswelten bis hin zu konkreten Ausstiegspfaden. Es zeigt: Toxische Männlichkeit ist kein Schicksal, sondern ein veränderbares Muster vorausgesetzt, Gesellschaft, Politik und Praxis liefern gemeinsam Räume, in denen junge Männer Stärke neu definieren können.

Literatur

Adler, A. (1929/2013). *The science of living* (H. L. Ansbacher & R. R. Ansbacher, Hrsg.). Routledge.

American Psychological Association. (2018). *APA guidelines for psychological practice with boys and men.* https://www.apa.org/about/policy/boys-men-practice-guidelines.pdf

Kupers, T. A. (2005). Toxic masculinity as a barrier to mental health treatment in prison. *Journal of Clinical Psychology, 61*(6), 713–724. https://doi.org/10.1002/jclp.20105

Interessenkonflikt

Die Autor*innen haben keine für den Inhalt dieses Manuskripts relevanten Interessenkonflikte.

Zusammenfassung

Gewalt von männlichen Jugendlichen mit Migrationsgeschichte wird in Politik und Medien häufig als reines Sicherheitsproblem verhandelt. Dieses Buch zeigt dagegen, dass hinter jeder Tat ein Geflecht aus biografischen Kränkungen, patriarchalen Ehrvorstellungen und struktureller Marginalisierung steht. Aufbauend auf achtzehn Jahren Praxis in der Jugend- und Familienhilfe mit türkisch-, kurdisch- und arabischstämmigen Klient:innen verbinden die Autoren qualitative Fallvignetten, kriminalstatistische Trends der Jahre 2015–2024 und interdisziplinäre Theorie, um toxische Männlichkeit als eskalierende Antwort auf erlebte Entwertung zu dekonstruieren.

Den analytischen Kern bilden fünf Eskalationsmechanismen – von Minderwertigkeitsangst über Ehr- und Loyalitätsdruck bis zur doppelten Zugehörigkeitskrise – die erklären, warum Gewalt für viele Jungen zur schnellsten Form sozialer Präsenz wird. Diese Dynamiken werden mit einer historisch informierten Rekonstruktion des Ehrbegriffs verknüpft, die dessen Wandel vom gemeinschaftsstiftenden Solidaritätscode zum Mittel patriarchaler Kontrolle nachzeichnet. Auf dieser Grundlage entwirft das Buch ein dreistufiges Präventionsmodell: breite Sensibilisierung in Schule und Offener Jugendarbeit, zielgerichtete Gruppenarbeit für Gefährdete und intensive Einzel- sowie Familienbegleitung bei manifesten Gewaltmustern. Ergänzt wird dieses Konzept durch kommunal verankerte Strategien urbaner Prävention, die Streetwork, faire Ordnungskräfte und reale Aufstiegsoptionen systematisch verzahnen.

Das Buch verdeutlicht, dass reine Repression die Gewaltspirale allenfalls verlangsamt. Nachhaltige Sicherheit entsteht erst, wenn Jungen alternative Wege zur Anerkennung eröffnet werden, wenn männliche Vorbilder Offenheit und Verletzlichkeit vorleben und wenn soziale Räume Teilhabe statt Abwertung ermöglichen.

Durch die Verknüpfung mikrosoziologischer Innenperspektiven mit makrostruktu-
rellen Handlungsempfehlungen bietet das Werk Sozialarbeit, Pädagogik und
Kommunalpolitik einen praxisnahen, wissenschaftlich fundierten Werkzeugkasten.
Zugleich wahrt es die Spannung eines narrativen Erkenntnisprozesses: Hinter jeder
Schlagzeile verbirgt sich eine Biografie – und jede Biografie birgt das Potenzial,
Gewalt zu verlernen.

Inhaltsverzeichnis

Die Autoren

Mohamed Zakzak *„Der Einsatz für Gerechtigkeit beginnt mit dem Zuhören. "*

Diplom-Sozialarbeiter, geboren 1977 im Libanon, ist seit 2019 Inklusionsbeauftragter der Stadt Pforzheim. Zuvor war er viele Jahre in der Jugendhilfe tätig, zuletzt als Teamleiter in der Schulsozialarbeit.

Zakzak ist Experte für Inklusion, Migration, Barrierefreiheit und Gewaltprävention. In seiner Funktion koordiniert er den Sozialentwicklungsplan „Inklusiv" und setzt sich für die Rechte und Teilhabe von Menschen mit Behinderungen ein.

Als Autor verbindet er persönliche Erfahrungen mit professioneller Analyse. Seine Bücher thematisieren gesellschaftliche Vielfalt, patriarchale Strukturen, politische Teilhabe und die Herausforderungen junger Männer mit Migrationsgeschichte:

• Barrierefreiheit im öffentlichen Verkehrsraum (2024)

• Die Mhallamis – Tradition und Integration arabischer Clans (2025)

Er ist Gründungsmitglied des Fachverbands Bürgerbeteiligung, engagiert sich ehrenamtlich in sozialen Projekten und tritt regelmäßig in Medien, auf Fachtagungen und in politischen Gremien als Stimme für Vielfalt, Teilhabe und Gerechtigkeit auf. Website: https://zakzak-mo.com/

Ibrahim Ezzedine (geb. 1996 in Deutschland) ist Wirtschaftsingenieur (B.Sc.) und studiert derzeit Psychologie. Seit 2023 arbeitet er als Consultant in der Personaldienstleistungsbranche mit Schwerpunkt auf Studierenden und Young Professionals. Unabhängig von Studium und Beruf engagiert er sich seit 2019 ehrenamtlich als Referent an der Seite von Mohamed Zakzak und war an Projekten sowie der Konzeption zu den Themen Trauma, Flucht und Radikalisierung beteiligt.

Mit seinem interdisziplinären Hintergrund in Technik, Wirtschaft und Psychologie will Ibrahim Ezzedine sich künftig intensiv damit auseinandersetzen, wie kommende technologische und ökonomische Entwicklungen das gesellschaftliche Zusammenleben und unsere psychologischen Denk- und Verhaltensweisen prägen – und daraus ganzheitliche, transformative Lösungen für Menschen, Unternehmen und Gesellschaft ableiten.

LinkedIn: https://www.linkedin.com/in/ibrahim-ezzedine/?originalSubdomain=de

Abbildungsverzeichnis

Tabellenverzeichnis

18 Jahre Praxis mit arabischen und türkischen Familien

Mohamed Zakzak

Zusammenfassung

Das Kapitel beschreibt vier familiäre Typen muslimischer Migranten in Deutschland: konservativ-patriarchalisch, religiös geprägt, leistungsorientiert und modern-egalitär und skizziert deren Chancen, Konflikte und Integrationsbeiträge. Konservative Familien betonen Hierarchie, Ehre und Geschlechtertrennung; sie geben Halt, erzeugen jedoch Bildungsnachteile, Sprachdefizite und das Risiko toxischer Männlichkeit. Religiös orientierte Haushalte richten Alltag und Erziehung streng nach islamischen Normen aus; ihre starke Gemeinschaft steht oft im Spannungsfeld zwischen Glaubensgeboten und schulischen Anforderungen. Leistungsorientierte Familien investieren intensiv in formale Bildung, lösen teils traditionelle Rollen auf und erzielen hohe Bildungsabschlüsse, doch dominanter väterlicher Leistungsdruck kann psychisch belasten und patriarchale Machtstrukturen festigen. Moderne, egalitäre Familien teilen Erwerbs- und Care-Arbeit partnerschaftlich, pflegen bilinguale Alltagskultur und sind integrationsoffen, werden jedoch innerhalb der Community bisweilen für liberale Werte kritisiert. In ihren Lebenswelten weisen Familien meist Mischformen dieser beschriebenen Typen auf, deren Dynamiken von Herkunft, Migrationserfahrungen und Generationeneinflüssen geprägt sind. Übergreifende Herausforderungen bleiben Bildungs- und Integrationsansprüche, traditionelle Geschlechterrollen, Identitätskonflikte und negative schulische Stereotype. Starke Familienbindungen, Gemeinsinn und Bildungsaspirationen bieten zugleich bedeutende Ressourcen

M. Zakzak (✉)
Stadt Pforzheim, Pforzheim, Deutschland

für gelingende Teilhabe. Dies macht differenzierte, kultursensible Bildungs- und Beratungsangebote erforderlich, die sowohl Empowerment als auch Dialog mit Mehrheitsinstitutionen fördern.

Schlüsselwörter

Konservativ · Religiöse · Leistungsorientierte · Moderne · Geschlechterrollen · Identitätskonflikte · Toxische Männlichkeit

Die nachfolgend beschriebenen Erziehungs- und Familienmuster konservativ-patriarchalische, religiös geprägte, leistungsorientierte sowie moderne, egalitäre Familien – beruhen nicht nur auf theoretischen Typologien der Familien- und Migrationsforschung (Toprak, 2018; Becher & El-Menouar, 2014; Yıldız, 2013), sondern auch auf meinen über 18 Jahren Praxiserfahrung in Familienhilfe, Sozialarbeit, Schulsozialarbeit und interkultureller Beratung mit arabisch- und türkischstämmigen Familien in Deutschland.

In diesen Jahren habe ich mit einer großen Bandbreite an Familiensituationen gearbeitet: von traditionell geprägten Großfamilien über religiös-konservative Haushalte bis hin zu modernen, bildungsorientierten Elternpaaren mit egalitären Werten. Dabei wurde deutlich: Es gibt nicht ‚die arabische‘ oder ‚die türkische‘ Familie, sondern vielfältige Formen des Zusammenlebens, unterschiedliche Wertevorstellungen und Erziehungsstile, welche geprägt sind von Herkunft, Migrationsverlauf, sozialem Umfeld, Bildungshintergrund und persönlichen Überzeugungen.

Gerade im interkulturellen Kontext sind Verallgemeinerungen wenig hilfreich. Dennoch lassen sich im Berufsalltag wiederkehrende Erziehungs- und Familienmuster erkennen, die ‚typische‘ Dynamiken, Herausforderungen und Entwicklungstendenzen aufzeigen. Diese dienen nicht der Vereinfachung oder Etikettierung, sondern sollen helfen, kulturell sensibler zu begleiten, besser zu verstehen und geeignete pädagogische oder sozialarbeiterische Zugänge zu schaffen.

Die im Folgenden kurz dargestellten vier Erziehungs- und Familienmuster konservativ-autoritär, religiös, leistungsorientiert und moderne Familien beruhen auf konkreten Beobachtungen und Erfahrungen aus der langjährigen Arbeit mit Familien unterschiedlicher Herkunft. Sie bieten eine Orientierungshilfe, um die Vielfalt familiärer Lebensrealitäten besser zu erfassen.

Wichtig ist: Die Übergänge zwischen diesen Mustern sind fließend. Viele Familien vereinen Elemente mehrerer Ausrichtungen, verändern sich im Laufe der Zeit oder verhalten sich je nach Lebenssituation unterschiedlich. Der Bildungsstand der Kinder, das soziale Umfeld, positive oder negative Erfahrungen mit deutschen Institutionen sowie gesellschaftlicher Wandel in Herkunfts- und Aufnahmeland beeinflussen, wie eine Familie sich entwickelt. Generationenkonflikte, kulturelle Aushandlungsprozesse und die Suche nach Zugehörigkeit prägen diese Entwicklungen zusätzlich.

In meiner Arbeit wurde zudem deutlich: Veränderung ist möglich, aber sie braucht Vertrauen. Erst wenn Familien sich ernst genommen und nicht bevormundet fühlen, entstehen Offenheit und Bereitschaft zur Reflexion. Dies gilt besonders bei Themen wie Gleichstellung, Bildung, Partnerwahl oder Religionsausübung. Entscheidend ist der respektvolle, verstehende Zugang – auf Augenhöhe und mit kulturellem Feingefühl.

Die folgenden vier Erziehungs- und Familienmuster stellen also keine festen Kategorien dar, sondern bilden lebendige Arbeitskonzepte, gewachsen aus Erfahrung, Austausch und vielfältiger Begegnung. Sie bieten eine praktische Grundlage für die pädagogische Arbeit mit Familien, die sich zwischen Herkunft und Ankommen, zwischen Tradition und Moderne, zwischen religiöser Orientierung und gesellschaftlicher Teilhabe bewegen.

1.1   Konservativ-patriarchalische Familien

In konservativ-autoritären Familien stehen traditionelle Werte und klare Hierarchien im Mittelpunkt (Toprak, 2012, S. 14 ff.). Geschlechterrollen sind stark getrennt: Der Vater gilt als Familienoberhaupt und Alleinverdiener, die Mutter übernimmt Hausarbeit und Kindererziehung. Mädchen erhalten häufig weniger Förderung oder Bildungschancen als Jungen (Toprak, 2012, S. 20 ff.).

In der Beratung beobachte ich vielfach: Väter treffen die wichtigen Entscheidungen, oft in enger Abstimmung mit den älteren Generationen (Großeltern). Die Erziehung ist stark auf Gehorsam, Respekt vor Autoritäten und Pflichterfüllung ausgerichtet beispielsweise wird Disziplin noch mit Hausarrest oder körperlicher Strafe durchgesetzt, wenn nötig. Diese Familien stammen oft aus ländlichen Regionen oder konservativen Milieus der Türkei und arabischen Ländern, teilweise sind sie selbst erst spät in Deutschland eingewandert.

Herausforderungen
Gelebte klassische Rollenmuster können in modernen, auf Gleichberechtigung der Geschlechter ausgelegten Gesellschaften Probleme mit sich bringen. Mädchen aus solchen Familien sind in vielen Fällen kaum leistungsorientiert, wechseln oft nach der Mittelstufe auf eine niedrigere Schulform (Toprak, 2012).

Der formale Bildungserfolg der Kinder ist meist niedrig häufig ist auch die Sprachförderung ungenügend, da Deutsch nur rudimentär gesprochen wird. Diese Kinder benötigen deshalb oft Nachhilfe oder spezielle Sprachkurse. Zudem besteht ein hoher sozialer Druck innerhalb der Familie: Themen wie Partnerwahl ('Liebe vs. Arrangement') oder Werte (etwa Religiosität) müssen nach altbewährter Tradition verlaufen, was zu starken Konflikten führen kann, wenn Kinder dem entgegenstehen. Meine Erfahrung zeigt, dass Jugendliche in dieser Umgebung häufiger Identitätskonflikte erleben: Sie schwanken zwischen elterlichen Normen und deutschen Schul-/Peer-Erwartungen. Als besonders prekär erweist sich in einigen Fällen das Ehrverständnis: Kinder fühlen sich verpflichtet, das Ansehen der Familie zu wahren, was unter Umständen zu Kontrollverlust führen kann. In Beratungsfällen begegne ich häufig erlebten Belastungen durch Stigmatisierung, die sich etwa auftun, wenn Betroffene berichten, wegen ihrer Herkunft als 'Clangrößen' etikettiert zu werden, obwohl familiär oft nur wenige Cousins und Cousinen nahestehen.

Positive Aspekte

Traditionell starke Familienbindung sorgt für Solidarität und ein dichtes soziales Netz. Junge Mütter erhalten oft Unterstützung von der Großfamilie ('Betreuungsdienst' der Großeltern). In vielen Fällen bewahrt die Generationenspanne ein Gefühl von Kontinuität und kultureller Identität. Auch Respekt vor Älteren und Zusammengehörigkeitsgefühl sind in solchen Familien stark ausgeprägt. Diese Werte können Jugendlichen Sicherheit geben, sofern sie nicht zu starr angewendet werden.

Bezug zur toxischen Männlichkeit

Bestimmte Rollenbilder bergen erhebliche Gefahren: Sie verlangen von Männern, stets souverän, kontrollierend und unerschütterlich aufzutreten, während jede Gefühlsäußerung abgesehen von Ärger oder Aggression als Schwäche abgewertet wird. Unter diesem dauerhaften Erwartungsdruck übernehmen Jungen schon früh das Narrativ, dass Macht, Kontrolle und Ehre zentrale männliche Werte seien. Diese verinnerlichte Härte erfüllt dabei eine doppelte Funktion. Erstens verschafft sie unmittelbare Autorität: Wer sich unantastbar inszeniert, zwingt andere in die Defensive und setzt den eigenen Standpunkt ohne Widerspruch durch. Zweitens wirkt die Inszenierung wie ein kugelsicheres Schutzschild, das tieferliegende Verunsicherungen verdeckt. Gerade weil Verletzlichkeit tabuisiert ist, bleibt jede Form kritischer Nachfrage an der metallischen Oberfläche hängen wer nicht hinterfragt werden kann, muss auch nichts erklären. Damit stabilisiert der Habitus mehr als nur individuelles Selbstwertgefühl; er konserviert ein ganzes System patriarchaler Deutungshoheit. In Beziehungen bedeutet das: Partnerinnen, Freunde oder Kinder stoßen auf eine emotionale Festung, in der Empathie keinen Raum hat und alternative Sichtweisen rasch zur „Bedrohung" erklärt werden. Gesellschaftlich entsteht eine Struktur, die Veränderungen blockiert, weil Härte mit Normalität verwechselt und jede Abweichung als unzulässiges Risiko markiert wird. Zugleich verschärft die Fassade die innere Spannung der Männer selbst: Unausgesprochene Angst, Scham und Einsamkeit stauen sich hinter den Rüstungen aus Dominanz und Kontrolle oft mit dem Resultat von Aggression, Sucht oder psychischer Erkrankung.

Ein nachhaltiger Ausweg setzt deshalb dort an, wo das Tabu gebrochen wird: in Erziehungs- und Bildungskontexten, in denen Jungen erleben, dass verletzliche Momente das Gegenteil von Schwäche bedeuten; in öffentlichen Debatten, die Macht nicht skandalisieren, sondern transparent machen; und in Vorbildern, die Verantwortung, Dialogfähigkeit und Selbstreflexion als Teil einer pluralen, gesunden Männlichkeit verkörpern. Nur wenn der Schutzschild aus starrer Härte abgelegt wird, können Unsicherheiten sichtbar – und patriarchale Machtdynamiken Stück für Stück entmachtet – werden.

1.2   Religiös geprägte Familien

Bei einem Teil der religiös orientierten Familien, die Toprak (2012) untersucht, sind Glaube und Moscheebesuch prägende Bestandteile des Alltags. Religiöse Regeln etwa Gebetszeiten, Ernährungsvorschriften oder der Besuch eines Korankurses strukturieren dabei häufig den Tagesablauf. In vielen dieser Haushalte bleibt die Elternschaft eher autoritär organisiert. Der Vater übernimmt traditionell die führende Rolle, während die Mutter als Hausfrau/Organisatorin von Haus- oder Gebetskreisen wirkt. Das schulische Bildungsniveau ist jedoch breit gefächert. Man findet sowohl Eltern ohne Abschluss als auch Ärzt:innen oder Lehrkräfte, die ihren Glauben konsequent praktizieren (Toprak, 2012). Häufig legen diese Familien großen Wert auf eine religiöse Erziehung; Kinder lernen die Koranrezitation, einige Mädchen tragen bereits im Unterricht ein Kopftuch. Zugleich engagieren sich manche Mütter in Frauenvereinen oder Gebetsgruppen.

Aus meiner eigenen Praxis kann ich diese Beobachtungen weitgehend bestätigen. Viele religiös geprägte Familien treten sehr freundlich und gastfreundlich auf. Zugleich besteht oft unausgesprochen die Erwartung, dass Besucher zentrale religiöse Gepflogenheiten kennen oder respektieren. Wissen über Praktiken wie das Gebet oder das Auswendigrezitieren von Koranversen wird dann als Zeichen von Wertschätzung wahrgenommen.

Herausforderungen

Religiöse Familien scheinen oft geschlossener gegenüber säkularen Einflüssen zu sein, was bei Jugendlichen zu Dilemmata führen kann. So bestehen beispielsweise Spannungen, wenn Mädchen am Sport- oder Schwimmunterricht teilnehmen sollen. In einigen Fällen führt der Fokus auf Gemeinde und Moschee zu weniger Zeit für offene Kontakte mit einheimischen Gleichaltrigen. Dennoch zeigen Studien, dass sich viele Muslime in Deutschland intensiv mit ihrer Religion beschäftigen (Pfündel et al., 2021), während Kinder ohne Migrationsgeschichte oft weniger streng gläubig sind. Geschlechterrollen bleiben zumeist traditionell. Es ist häufig aber nicht zwangsläufig so, dass Frauen nach Heirat und Geburt vorrangig Hausarbeit übernehmen. Zu den häufigsten Beratungsanliegen in meiner beruflichen Praxis zählen Glaubensfragen, Konflikte bei ‚liberalen' Wünschen der Kinder (z. B. Musik hören) sowie der Umgang mit Schwärmereien für nicht-muslimische Mitschüler. Manchmal erschweren die religiösen Werte die Vermittlung zwischen Familie und Schule, etwa wenn Religionsthemen schulisch aufgebracht bzw. bewegt werden.

Positive Aspekte

Der starke Gemeinschaftssinn in Moscheen schafft Rückhalt und ein soziales Netzwerk. Religiöse Familien weisen oft einen hohen Grad an Gemeinsinn und Hilfsbereitschaft auf. Der Glaube kann als Schutzfaktor dienen beispielsweise wird frühem Drogen- oder Alkoholkonsum oft präventiv vorgebeugt. In Beratungen erleben wir, dass religiöse Werte Familien Stabilität geben und beispielsweise besonders Respekt und Nächstenliebe fördern. Manche Eltern sind stolz darauf, dass ihre Kinder sich auch als Erwachsene noch in der Gemeinde engagieren (z. B. in Moscheevereinen oder Kulturvereinen).

Bezug zur toxischen Männlichkeit

In religiös geprägten Familien zeigt sich toxische Männlichkeit vor allem durch traditionelle Rollenverteilungen und geschlechtsspezifische Kontrolle. Der Vater tritt meist als Ernährer auf, während die Mutter für Haushalt und religiöse Erziehung zuständig ist. Besonders in konservativen Kontexten wird von Mädchen erwartet, dass sie sich sittsam verhalten, keinen Schwimmunterricht besuchen und ein Kopftuch tragen. Dabei spielt die ‚Ehre' der Familie eine zentrale Rolle, die stark mit dem Verhalten der weiblichen Familienmitglieder verknüpft ist. Entscheidungen der Kinder, die als ‚liberal' gelten wie Musik hören oder Kontakte zu Gleichaltrigen stoßen oft auf Widerstand. Diese patriarchalen Strukturen fördern ein Machtgefälle, in dem männliche Autorität unhinterfragt bleibt und weibliche Selbstbestimmung eingeschränkt wird.

1.3   Leistungsorientierte Familien

In leistungsorientierten Familien streben Eltern trotz ihres niedrigen oder fehlenden eigenen Schulabschlusses nach sozialem Aufstieg und setzen daher besonders hohe Bildungsziele für ihre Kinder (Toprak, 2018). Eltern, die diesem Familientyp angehören, mussten in ihrer eigenen Biografie häufig auf weiterführende Schulbildung verzichten sei es aus migrationsbedingten Hürden, frühen Erwerbszwängen oder fehlenden Förderstrukturen, entwickeln daraus aber einen umso stärkeren Ehrgeiz, ihren Kindern genau jene Bildungswege zu eröffnen, die ihnen selbst verwehrt blieben und erwarten daher konsequent gute Abschlüsse bis hin zum Abitur und Studium. Die Kinder werden früh systematisch gefördert: Neben der Schule nehmen sie an Förderkursen teil und lernen Deutsch, Arabisch und Türkisch. Im Gegensatz zu konservativen Familientypen sind geschlechtsspezifische Erziehungsmuster weitgehend aufgehoben (Toprak, 2018). Mädchen und Jungen bekommen dieselben Chancen auf gute Schulabschlüsse – beide Elternteile betonen für alle Kinder das Gymnasium und Studium als Ziel (Toprak, 2018). Viele dieser Familien leben bereits seit mehreren Jahrzehnten in Deutschland. Häufig sind beide Eltern eingebürgert oder auf dem Weg dazu und sprechen gut Deutsch. Das Berufsleben eines Elternteils (oft des Vaters) kann nach der Migration schwieriger gewesen sein, was zu einem ‚Wiedergutmachungsdruck' führt: Sie wollen durch die Kinder ‚alles besser machen'.

Erfahrungsbeispiel
Sowohl die Beratungspraxis als auch Studien zeigen, dass Familien mit diesem Hintergrund besonders engagiert sind. Ein als typisch zu beschreibendes Beispiel ist das Folgende: Eine türkische Mutter bringt ihre Tochter bereits in der 10. Klasse regelmäßig zur Mathematik-Nachhilfe, während der Vater täglich mit Lehrkräften telefoniert und die Hausaufgaben überprüft. Auch die Geschwister erhalten gezielte Förderung. Zuhause wird in mehreren Sprachen gelesen Türkisch, Arabisch und Deutsch. Häufig nimmt die gesamte Familie an kulturellen Veranstaltungen teil, um Sprachkenntnisse und Allgemeinbildung zu erweitern. Im Alltag sind Mutter und Vater in wichtige Entscheidungen gleichermaßen eingebunden, auch wenn der Vater formal häufig noch als Familienoberhaupt gilt (Toprak, 2018).

Herausforderungen
Der Leistungsdruck ist hoch. Es kommt vor, dass Kinder trotz aller Förderung im zentralen Abschluss scheitern und daraufhin enorme Schuldgefühle entwickeln. Herausforderungen ergeben sich auch dann, wenn das sonst erfolgreiche

Familienmodell an kulturelle Hürden stößt. Beispielsweise beklagt ein türkisch-stämmiger Vater, sein Sohn werde von Lehrkräften für gute Noten als ‚Deutschland-Liebhaber' getadelt. Eltern begegnen Integrationsproblemen mit dem Anspruch, dass der Nachwuchs beides meistern soll: in der Schule Leistung erbringen und zugleich die türkische oder arabische Sprache sowie Tradition nicht verlieren. Dies mündet nicht selten in einem Dilemma bzw. in Konflikten, was häufig Verunsicherung stiftet.

Positive Aspekte

Leistungsorientierte Familien mindern Herkunfts- und Milieunachteile spürbar. Durch konsequente Förderung, regelmäßige Nachhilfe und den selbstverständlichen Gang aufs Gymnasium erreichen ihre Kinder deutlich häufiger Abitur- und Studienabschlüsse als Gleichaltrige mit ähnlichem sozioökonomischem Start. Die Mehrzahl der jungen Menschen muslimischer Herkunft aus solchen Haushalten beenden heute eine duale Ausbildung oder ein Hochschulstudium (Pfündel et al., 2021). Auffällig ist zudem ein vergleichsweise progressives Geschlechterverständnis. Töchter formulieren ambitionierte Karriereziele von Lehramt über Medizin bis zu Ingenieurwissenschaften und bekommen dafür familiären Rückenwind. Söhne wiederum halten es zunehmend für selbstverständlich, später Erziehungszeiten zu übernehmen oder Care-Aufgaben zu teilen. In der Praxis begegnen mir hier zukunftsorientierte Werte und eine gelungene Verankerung im gesellschaftlichen Alltag der Wahlheimat. Vereinsmitgliedschaften, ehrenamtliches Engagement und stabile Freundschaften zu deutschstämmigen Gleichaltrigen sind eher die Regel als die Ausnahme (Pfündel et al., 2021).

Bezug zur toxischen Männlichkeit

Bei leistungsorientierten Familien ist auffällig, wie stark der Vater als zentrale Kontroll- und Entscheidungsinstanz auftritt. Er telefoniert überaus regelmäßig mit Lehrkräften, organisiert Nachhilfe, überwacht schulische Leistungen und setzt hohe Erwartungen oft unabhängig davon, wie es den Kindern dabei geht. Die Mutter übernimmt unterstützende Aufgaben, steht aber eher im Hintergrund. Diese ungleiche Rollenverteilung spiegelt ein klassisches, patriarchal geprägtes Familienbild wider, in dem der Mann die Hauptverantwortung trägt und Entscheidungen dominiert. Toxische Männlichkeit zeigt sich hier durch übermäßigen Leistungsdruck, autoritäre Strukturen und die Erwartung, dass Erfolg und Disziplin Vorrang vor emotionaler Nähe oder individueller Entfaltung haben. Auch wenn Bildung und Aufstieg zentrale Werte sind, werden sie oft mit Kontrolle und Machtanspruch verknüpft. Daraus ergibt sich ein Umfeld, das besonders für Kinder belastend sein kann.

1.4   Moderne, egalitäre Familien

Moderne Familien sind dadurch gekennzeichnet, dass traditionelle Rollenmuster weitgehend aufgehoben sind (Toprak, 2012). Beide Elternteile sind erwerbstätig und teilen sich Haus- und Familienarbeit gleichberechtigt. Erziehung und Entscheidungen erfolgen partnerschaftlich. Weisen beide Eltern einen akademischen Werdegang auf, kann von einem hohen Bildungsstandard gesprochen werden im Lichte dessen wachsen die Kinder oftmals bilingual auf. In vielen modernen Familien lässt sich eine deutliche Aufgeschlossenheit gegenüber der deutschen Gesellschaft beobachten. Urlaube und Freundschaften finden generationenübergreifend in beiden kulturellen Kontexten statt (Deutsch und Türkisch). Oft haben bereits Großeltern oder Elternteile in der ersten Generation eine berufliche Karriere gestaltet (z. B. als Fachkräfte), wodurch die Kinder eine gelebte Verbindung beider Kulturen erfahren.

Herausforderungen
Obwohl moderne Familien in sich meist stabil sind, können sie von außen kritisiert werden etwa durch Verwandte, die traditionelle Werte bewahren wollen. Manche Eltern berichten, dass sie sich in der türkischen Community rechtfertigen müssen, weil sie keine Kopftücher erlauben oder nur ein Kind erziehen möchten. Auch eine innere Ambivalenz zeigt sich: Kinder und Jugendliche schwanken zwischen Anspruchsdenken und dem Wunsch nach Bescheidenheit oder erleben Druck, gleichzeitig ‚deutsch' und ‚türkisch' zu sein. Schwierigkeiten ergeben sich seltener durch kulturelle Traditionen, sondern eher durch komplexe Familiensituationen. Besonders bei Trennungen, wenn ein Elternteil eine neue Partnerschaft mit einer deutschen Person eingeht, entstehen Fragen nach Zugehörigkeit und Loyalität. Kinder geraten in solchen Konstellationen nicht selten in einen inneren Konflikt zwischen verschiedenen Erwartungen und Identitäten.

Übergänge und Mischformen
In der Praxis sind Familien selten klar einem Typus zuzuordnen; häufig begegnen uns Mischformen. So kann ein Vater konservativ-autoritäre Werte vertreten, während die Mutter beruflich gebildet ist und Gleichberechtigung anstrebt, was sich im Entscheidungsverhalten widerspiegelt. Ebenso gibt es Familien, die moderne Rollenbilder leben, aber gleichzeitig religiöse Feste streng begehen. Einige Familien, die leistungsorientiert sind, betonen etwa das Thema ‚Ehre' in Fragen der Partnerwahl, was sich als einen Übergang vom leistungs- zum konservativen Typ zeigt (Toprak, 2012; Yıldız, 2013).

Studien und Praxisberichte verweisen auf die fließenden Grenzen zwischen den Typen (Yıldız, 2013). Diese Übergänge sind nachvollziehbar, da Migrationserfahrungen, Bildungsniveaus und Herkunftsregionen der Eltern stark variieren. Eine alleinerziehende Mutter aus Istanbul unterscheidet sich in ihren Einstellungen womöglich deutlich von einem Vater aus einem anatolischen Dorf. Zudem lassen sich intergenerationale Dynamiken beobachten: Großeltern leben oft noch in der Türkei und beeinflussen die Erziehung über digitale Kommunikationsmittel wie Messenger-Dienste (z. B. WhatsApp), während die Eltern mit dem deutschen Alltag konfrontiert sind. Insgesamt lässt sich sagen, dass Familien keine starren Systeme sind, vielmehr überlagern sich kulturelle Traditionen und moderne Lebensrealitäten oft in komplexer Weise.

1.5 Häufige Herausforderungen

Liebe Leser:innen, in diesem Abschnitt möchte ich Ihnen die häufigsten Herausforderungen kompakt und übersichtlich zusammenfassen. Dabei gehe ich insbesondere auf Bildungs- und Integrationsdefizite, traditionelle Geschlechterrollen, zentrale Aspekte gelingender Integration, Fragen der Identitätsfindung sowie Konflikte zwischen den Generationen ein.

- **Bildungs- und Integrationsdefizite**
  Kinder aus konservativen oder stark religiösen Familien verpassen häufig den Einstieg in die deutsche Bildungssprache. Studien belegen, dass Vorurteile aufseiten der Lehrkräfte und stereotype Vorstellungen über türkischstämmige Schüler:innen deren schulische Leistung negativ beeinflussen können. Viele Kinder benötigen daher umfangreiche Sprachförderung und Nachhilfe, um mithalten zu können. Hinzu kommt eine strukturelle Benachteiligung von Migrantenkindern in deutschen Schulen – etwa durch einen Mangel an gezielten Förderangeboten oder durch segregierende Schulformen (Pfündel et al., 2021).
- **Geschlechterrollen**
  In vielen Beratungsfällen zeigt sich, dass traditionelle Geschlechterbilder in türkischstämmigen Familien stärker präsent sind als in Familien ohne Migrationsgeschichte. Typisch ist etwa das Familienmodell ‚Vater in Vollzeit erwerbstätig, Mutter mit Betreuungs- und Haushaltsarbeit Zuhause'. In besonderem Maße ist mit diesen Rollenbildern die Erwartung verknüpft, dass Frauen sich primär um Haushalt und Kinder kümmern. Studien bestätigen, dass rund 30 % der türkischstämmigen Frauen in Deutschland die Haus- und Erziehungsarbeit allein übernehmen verglichen mit etwa 11 % bei der einheimischen Bevölkerung (Becher & El-Menouar, 2014). Solche Rollenmuster können zu

einer Überlastung von Frauen führen und erschweren den Berufseinstieg, was sich auch als ein häufig aufkommendes Thema in unserer Beratungspraxis zeigt. Zudem werden Mädchen und Jungen häufig unterschiedlich behandelt. Während Mädchen seltener ausgehen dürfen, wird bei Jungen bei schulischen Problemen häufig strenger reagiert.

- **Integrationsaspekte**
  Türkisch-Arabischstämmige Familien bewegen sich häufig zwischen kultureller Herkunft und gesellschaftlicher Teilhabe. Es besteht oft der Wunsch, eigene kulturelle Werte zu bewahren und zugleich aktiv am sozialen Leben in Deutschland teilzunehmen. Studien zeigen, dass viele Muslime in Deutschland integrationsbereit sind, sich in Vereinen engagieren und regelmäßige Kontakte mit Deutschen pflegen (Pfündel et al., 2021).
- **Identitäts- und Generationenkonflikte**
  Ein zentrales Spannungsfeld stellt der Konflikt zwischen den Generationen dar. Während Eltern häufig an vertrauten kulturellen Mustern festhalten, möchten die in Deutschland geborenen Kinder neue Wege gehen. Diese Konflikte reichen von harmlosen Auseinandersetzungen über Themen wie Musikgeschmack und Kleidung bis hin zu tiefer gehenden Differenzen über die Partnerwahl oder die Ausübung von Religion. In der Beratungspraxis zeigt sich, dass viele Jugendliche das Gefühl haben, ‚zwischen den Stühlen' zu sitzen und dabei hin- und hergerissen zwischen familiären Erwartungen an die Bewahrung des kulturellen Erbes und dem Anpassungsdruck in Schule und Gesellschaft sind.

Literatur

Becher, I., & El-Menouar, Y. (2014). *Geschlechterrollen bei Deutschen und Zuwanderern christlicher und muslimischer Religionszugehörigkeit* (Forschungsbericht 21, BAMF). BAMF.

Pfündel, K., Stichs, A., & Tanis, K. (2021). *Muslimisches Leben in Deutschland 2020: Studie im Auftrag der Deutschen Islam Konferenz (Forschungsbericht 38)*. Bundesamt für Migration und Flüchtlinge (BAMF).

Toprak, A. (2012). *Unsere Ehre ist uns heilig: Muslimische Familien in Deutschland*. Verlag Herder.

Toprak, A. (2018). *Muslimische Familien und Bildung: Zwischen Ehre, Integration und Religion* [PowerPoint-Präsentation]. Forum 8, Bundeskonferenz „Gleichberechtigt leben". https://www.gleichberechtigt.org/sites/default/files/uploads/downloads/praesentation_forum_8_tropak.pdf. Zugegriffen am 24.04.2025.

Yıldız, E. (2013). Migration und Familie – Intergenerationale Beziehungen im Wandel. In M. Karakayali & J. H. Schader (Hrsg.), *Facetten der Migration in Deutschland* (S. 79–95). Springer VS. https://link.springer.com/chapter/10.1007/978-3-658-15021-1_1

Bedeutung und Wandel von Ehre in deutschen und arabischen Gesellschaften

2

Mohamed Zakzak

Zusammenfassung

Ehre war in beiden Kulturen einst ein umfassendes, persönlich verantwortetes Wertsystem. In Deutschland galt sie bis ins 20. Jahrhundert als soziales Kapital: Öffentliche Beleidigungen oder Ohrfeigen forderten öffentliche Genugtuung, notfalls sogar ein Duell; Ehrverlust bedeutete Ausschluss. Erst mit der staatlichen Strafrechtspflege (§§ 185–188 StGB) wurde ihre Verteidigung formalisiert, während die Meinungsfreiheit (Art. 5 GG) den Vorrang erhielt. In arabischen Stammesgesellschaften umfasste *sharaf/karāma* Hilfsbereitschaft, Gastfreundschaft, Streitvermittlung, Weisheit und Mut. Ein *rajul sharīf* bewies Würde, indem er Bedürftigen half und auf Rache verzichtete. Frauen galten zwar als Teil patriarchaler Strukturen, doch ihre Sexualität war nicht der zentrale Ehrenanker. Im 20. Jahrhundert verschoben Urbanisierung, Zerfall von Stammesordnungen und politische Instrumentalisierung der Religion den Fokus: Patriarchale Unsicherheit band Ehre zunehmend an weibliche Keuschheit (*namus/al-ʿard*) und männliche Kontrollmacht. Jungfräulichkeit, Gehorsam und öffentliches Auftreten von Frauen wurden Prüfsteine familiärer Würde; Gewalt zur ‚Ehrrettung' erhielt moralische Legitimation. Diese sexualisierte Lesart ist daher kein Rückgriff auf ‚alte Traditionen', sondern ein Krisenprodukt, das das ursprüngliche altruistische Ethos verdrängt. In der Diaspora kollidieren solche Ehrvorstellungen mit Gleichberechtigungsidealen, erzeugen Identitätskonflikte und Gewaltpotenziale. Für eine wirksame Prävention heißt das, Ehre

M. Zakzak (✉)
Stadt Pforzheim, Pforzheim, Deutschland

M. Zakzak, I. Ezzedine, *Toxische Männlichkeit bei jungen Migranten*,
https://doi.org/10.1007/978-3-658-49636-4_2

13

als positive Ressource neu zu definieren und Jugendlichen alternative, gewaltfreie Wege zu Anerkennung, Verantwortungsübernahme und männlicher Identität aufzuzeigen.

Schlüsselwörter

Ehre · Sharaf · Namus · Patriarchal · Gewalt · Ehrverletzung · Männlichkeit ·
Respekt

In Deutschland gilt ‚Ehre' bis heute als schützenswertes Rechtsgut. Sie wird straf-
rechtlich durch die Paragrafen 185 bis 188 des Strafgesetzbuches geschützt. Wer
ehrenrührige Äußerungen tätigt sei es in Form von beleidigenden Aussagen, diffa-
mierenden Darstellungen oder herabwürdigenden Meinungen – kann mit Geld-
oder Freiheitsstrafe belangt werden. Dieser strafrechtliche Ehrenschutz steht allerdings in einem nicht unerheblichen Spannungsverhältnis zur Meinungsfreiheit, die
durch Artikel 5 des Grundgesetzes garantiert ist und in der heutigen Gesellschaft
meist als das höhere Gut angesehen wird.

Ehre ist damit keineswegs ein Relikt früherer Gesellschaftsordnungen, sondern
bildet auch im heutigen Rechtsstaat einen normativen Kern. Sie soll den „sozialen
Wert- und Achtungsanspruch" jedes Einzelnen vor öffentlicher Herabsetzung
schützen (BVerfG, 1971). Zugleich verweist dieses juristische Schutzkonzept bereits auf eine Spannung, die die gesamte Geschichte des Ehrbegriffs durchzieht:
Zwischen persönlicher Würde, öffentlicher Reputation und den Freiheitsrechten
anderer verläuft eine brüchige Grenzlinie, die jede Epoche neu aushandeln muss.

Historisch betrachtet war die Ehre über Jahrhunderte hinweg ein zutiefst persönliches Gut und ihre Verteidigung ebenso persönliche Pflicht. Zwar versuchten
Herrschende in feudalen Staatsordnungen den Schutz der Ehre dem staatlichen Ge-
waltmonopol zu unterstellen, doch diese Versuche scheiterten oftmals. Der Ehrenkodex war zu tief im Selbstverständnis vieler Männer verankert so tief, dass sogar
tödliche Duelle bis weit ins 20. Jahrhundert hinein gesellschaftlich akzeptiert
waren (Kizilhan, 2024). Der Glaube, nur Blut könne verletzte Ehre wiederherstel-
len, war allgegenwärtig. Ehre galt dabei nicht nur als soziales Kapital, sondern
auch als moralisches Fundament der Zugehörigkeit zur Gemeinschaft. Wer seine
Ehre verlor, riskierte den Ausschluss für Männer meist wegen vermeintlicher Feig-
heit, für Frauen wegen vermeintlicher sexueller Freizügigkeit (Kizilhan, 2024).
Ehrverletzungen sei es durch öffentliche Beleidigung, Beschimpfung oder eine
Ohrfeige galten als schwerwiegende soziale Kränkungen. Die Öffentlichkeit

spielte dabei stets eine zentrale Rolle: Eine in der Öffentlichkeit erfahrene Kränkung musste auch öffentlich gesühnt werden, sonst drohte der Verlust von Ansehen und sozialer Zugehörigkeit. Bis heute wird Ehre in bestimmten Milieus zur Rechtfertigung von Gewalt herangezogen auch innerhalb familiärer Strukturen. Beleidigungen, Misshandlungen oder gar Morde werden begangen, um eine vermeintlich bedrohte Familienehre zu ‚verteidigen'. Der soziale Druck ist enorm, besonders für Männer. Nicht selten nehmen sie langjährige Haftstrafen in Kauf, um dem Makel gesellschaftlicher Ächtung zu entgehen (Kizilhan, 2024).

Der Begriff Ehre, im Arabischen häufig als *sharaf* oder *karāma* bezeichnet, stellt in traditionellen arabischen Gesellschaften einen zentralen moralischen Wert dar, der weit über seine moderne, oft missverstandene oder einseitige Bedeutung hinausgeht. Ehre war ursprünglich ein umfassendes, wertebasiertes Konzept, das den sozialen Zusammenhalt, die Verantwortungsbereitschaft sowie die persönliche Würde innerhalb von Stammes- oder Familienstrukturen prägte (Toprak, 2012). In meinem Buch Die Mhallamis – *Tradition und Integration arabischer Clans (2025)* habe ich versucht, diese vielschichtige Bedeutung kulturell einzuordnen und gegen die häufig vereinfachte oder stereotype Darstellung abzugrenzen. In seiner ursprünglichen Form war der Ehrenbegriff eng verknüpft mit Werten wie Hilfsbereitschaft, Gastfreundschaft, Respekt gegenüber Schwächeren, Weisheit und Gerechtigkeit. Ehre bedeutete nicht, wie oft fälschlicherweise angenommen, die Kontrolle über das Verhalten weiblicher Familienmitglieder oder einen archaischen Besitzanspruch auf Frauen. Vielmehr war Ehre Ausdruck eines sittlichen und sozialen Idealbildes, das sich aus dem Leben in Gemeinschaften ableitete, in denen Zusammenhalt und gegenseitige Fürsorge überlebenswichtig waren (Zakzak, 2025). Ein ehrenhafter Mann, ein sogenannter *rajul sharīf*, war jemand, der Verantwortung übernahm nicht nur für seine eigene Familie, sondern auch für die Gemeinschaft. Er wurde geschätzt, weil er den Bedürftigen half, Streitigkeiten schlichten konnte, Großmut zeigte und andere mit Würde behandelte. Hilfsbereitschaft war keine Option, sondern eine Pflicht: Wer einen Reisenden abwies, verhielt sich unehrenhaft unabhängig von dessen Herkunft. Der Gastfreundschaft wurde ein besonders hoher Wert beigemessen. Jemand, der seine Türen öffnete und teilte, was er hatte, wurde als wahrhaft ehrenhaft angesehen (Toprak, 2012). Darüber hinaus war der Ausgleich in Konflikten ein zentrales Element des Ehrenbegriffs. Es galt nicht als ehrenhaft, auf Gewalt oder Rache zu bestehen; vielmehr war es erstrebenswert, Frieden zu stiften und Einigungen herbeizuführen. Dabei übernahmen angesehene Männer mit Lebenserfahrung und gutem Ruf oft die Rolle der Vermittelnden. Dabei offenbarte sich: Wer Kompromisse ermöglichte, zeigte nicht Schwäche, sondern (innere) Größe.

Anders gelagert ist die historische Entwicklung in mediterranen und arabischen Kontexten. Julian Pitt-Rivers (1965) beschreibt Ehre hier als doppelte Währung von Selbstbild und öffentlicher Anerkennung: honour as self-esteem and honour as reputation. Wer seinen Verpflichtungen gegenüber Familie, Gästen und Bedürftigen nicht nachkam, verlor Ansehen mit Folgen für Heirat, Handel oder die Vermittlerrolle in Konflikten. Diese sozial-relationale Ehre war kollektiv eingebettet: Schande eines Einzelnen kontaminierte den Ruf der gesamten Sippe, umgekehrt erweiterte ehrenhaftes Handeln den Status der Gruppe.

Diese drei Leitdefinitionen markieren somit unterschiedliche Schwerpunkte:

- **Individuell-rechtlich** (BVerfG, 1971): Schutz der persönlichen Würde gegenüber Schmähung.
- **Sozial-relational** (Pitt-Rivers, 1965): Aushandlung von Prestige und Zugehörigkeit innerhalb der Gemeinschaft.
- **Familial-gemeinwohlorientiert** (Toprak, 2012): Verantwortungsethik, die in patriarchalen Krisenzeiten zur Sexual- und Sozialkontrolle verkürzt werden kann.

Setzt man sie zueinander in Beziehung, entsteht ein mehrdimensionales Bild, das sowohl Ressourcen als auch Risiken des Ehrenkonzepts sichtbar macht. Einerseits stiftet Ehre Solidarität, Verbindlichkeit und moralische Orientierung; andererseits birgt sie, wo sie auf Besitz- oder Kontrolllogiken reduziert wird, das Potenzial für Repression und Gewalt.

Für die vorliegende Analyse erscheint deshalb eine integrative Arbeitsdefinition hilfreich:

Ehre bezeichnet das Zusammenspiel von persönlicher Selbstachtung und sozial anerkannter Integrität, das sich in verantwortlichem, respektvollem und solidarischem Handeln äußert. Authentische Ehre beruht nicht auf Zwang oder Kontrolle über Dritte, sondern auf der frei gewählten Verpflichtung, sowohl die eigene als auch die Würde anderer zu schützen.

Diese Fassung bewahrt den rechtlichen Kern des Achtungsanspruchs, anerkennt die relationalen Dimensionen von Prestige und Gruppenzugehörigkeit und knüpft an das ursprüngliche, gemeinwohlorientierte Ehrenideal an. Sie erlaubt es zugleich, problematische Verzerrungen etwa die Fixierung auf weibliche Sexualität oder die Legitimation von Rache als Missbrauch zu kennzeichnen, ohne den Begriff selbst preiszugeben. Ein weiteren bedeutsamen Elemente des Ehrenverständnisses waren Wissen und Weisheit. Derjenige, der klug und besonnen sprach, religiöse Texte kannte und Geduld übte, galt als ehrwürdig, nicht der Lauteste oder

Stärkste. *Muruwwa* ein Begriff, der oft mit Ritterlichkeit übersetzt wird – steht für ein ethisches Ideal: gerecht, bescheiden, loyal, geduldig und hilfsbereit zu sein, selbst gegenüber Feinden. Ein wahrhaft ehrenvoller Mann war jemand, der vergeben konnte und Stärke nicht durch Rache, sondern durch Verzicht und Versöhnung zeigte (Zakzak, 2025).

Es ist nochmal entscheidend zu betonen, dass diese ursprüngliche Form von Ehre wenig mit dem später entwickelten Ehrbegriff zu tun hat, der heute häufig auf Frauen und deren sexuelle Unversehrtheit reduziert wird. Diese eng gefasste Definition von Ehre, bei der die Würde der Familie scheinbar allein am Verhalten weiblicher Mitglieder gemessen wird, stellt eine kulturelle und gesellschaftliche Verschiebung dar, die sich erst im letzten Jahrhundert herausgebildet hat. Dieser Wandel hatte mehrere Ursachen: Mit dem Zerfall traditioneller Stammesstrukturen und der Urbanisierung in vielen arabischen Ländern verschob sich das soziale Kontrollsystem. Die patriarchale Ordnung wurde strikter und autoritärer. Gleichzeitig wuchs die soziale Unsicherheit, sodass Männer versuchten, die Kontrolle über die Familie zu bewahren, oft zum Nachteil von Frauen und Mädchen. Auch die politische Instrumentalisierung von Religion und Moralvorstellungen durch autoritäre Regime und konservative religiöse Bewegungen trug dazu bei, dass die Ehre der Familie zunehmend an das Verhalten der Töchter und Ehefrauen gebunden wurde (Toprak, 2012).

Der Fokus auf Jungfräulichkeit, Gehorsam und das öffentliche Auftreten von Frauen wurde zu einem zentralen Element, an dem die ‚Reinheit' und ‚Würde' einer Familie gemessen wurde. Dieser Wandel bricht mit der ursprünglichen Idee von Ehre, wie sie jahrhundertelang in Beduinenkulturen und ländlichen Regionen gepflegt wurde, wo Frauen zwar patriarchalen Strukturen unterlagen, jedoch nicht in dem Maße sexualisiert als Trägerinnen der Ehre betrachtet wurden, wie es heute oft der Fall ist (Zakzak, 2025). Diese moderne, sexualisierte Form des Ehrbegriffs ist also keine Rückbesinnung auf alte Traditionen, sondern das Ergebnis gesellschaftlicher Krisen, politischer Instrumentalisierung und patriarchaler Machtstrukturen. Die ursprüngliche Ehre – verstanden als moralische Aufrichtigkeit, Fürsorglichkeit und soziale Verantwortung – wurde überlagert und missbraucht, wodurch aus einem ethischen Wertesystem eine Form sozialer Kontrolle entstand. Es ist umso wichtiger, diesen historischen Zusammenhang sichtbar zu machen und kulturelle Missverständnisse zu vermeiden, insbesondere im interkulturellen Dialog. Die Vorstellung, dass Ehre vor allem mit Kontrolle, Zwang und Gewalt verbunden ist, entspricht nicht dem ursprünglichen Ethos arabischer Stammesgesellschaften, sondern reflektiert vielmehr ein modernes Missverständnis (Zakzak, 2025).

Auch heute lebt das umfassendere, ursprüngliche Ehrenverständnis in vielen arabischen Familien und Gemeinschaften fort sowohl in den Herkunftsländern als auch in der Diaspora – eine Gemeinschaft von Menschen, die außerhalb ihres Herkunftslands leben, aber kulturelle, religiöse oder emotionale Bindungen dorthin pflegen; hier speziell arabischsprachige Familien in Europa, die Traditionen und Netzwerke über Generationen aufrechterhalten. Es zeigt sich in gegenseitiger Hilfe, Respekt gegenüber Alten und dem Streben nach Ausgleich. Wer dies erkennt und anerkennt, kann zu einem differenzierten Bild beitragen, das nicht nur problematisiert, sondern auch Brücken zwischen Kulturen, Generationen und sozialen Milieus baut.

Pädagogische Intervention als Beziehungsarbeit

In meinen Trainings arbeite ich biografisch, reflektierend und konfrontativ. Ziel ist es, den Jugendlichen die inneren Dynamiken bewusst zu machen:

• Warum reagiere ich so empfindlich?
• Was löst die Angst vor Kontrollverlust in mir aus?
• Welche Rolle spiele ich in meiner Familie wirklich und welche will ich übernehmen?

Ein Schlüsselmoment ist häufig, wenn ein Jugendlicher erkennt: „Ich wollte meine Mutter beschützen – aber eigentlich wollte ich, dass mich jemand beschützt." Dieser Perspektivwechsel ist keine intellektuelle Einsicht, sondern ein emotionales Aha-Erlebnis, das die Tür zu einem neuen Selbstverständnis öffnet. Erst wenn eigene Verletzungen benannt werden dürfen, verliert Gewalt ihren Reiz als Lösungsmittel.

Gewaltprävention beginnt bei der Biografie

Gewaltprävention ist erst dann nachhaltig, wenn sie den biografischen ‚roten Faden' eines Jugendlichen sichtbar macht also die Stationen, an denen er gelernt hat, dass Härte schneller Aufmerksamkeit bringt als Worte. Meist beginnt dieser Faden im frühkindlichen Bindungserleben. Wurde Trost verlässlich angeboten oder galt „Reiß dich zusammen" als Erziehungsmaxime? Später verknüpfen sich Schulerfahrungen (Ausgrenzung, Lob, Misserfolg) mit Loyalitätskonflikten im Freundeskreis – etwa wenn die Clique Ehre über Regeln stellt. Hinzu kommen migrationsspezifische Brüche: Wohnungswechsel, unsichere Aufenthaltstitel, Sprachbarrieren, Behördenerfahrungen. Jeder dieser Knotenpunkte formt Überlebensstrategien: schweigen, zuschlagen, sich in eine Gruppe flüchten. Pädagogisch heißt das, dass Prävention an drei Ebenen gleichzeitig ansetzen muss.

1. **Biografiearbeit**: Narrative Interviews, Genogramme oder kreative Medien helfen, eigene Gewalterfahrungen als Teil einer Geschichte zu begreifen statt als Charaktermerkmal.
2. **Bindungsreparatur**: Verlässliche Bezugspersonen – Mentor-Tandems aus Streetworker und Ausbildungscoach – geben Halt, wenn alte Muster aufbrechen.
3. **Identitätsarbeit**: In Rollen- und Konflikttrainings wird ‚Stärk‘ neu gerahmt – als Fähigkeit, Gefühle zu benennen, Verantwortung zu übernehmen und Grenzen ohne Gewalt zu setzen. Erst wenn diese drei Ebenen ineinandergreifen, entsteht ein alternatives Drehbuch, das Gewalt überflüssig macht.

Denn nur wenn Jugendliche erleben, dass sie ganzheitlich als Menschen mit einer individuellen Geschichte gesehen werden nicht nur als Täter, sondern auch als Suchende – kann eine echte Veränderung entstehen. Gewaltprävention bedeutet in diesem Sinne: sich einlassen, zuhören, spiegeln und begleiten. Nicht auf der Oberfläche, sondern dort, wo Bindung, Ehre und Identität miteinander ringen.

Im weiteren Verlauf des Kapitels wird gezeigt, wie dieser Wandel vom prosozialen Tugendkodex hin zum oft patriarchal verengten Kontrollinstrument verlaufen ist, welche Rolle Modernisierung, Migration und Diaspora-Erfahrungen dabei spielen und weshalb ein differenzierter Ehrbegriff für Gewalt- und Präventionsarbeit unverzichtbar ist.

2.1 Die soziale Funktion von Ehre – Struktur, Bedeutung und Wandel in patriarchalen Familienkulturen

In vielen arabischen und türkischen Herkunftsgesellschaften ist ‚Ehre‘ – auf Arabisch *al-ʿard* oder *al-šaraf*, auf Türkisch *namus* oder *şeref* – kein abstrakter Begriff, sondern ein zentrales Regulativ des sozialen Miteinanders. Sie dient als moralischer Kompass, prägt familiäre Hierarchien, definiert Geschlechterrollen und beeinflusst den sozialen Status innerhalb und außerhalb der Familie. Ehre ist eng verknüpft mit Respekt, moralischem Verhalten und dem Bild, das andere von der Familie und dem Einzelnen haben. Auch in der Diaspora etwa in Deutschland bleibt der Ehrbegriff in vielen konservativ-autoritären Familien wirksam, wird aber zunehmend hinterfragt, insbesondere durch die jüngere Generation, die zwischen unterschiedlichen Wertekontexten aufwächst.

Ein zentrales Element dieser Ehrvorstellung ist *al-šaraf* bzw. *şeref*, das Ansehen eines Menschen, das sich nicht aus Geburt oder Herkunft speist, sondern durch moralisches Verhalten, Hilfsbereitschaft, Verantwortungsbewusstsein und Aufrichtigkeit erworben wird. Es handelt sich dabei um eine Form sozialer Anerkennung, die insbesondere in gemeinschaftlich geprägten Kulturen als Voraussetzung für Respekt und Führungsanspruch gilt. Wer *şeref* besitzt, gilt als vertrauenswürdig und ehrenhaft und wer ihn verliert, verliert zugleich seine soziale Existenz. In Stammes- oder familienorientierten Strukturen ist dieser Verlust oft mit Isolation und Ausschluss verbunden (Zakzak, 2025). Daneben existiert mit *al-ʿard* bzw. *namus* ein weiterer, besonders sensibler Ehrbegriff, der sich auf die sexuelle und familiäre Unversehrtheit bezieht insbesondere auf das Verhalten weiblicher Familienmitglieder. Die Kontrolle der weiblichen Sexualität, gesellschaftliche Zurückhaltung und die Wahrung der äußeren Grenzen der Familie sind zentrale Prinzipien. Die Verantwortung liegt dabei primär bei den männlichen Familienmitgliedern, deren eigene Ehre untrennbar mit dem Verhalten ihrer Töchter, Schwestern oder Ehefrauen verbunden ist. Bereits ein Verstoß gegen soziale Normen wie etwa das öffentliche Auftreten junger Frauen ohne männliche Begleitung kann als Bedrohung des *namus* gewertet werden und erhebliche Konsequenzen nach sich ziehen: von sozialem Druck bis hin zu Gewalthandlungen im Namen der Ehre. In diesem System wird die Frau nicht als eigenständige Persönlichkeit wahrgenommen, sondern als Trägerin der Familienehre und als potenzieller Risikofaktor für die Ehre der Familie.

Ein weiterer zentraler Begriff ist *saygı* (türkisch) bzw. *iḥtirām* (arabisch), der den respektvollen Umgang innerhalb der Familie und der Gesellschaft beschreibt. Respekt zeigt sich in der Einhaltung klarer Hierarchien, in der Art der Ansprache älterer Verwandter, im Schweigen in Anwesenheit von Autoritäten und im Verzicht auf Widerspruch oder unangemessenes Verhalten. Respekt gilt nicht nur als persönliche Tugend, sondern als Grundlage für das soziale Gleichgewicht innerhalb patriarchaler Familienstrukturen. Wer keinen Respekt zeigt oder ihn nicht bei den eigenen Kindern durchsetzen kann, verliert Ehre (Zakzak, 2025). Dem gegenüber steht *onur*, ein Begriff, der für die innere moralische Würde eines Menschen steht. Im Gegensatz zu *şeref*, das von außen bewertet und zugeschrieben wird, ist *onur* Ausdruck eines inneren Maßstabs. Es geht dabei um Selbstachtung und moralische Integrität, unabhängig vom Urteil der Gesellschaft. Eine Frau, die sich gegen patriarchale Zwänge oder eine Zwangsheirat auflehnt, kann zwar nach traditioneller Sicht *şeref* verlieren, verteidigt jedoch gleichzeitig ihren *onur* ihre persönliche Würde (Toprak, 2012).

Die geschlechtsspezifische Codierung von Ehre durchzieht das gesamte System. Während Männer ihre Ehre durch Mut, Durchsetzungskraft und Schutz gegenüber der Familie unter Beweis stellen, wird von Frauen Zurückhaltung, Jungfräulichkeit, Treue und Gehorsam erwartet. Jungen werden früh auf ihre Rolle als Beschützer und Repräsentanten der Familie vorbereitet, während Mädchen lernen, sich unterzuordnen, Konflikte zu vermeiden und häuslich zu agieren. Die Weitergabe dieser Werte erfolgt meist durch die Eltern, insbesondere durch die Väter, die sich in der Rolle des moralischen Hüters der Familienehre sehen. Diese traditionelle Vorstellung von Ehre kann innerhalb familiärer und kultureller Kontexte eine stabilisierende und ordnende Funktion haben. Sie bietet Orientierung und Zugehörigkeit, insbesondere in Migrationssituationen, in denen bekannte soziale Netzwerke wegfallen. Gleichzeitig birgt sie jedoch auch erhebliche Gefahren: die Einschränkung individueller Freiheit, insbesondere der weiblichen Familienmitglieder, die Legitimierung von Gewalt zur Ehrwahrung sowie die Reproduktion patriarchaler Machtverhältnisse. In westlichen Gesellschaften geraten diese Ehrvorstellungen zunehmend unter Druck. Jugendliche mit Migrationsgeschichte stehen dabei häufig zwischen zwei Welten. Einerseits sind sie konfrontiert mit den Erwartungen und Normen ihrer Herkunftsfamilien, andererseits stehen sie den Prinzipien von Gleichberechtigung und individueller Selbstbestimmung der Aufnahmegesellschaft gegenüber. Das führt zu inneren Spannungen, Identitätskonflikten, Intra- und Interrollenkonflikten und nicht selten zu intergenerationalen Auseinandersetzungen innerhalb der Familie.

2.2 Erziehung beziehungsweise Gewalt-Erziehung

Erziehung ist ein zentraler Einflussfaktor für die Persönlichkeitsentwicklung von Kindern und Jugendlichen. Sie vermittelt Werte, Normen und Rollenbilder und damit auch Strategien zur Konfliktbewältigung und zur sozialen Interaktion. In der Forschung wird Erziehung nicht als wertfreier Prozess verstanden, sondern immer im Zusammenhang mit gesellschaftlichen, kulturellen und familiären Rahmenbedingungen betrachtet (Hurrelmann, 2012). Dabei kann Erziehung sowohl schützend als auch riskant wirken – insbesondere dann, wenn sie autoritär, überfordernd oder gewaltvoll gestaltet ist.

In vielen konservativ-patriarchalisch geprägten Familienstrukturen – häufig auch in Familien mit Migrationsgeschichte liegt der Fokus der Erziehung stark auf Gehorsam, Disziplin und Loyalität. Als jemand, der selbst aus einem solchen kulturellen Umfeld stammt, kann ich berichten, dass die elterliche Autorität oft im Zentrum steht, während die individuellen Bedürfnisse der Kinder in den Hintergrund rücken. Diese Erziehungsformen sind meist durch wenig emotionale Zuwendung und ein hohes Maß an Kontrolle gekennzeichnet. Zwar bieten sie klare Strukturen, gleichzeitig fördern sie jedoch ein Klima der Angst, Unterdrückung und einer eingeschränkten persönlichen Entfaltung. Forschungsergebnisse belegen, dass Kinder, die unter solchen Bedingungen aufwachsen, ein erhöhtes Risiko für aggressives Verhalten aufweisen insbesondere dann, wenn Konflikte innerhalb der Familie regelmäßig mit Gewalt ausgetragen werden (Uslucan, et al., 2006; Masud et al., 2019).

Durch meine Arbeit und die Berichte von Teilnehmenden in meinen Gewaltpräventionstrainings habe ich erkannt, dass sich Kinder stark an dem orientieren, was sie beobachten und übernehmen diese Verhaltensweisen durch Nachahmung. Erle-

ben sie, dass Konflikte mit körperlicher oder verbaler Gewalt gelöst werden, übernehmen sie diese Muster häufig als vermeintlich normale und akzeptable Strategien. Besonders betroffen sind Jungen, denen durch traditionelle Rollenbilder vermittelt wird, dass Männlichkeit mit Stärke, Dominanz und Kontrolle einhergeht. In
solchen Umfeldern wird Gewalt oft nicht nur geduldet, sondern sogar als Zeichen
von Stärke gewertet.

   Kağıtçıbaşı (2007) betont, dass autoritäre Erziehung in bestimmten kulturellen
Kontexten nicht per se negativ bewertet werden sollte. In vielen Familien mit
Migrationsgeschichte dienen enge familiäre Bindungen, klare Regeln und Hierarchien dem Schutz in einer als unsicher empfundenen Umwelt. Doch wenn dieser
Schutz mit Kontrolle, Sanktionen und rigider Rollenzuweisung einhergeht, kann
daraus ein repressives Klima entstehen, in dem Gewalt als Mittel zur Grenzsetzung
oder Ehrenwahrung normalisiert wird.

   In meiner beruflichen Praxis habe ich häufig beobachtet, dass sich familiäre
Spannungen in Migrationskontexten durch gesellschaftliche Ausgrenzung, Diskriminierungserfahrungen und den Wegfall traditioneller Kontrollinstanzen wie
etwa der Großfamilie oder eines unterstützenden nachbarschaftlichen Umfelds zusätzlich verschärfen. Viele Eltern reagieren darauf mit einer strikteren Erziehung,
in dem Versuch, Kontrolle zurückzugewinnen und ihre Kinder vor vermeintlich
schädlichen äußeren Einflüssen zu schützen. Jugendliche hingegen geraten oft in
ein Spannungsfeld zwischen den Normen und Erwartungen ihrer Herkunftskultur
und den Werten der Aufnahmegesellschaft. Diese innere Zerrissenheit kann sich in
Rückzug, Abgrenzung, Protestverhalten oder im ungünstigsten Fall in gewalt-
tätigem Verhalten entladen. Erziehung ist niemals neutral – sie kann Kinder stärken
oder brechen. Gewalt entsteht oft dort, wo Kinder keine Möglichkeiten zur Mitgestaltung, zum Ausdruck ihrer Gefühle oder zur kritischen Auseinandersetzung mit
Autorität erhalten. Ein Erziehungsstil, der Kontrolle über Beziehung stellt, birgt
das Risiko, dass Kinder Gewalt nicht als Ausnahme, sondern als legitimes Mittel
sozialer Auseinandersetzung erleben und später selbst anwenden.

2.3 Gewalt als Erziehungsmittel in patriarchalen Strukturen

In meiner langjährigen Arbeit in der Jugendhilfe – über 18 Jahre an der Seite von
Familien, Jugendlichen und Fachkräften habe ich unzählige Situationen erlebt, in
denen Gewalt in der Erziehung nicht als Ausnahme, sondern als selbstverständ-
liches Mittel zur ‚Erziehung' verstanden wurde. Besonders in patriarchal geprägten
Familien mit Migrationsgeschichte ist Gewalt oft tief verankert nicht nur körperlich, sondern auch psychisch und emotional.

Gewalt als vermeintlich „normaler" Bestandteil männlicher Autorität
In Gesprächen mit jungen männlichen Jugendlichen, besonders aus türkischen, arabischen oder kurdischen Familien, begegnete mir immer wieder der Satz: „Ein richtiger Mann zeigt Stärke. Wenn du weich bist, wirst du nicht respektiert." Diese Vorstellung durchzieht viele Lebensbereiche von der Schule über das soziale Umfeld bis zur eigenen Familie. Die Jungs lernen früh: Wer ‚schwächelt', verliert Ansehen. Wer ‚austeilt', zeigt Führungsanspruch. Gewalt wird dabei als Ausdruck von Männlichkeit verstanden, sie gibt Sicherheit und verschafft Kontrolle in einem oft chaotischen Alltag.

Ein Beispiel: Ein 15-jähriger Klient, Ahmed, wurde regelmäßig von seinem Vater geschlagen, wenn er schlechte Noten mit nach Hause brachte. Auf Nachfrage sagte Ahmed: „Das ist normal. Mein Vater liebt mich, aber er muss mir zeigen, was richtig ist." Diese Form der Rechtfertigung zeigt, wie tief die Gewalt in das Selbstverständnis von Männlichkeit eingebettet ist.

Erziehung zwischen Überforderung und fehlender Kommunikation
Ein zentrales Muster, das sich in vielen Gesprächen mit Müttern zeigte, ist Überforderung. Viele von ihnen jonglieren zwischen Erwerbstätigkeit, Haushalt, Betreuung mehrerer Kinder und das oftmals ohne die Unterstützung der Väter, die entweder abwesend sind oder die Erziehung als ‚Frauensache' abtun.

Eine Mutter von vier Kindern sagte mir einmal resigniert: „Ich schreie nur noch. Wenn das nicht hilft, haue ich. Ich kann nicht mehr." Dieses Eingeständnis ist kein Zeichen von Gleichgültigkeit, sondern ein Hilferuf und damit Ausdruck von Überforderung, Einsamkeit und fehlender Struktur. Besonders in Familien, in denen es kaum dialogische Kommunikationsformen gibt, ersetzt Gewalt das Gespräch. Eltern wissen oft nicht, wie sie mit den Bedürfnissen, Widersprüchen oder emotionalen Ausbrüchen ihrer Kinder umgehen sollen, was insbesondere bei pubertierenden Jungen der Fall ist.

Sprachbarrieren als Eskalationsfaktor
Viele der von mir betreuten Eltern, insbesondere mit Flucht- oder Migrationsgeschichte, haben Schwierigkeiten, sich verbal auszudrücken sowohl auf Deutsch als auch in ihrer Herkunftssprache. Ich erinnere mich an einen Vater, der bei einem Elterngespräch sagte: „Ich kann nicht erklären, warum ich Nein sage. Ich habe keine Worte. Nur der Gürtel." Diese Aussage ist drastisch und erschreckend, aber auch ehrlich. Eltern, die selbst nie gelernt haben, Konflikte sprachlich zu lösen, greifen auf das zurück, was ihnen vertraut ist: Autorität, Drohung, Strafe. Das erschwert nicht nur den Aufbau einer vertrauensvollen Beziehung zum Kind, sondern normalisiert gewaltvolle Erziehungsmuster, denn die Kinder lernen: Wer stärker ist, setzt sich durch.

Medienwandel und Werteverfall als Auslöser elterlicher Hilflosigkeit
In vielen Gesprächen mit Eltern – insbesondere mit Müttern – wurde deutlich, dass sie sich von der heutigen Welt überfordert fühlen, zu der Smartphones, Computerspiele, soziale Medien, westliche Werte gehören. Eine Mutter formulierte es so: „Ich habe keine Ahnung, was mein Sohn da auf TikTok sieht. Aber wenn ich ihn frage, schreit er mich an. Ich haue, damit er lernt zu hören."

Viele Eltern empfinden das Verhalten ihrer Kinder als respektlos – dabei fehlen ihnen oft die Werkzeuge, um respektvoll gegenzusteuern. Was bleibt, ist oft ein harter Erziehungsstil, der mit dem Satz endet:

„Das Kind muss nicht alles verstehen – es muss gehorchen."

Doch genau hier liegt der Kern des Problems: Toxische Männlichkeit gedeiht dort, wo Fragen verboten sind, Schwäche verachtet wird und körperliche Überlegenheit als Mittel der Konfliktlösung gilt.

Literatur

Bundesverfassungsgericht. (1971). *Beschluss vom 24. Februar 1971 – Mephisto* (1 BvR 435/68), BVerfGE 30, 173 (195).

Grundgesetz für die Bundesrepublik Deutschland. (1949). *Artikel 5 – Freiheit der Meinung, Kunst und Wissenschaft.*

Hurrelmann, K. (2012). *Einführung in die Sozialisationstheorie* (11. Aufl.). Beltz. ISBN 978-3-407-22808-7.

Kağıtçıbaşı, Ç. (2007). *Family, self, and human development across cultures* (2. Aufl.). Lawrence Erlbaum Associates. https://doi.org/10.4324/9780203937068

Kizilhan, J. I. (2024). *Gewalt im Namen der Ehre: Die Psychologie hinter Ehre, Sexualität, Religion und Terror.* Europa Verlag.

Masud, H., Ahmad, M. S., Cho, K. W., & Fakhr, Z. (2019). Parenting styles and aggression among young adolescents: A systematic review of literature. *Community Mental Health Journal, 55*(6), 1015–1030. https://doi.org/10.1007/s10597-019-00400-0

Pitt-Rivers, J. (1965). *Honour and social status. In J. G. Peristiany (Hrsg.), Honour and shame: The values of Mediterranean society* (S. 19–77). University of Chicago Press. https://archive.org/details/honourshamevalue0000peri

Strafgesetzbuch (StGB). (1998). §§ 185–188 – Beleidigungsdelikte.

Toprak, A. (2012). *Unsere Ehre ist uns heilig: Muslimische Familien in Deutschland.* Verlag Herder. ISBN 978-3-451-30409-5.

Uslucan, H.-H., Fuhrer, U., & Mayer, S. (ca. 2006). *Erziehung in Zeiten der Verunsicherung: Elterliches Erziehungsverhalten und die Gewaltbelastung von Migrantenjugendlichen* [PDF]. Otto-von-Guericke-Universität Magdeburg, Institut für Psychologie. https://www.mannheim.de/sites/default/files/page/2600/uslucan_erziehung-verunsicherung.pdf. Zugegriffen am 24.07.2025

Zakzak, M. (2025). *Die Mhallamis – Tradition und Integration arabischer Clans.* Bookmundo. ISBN 978-9403783468.

Toxische Männlichkeit und das Ehrkonzept

3

Mohamed Zakzak

Zusammenfassung

Ehre war einst in Deutschland, wie in arabischen Stammeskulturen auch, ein umfassendes Wertesystem. In Deutschland begründete sie soziale Zugehörigkeit und wurde bis ins 20. Jahrhundert notfalls im Duell verteidigt; heute schützen §§ 185–188 StGB sie rechtlich, während Art. 5 GG die Meinungsfreiheit priorisiert. In der arabischen Tradition bedeuteten *sharaf* und *karāma* Fürsorge, Gastfreundschaft, Konfliktvermittlung und *muruwwa*-basierte Integrität; ein *rajul sharīf* erwarb Würde durch Hilfsbereitschaft, nicht durch Kontrolle von Frauen. Durch Urbanisierung, Zerfall von Stammesstrukturen und religiöspolitische Instrumentalisierung verlagerte sich der Ehrenfokus im 20. Jahrhundert auf weibliche Sexualität (*namus/al-ʿard*). Jungfräulichkeit und Gehorsam wurden zu Prüfsteinen familiärer Reinheit; Gewalt zur ‚Ehrrettung‘ erhielt moralische Legitimation. Diese sexualisierte Auslegung ist somit ein krisenbedingtes Patriarchatsprodukt, nicht ‚alte Tradition‘. In Diaspora-Kontexten kollidieren solche Ehrvorstellungen mit Gleichberechtigungsidealen, erzeugen Identitätskonflikte und intergenerationale Spannungen. Eine autoritärpatriarchale Erziehung verstärkt dies: Kinder erleben Kontrolle statt Verbindung, lernen Gewalt als legitime Konfliktlösung und verknüpfen Männlichkeit mit Dominanz. Präventive Pädagogik muss daher biografisch ansetzen, Bindungs- und Rollenbilder reflektieren und Ehre positiv umdefinieren in Verant-

M. Zakzak (✉)
Stadt Pforzheim, Pforzheim, Deutschland

© Der/die Autor(en), exklusiv lizenziert an Springer Fachmedien
Wiesbaden GmbH, ein Teil von Springer Nature 2025
M. Zakzak, I. Ezzedine, *Toxische Männlichkeit bei jungen Migranten*,
https://doi.org/10.1007/978-3-658-49636-4_3

25

wortung, Respekt und gewaltfreie Würde. Nur so entstehen alternative Wege zu Anerkennung und stabiler Identität junger Männer zwischen Herkunftskultur und Aufnahmegesellschaft.

Schlüsselwörter

Ehre · Sharaf · Namus · Karāma · Gastfreundschaft · Muruwwa · Patriarchal · Würde

Das Konzept toxischer Männlichkeit beschreibt nicht einfach eine übersteigerte Form von Männlichkeit, sondern verweist auf ein destruktives Rollenbild, das emotionaler Ausdrucksschwäche, Dominanzverhalten und Gewaltanwendung Vorschub leistet häufig im Namen von ‚Ehre', ‚Stärke' oder ‚Männlichkeit'. In patriarchal geprägten Gesellschaften und vielen migrantischen Milieus wird dieses Männlichkeitsbild besonders über den Ehrbegriff legitimiert. Der Mann ist der Beschützer, Bewahrer und Verteidiger der Familienehre – eine Rolle, die nicht nur mit Verantwortung, sondern auch mit erheblichem Druck verbunden ist.

Während Ehre traditionell ein moralischer und sozialer Orientierungsrahmen war, ist sie in ihrer toxischen Ausprägung häufig mit repressiven Kontrollstrukturen verknüpft. Die Ehre des Mannes wird dabei weniger an seinem ethischen Verhalten oder seiner Integrität gemessen, sondern an seiner Fähigkeit, seine Familie zu ‚beherrschen' und insbesondere die weiblichen Familienmitglieder zu kontrollieren. Die Kontrolle über die Sexualität, Bewegungsfreiheit und Außenwirkung der Frauen wird zur Messlatte für seinen sozialen Wert und damit zum Nährboden für Überwachung, Einschränkung und im Extremfall Gewalt. Diese Form von Männlichkeit ist fragil. Sie basiert nicht auf innerer Stabilität oder Selbstreflexion, sondern auf äußerer Bestätigung, Machtdemonstration und Abgrenzung. Gefühle wie Trauer, Angst oder Hilflosigkeit sind in diesem Bild nicht vorgesehen. Sie gelten als Schwäche, die den Status des Mannes gefährden, dies wird mir häufig im Beratungskontext mitgeteilt und spiegelt somit eine wiederkehrende Erfahrung oder Wahrnehmung vieler Ratsuchender wider. Die Folge ist eine emotionale Verdrängung, die sich in Wut, Frustration und Aggression entlädt – besonders dann, wenn soziale Anerkennung durch Bildung, Beruf oder Integration versagt bleibt. Gewalt wird dann zur einzigen Ausdrucksform von Selbstbehauptung, wenn Sprache, Reflexion und Dialog fehlen. Die toxische Verbindung von Ehre und Männlichkeit verhindert nicht nur die freie Entfaltung von Frauen, sondern nimmt auch den Männern ihre emotionale Freiheit. Viele von ihnen sind in einem System gefangen, das sie selbst mittragen, obwohl es ihnen schadet. Sie wachsen mit der Botschaft auf, dass ihr Wert nicht in ihrem Charakter oder ihrer Fürsorglichkeit liegt, sondern in ihrer Dominanz, Unnachgiebigkeit und Wehrhaftigkeit.

In migrantischen Kontexten, insbesondere in Familien mit Fluchterfahrung, verstärken sich diese Strukturen durch gesellschaftliche Unsicherheit, den Verlust vertrauter Normen und die Angst vor Kontrollverlust. In einer Umgebung, in der Männlichkeit durch das System der Aufnahmegesellschaft in Frage gestellt wird sei es durch Sprachbarrieren, fehlende Bildungsabschlüsse oder soziale Degradierung, gewinnen Ehrkonzepte zusätzliche Bedeutung als identitätsstiftende Schutzmechanismen. Die Rückbesinnung auf traditionelle Männlichkeitsmuster erscheint vielen als letzter Anker in einer unübersichtlichen Welt. Doch genau hier liegt der Ansatzpunkt für Veränderung.

Toxische Männlichkeit ist nicht angeboren, sie ist erlernt. Und was erlernt wurde, kann auch wieder verlernt werden. Bildung, Aufklärung, Empowerment und das Sichtbarmachen alternativer Männlichkeitsbilder sind zentrale Bausteine, um junge Männer aus dieser engen Definition von Stärke und Ehre zu befreien. Es braucht Räume, in denen sie verletzlich sein dürfen, in denen sie neue Formen von Respekt und Selbstwert kennenlernen und in denen sie sich selbst jenseits von Kontrolle und Gewalt erfahren können. Toxische Männlichkeit und ein rigider Ehrbegriff bilden ein gefährliches Bündnis. Sie stützen sich gegenseitig, indem sie emotionale Enge, Machtstrukturen und Geschlechterungleichheit legitimieren. Der Weg aus diesem System führt über Bildung, Beziehung und die bewusste Infragestellung traditioneller Männlichkeitsbilder nicht nur für die betroffenen Jungen und Männer, sondern auch für die gesamte Gesellschaft, die ihnen Alternativen bieten muss.

3.1 Der Ehrbegriff als Macht- und Kontrollinstrument zwischen Disziplinierung, Angst und kollektiver Loyalität

In vielen patriarchal und kollektivistisch geprägten Gesellschaften dient der Begriff der Ehre (Namus, Al-Ared, Şeref, Al-Charaf) nicht nur als moralisches Orientierungssystem, sondern auch als effektives Macht- und Kontrollinstrument. Hinter der Fassade kultureller Werte und moralischer Prinzipien verbirgt sich häufig ein soziales Regelsystem, das vor allem eines bezweckt: die Aufrechterhaltung bestehender Machtverhältnisse innerhalb der Familie, der Community und der Geschlechterordnung.

Ehre fungiert hier als strategisches Mittel, um Verhaltensnormen durchzusetzen, abweichendes Verhalten zu sanktionieren und insbesondere Frauen und Mädchen in festgelegten Rollen zu halten. Ihr Verhalten wird öffentlich überwacht, bewertet und kommentiert von Familienmitgliedern ebenso wie von der erweiterten Community. Jede Bewegung, jeder Blick, jede Kleidungsauswahl kann zur Projektionsfläche für moralische Urteile werden. Dabei dient die Ehre nicht primär der individuellen Würde, sondern der sozialen Kontrolle durch Angst und Anpassung. Ehre wird dabei zur Währung sozialer Macht. Wer die kulturell definierten Vorstellungen von Ehre verteidigt oder durchsetzt – zumeist Männer – sichert sich Status, Respekt und Entscheidungshoheit. Wer sie in Frage stellt oder verletzt – zumeist Frauen – riskiert Ausschluss, Schuldzuweisungen oder sogar körperliche Gewalt. In diesem Machtgefüge ist die Ehre der Frau nicht ihr persönliches Gut, sondern das Symbol für den moralischen Zustand der gesamten Familie – ein Symbol, über das andere verfügen. Diese Logik macht die Ehre zu einem Instrument der Disziplinierung: nicht durch offizielle Sanktionen, sondern durch soziale Kontrolle, Scham, Gerüchte und Rufschädigung. Dabei übernimmt die Gemeinschaft oft die Rolle des moralischen Gerichts. Einzelne Familienmitglieder, vor allem Mädchen und junge Frauen, geraten so unter einen permanenten Anpassungsdruck, der Selbstbestimmung, Freiheitsrechte und Persönlichkeitsentwicklung massiv einschränkt. Auch Jungen und Männer sind in dieses System eingebunden nicht nur als Überwachende, sondern auch als Träger eines männlichen Ehranspruchs, der auf Stärke, Unverletzlichkeit und Kontrolle basiert. Besonders in gesellschaftlich unsicheren Lebenssituationen, etwa nach Flucht, in Armut oder sozialer Ausgrenzung, wird das Ehrkonzept reaktiviert und radikalisiert. Wer nichts besitzt, verteidigt umso härter, was er als letztes Symbol seiner Würde begreift: die Ehre. Diese wird dann zur letzten Bastion von Stolz, Selbstwert und Zugehörigkeit.

In diesem Kontext wird Ehre nicht als ethische Haltung gelebt, sondern als Symbolherrschaft, die über soziale Teilhabe oder Isolation entscheidet. Die Angst vor Ehrverlust wirkt dabei stärker als jeder staatliche Apparat. Sie funktioniert, weil sie innerlich verankert ist und über generationsübergreifende Erziehung internalisiert wurde. Dadurch bleibt das Machtgefüge stabil. Wer sich widersetzt, gefährdet nicht nur sich selbst, sondern auch die ‚Ehre' der gesamten Familie – ein Mechanismus, der Loyalität und Schweigen erzeugt. Der Ehrbegriff ist in vielen traditionellen Kontexten weniger Ausdruck von Würde oder Moral, sondern ein kulturell legitimiertes Mittel der Machtausübung. Er dient der Kontrolle über weibliche Körper, der Reproduktion patriarchaler Strukturen und der Absicherung männlicher Dominanz. Die Herausforderung besteht darin, diesen Mechanismus sichtbar zu machen nicht um kulturelle Werte pauschal zu verurteilen, sondern um jene Dynamiken zu benennen, die Menschen systematisch unterdrücken. Emanzipation bedeutet in diesem Zusammenhang nicht nur die Befreiung von äußeren Zwängen, sondern auch die Infragestellung tief verankerter Glaubenssysteme, die unter dem Deckmantel der ‚Ehre' Kontrolle ausüben.

3.2 Familiäre Strukturen als Nährboden für patriarchale Gewaltakzeptanz

In vielen traditionellen Gesellschaften, aus denen Migrantenfamilien stammen, bildet die *Kleinfamilie* das Zentrum eines patriarchalen Systems. Sie dient nicht nur als erste Sozialisationsinstanz, sondern auch als Träger gesellschaftlicher Werte, Normen und Hierarchien. Die familiären Strukturen sind nicht primär durch emotionale Nähe geprägt, sondern durch funktionale Aspekte wie wirtschaftliches Überleben, moralische Orientierung und soziale Kontrolle. Zentral ist dabei die *strenge hierarchische Ordnung* innerhalb der Familie. An oberster Stelle steht der Vater als Haushaltsvorstand, gefolgt vom ältesten Sohn. Frauen und Töchter haben meist nur eingeschränkte Rechte und unterliegen den Entscheidungen der männlichen Familienmitglieder. Gehorsam gegenüber Autorität insbesondere gegenüber Vätern, älteren Brüdern oder Onkeln gilt als zentrale Tugend. Jede Rolle innerhalb der Familie ist mit bestimmten Erwartungen, Pflichten und Grenzen verbunden. Verstöße dagegen werden streng sanktioniert. Dies kann in Form von Ausschluss, psychischen Druck oder körperlicher Gewalt stattfinden.

Ehre als zentrales Steuerungsprinzip

Das Konzept der *Ehre* bildet das ideologische Fundament dieser familiären Ordnung. Es ist tief in den kulturellen und sozialen Normen verwurzelt. Die Ehre gilt nicht dem Individuum, sondern der Familie als Ganzes. Sie wird durch den Vater oder ältesten Sohn nach außen repräsentiert und nach innen streng überwacht. Jede Handlung eines Familienmitglieds insbesondere eines weiblichen kann die kollektive Ehre entweder stärken oder beschädigen. Dabei wird die Ehre wie ein empfindliches Gut verstanden, das geschützt, bewahrt und, im Falle einer Verletzung, verteidigt werden muss. Eine Ehrverletzung wird in dieser Logik nicht als individueller Vorgang, sondern als Angriff auf die ganze Familie gewertet. Dementsprechend ist ihre Verteidigung die Pflicht aller und darf, ja muss, im Notfall mit Gewalt erfolgen. Die Vorstellung, dass Ehre nur durch körperliche ‚Wiedergutmachung' wiederhergestellt werden kann, fördert eine hohe Gewaltakzeptanz, besonders unter männlichen Familienmitgliedern (Zakzak, 2025). Gewalt gilt in diesen Kontexten nicht primär als asozial, sondern als notwendig, um die Ordnung, das Ansehen und die Integrität der Familie zu sichern.

Migration, Abgrenzung und Verstärkung patriarchaler Werte
In der Diaspora, etwa in Deutschland, verschärft sich diese Dynamik häufig. Die Mehrheitsgesellschaft wird als potenzielle Bedrohung der familiären Ordnung und Ehre wahrgenommen. Dies führt oft zu einer kulturellen Abschottung, der Rückbesinnung auf Herkunftstraditionen und zu einer zusätzlichen Betonung von ‚Ehre', ‚Anstand' und ‚Gehorsam'. Auch unabhängig von Religion oder Bildungsgrad übernehmen Familien erneut rigide Rollenmuster und das insbesondere dann, wenn sie sich gesellschaftlich marginalisiert oder ausgeschlossen fühlen.

Junge Frauen der zweiten und dritten Generation erleben in diesem Umfeld häufig eine tiefe Zerrissenheit. Sie wachsen mit westlichen Werten wie Freiheit, Selbstbestimmung und Gleichberechtigung auf, sind jedoch gleichzeitig an traditionelle Erwartungshaltungen und Rollenbilder gebunden. Um den innerfamiliären Frieden nicht zu gefährden, passen sie sich äußerlich an und tragen die entstehenden Konflikte oft als innerpsychische Last mit sich herum. Dies kann langfristig zu Ängsten, Schuldgefühlen oder psychosomatischen Beschwerden führen.

Junge Männer hingegen werden vielfach in eine Rolle als ‚Hüter der Ehre' gedrängt. Ihre Männlichkeit wird nicht über Reflexion oder emotionale Reife definiert, sondern über Kontrolle, Durchsetzungsfähigkeit und im Zweifelsfall auch Gewalt. Diese Sozialisation schafft *toxische Männlichkeitsideale*, die einer Integration in eine gleichberechtigte, demokratische Gesellschaft entgegenwirken (Kizilhan, 2024).

Traditionelle Rollenverteilung innerhalb der Familie bei Abwesenheit des Vaters
In der Praxis ist es in vielen Familien so geregelt, dass der Vater als Oberhaupt des Familienverbundes fungiert. Bei seiner Abwesenheit übernimmt der älteste Sohn, vorausgesetzt, er ist intellektuell und emotional dazu in der Lage, stellvertretend die Verantwortung für familiäre Angelegenheiten zu übernehmen. Diese Vertretung betrifft insbesondere außenwirksame Entscheidungen und die Wahrung der Familienehre. Ist der älteste Sohn jedoch nicht fähig oder noch nicht reif genug, übernimmt ein anderes, stärkeres Familienmitglied diese Rolle; das ist zumeist ein anderer Sohn. Falls es keine männlichen Nachkommen gibt, gehen diese Aufgaben häufig auf den Großvater oder einen Onkel väterlicherseits über. Wichtig ist in diesem Zusammenhang, dass der älteste Sohn zwar nach außen hin als Vertreter der Familie auftritt, er sich jedoch insbesondere im innerfamiliären Bereich dem Willen der Mutter unterordnen muss. Sie bleibt in vielen Fällen die zentrale Entscheidungsinstanz im Hintergrund, vor allem in sensiblen oder privaten Angelegenheiten. Diese Struktur verdeutlicht die oft komplexe Rollenverteilung zwischen öffentlicher Repräsentation und interner familiärer Autorität.

3.3   Zwischen Erwartung und Überforderung – die innere Zerrissenheit junger Menschen

Junge Menschen, die in patriarchal geprägten und ehrenorientierten Familienstrukturen aufwachsen, erleben oft eine starke innere Zerrissenheit. Bereits in jungen Jahren werden sie mit Erwartungen konfrontiert, die sie in eine klare Rolle drängen. Sie sollen Verantwortung übernehmen, Stärke zeigen, Disziplin wahren, ihre Familie nach außen vertreten und – insbesondere bei männlichen Jugendlichen – die Ehre der Familie schützen. Diese Rollenvorgaben wirken in traditionellen Herkunftskulturen stark normierend und werden in vielen Migrantenfamilien auch im neuen sozialen Kontext weitergetragen. Gleichzeitig wachsen diese jungen Menschen in einer westlichen Gesellschaft auf, die andere Werte wie individuelle Freiheit, Gleichberechtigung, emotionale Offenheit und Selbstverwirklichung vermittelt (Toprak, 2012). Dieser kulturelle und normative Spagat kann zu einer tiefgreifenden inneren Überforderung führen, bei der viele Jugendliche sich zwischen den Welten zerrieben fühlen. Psychologisch betrachtet befinden sich diese Jugendlichen in einem dauerhaften Identitätskonflikt. In der Entwicklungspsychologie gilt die Jugendzeit als eine Phase, in der das Selbstbild stabilisiert und die persönliche Identität geformt werden soll. In dieser Zeit sind emotionale Sicherheit, Akzeptanz und Orientierung besonders wichtig. Doch in einem Umfeld, in dem emotionale Nähe häufig durch funktionale Loyalität ersetzt wird und Gefühle wie Angst, Scham oder Trauer als Schwäche gelten, ist eine gesunde Ich-Entwicklung kaum möglich (Berry, 1997). Viele Jungen lernen früh, dass emotionale Offenheit als unmännlich gilt. Stattdessen werden sie dazu erzogen, sich hart, durchsetzungsfähig und unerschütterlich zu zeigen. Diese emotionale Einengung verhindert die Entwicklung eines differenzierten Selbstkonzepts und führt häufig zu einer inneren Spannung, die kaum artikuliert werden kann und sich schließlich in Form von Aggression, Kontrollverhalten oder Rückzug äußert (Habermas, 2008).

Besonders belastend ist in diesen Strukturen das dominante Gefühl der Scham. In patriarchalen Ehrkulturen entsteht Scham nicht nur durch eigenes ‚Fehlverhalten', sondern auch durch das Verhalten anderer insbesondere der weiblichen Familienmitglieder. Viele Jungen verinnerlichen früh die Vorstellung, dass sie die Ehre der Familie mittragen und im Zweifelsfall auch verteidigen müssen. Dieser Druck erzeugt eine tiefsitzende soziale Angst: Wer versagt, bringt nicht nur sich selbst in die Gefahr der Ablehnung durch die gesellschaftliche Bezugsgruppe, sondern gefährdet das Ansehen der ganzen Familie. Aus dieser Dynamik heraus entstehen nicht selten Fehlhandlungen. Gewalt, Provokation, Unterdrückung oder demonstratives Dominanzverhalten sind oftmals *nicht* ein Ausdruck von Bosheit, sondern der Versuch, die eigene Unsicherheit zu kompensieren und Kontrolle über eine emotional überfordernde Situation zu gewinnen. Aus psychologischer Sicht handelt es sich hierbei häufig um Abwehrmechanismen, also um unbewusste Strategien zur Selbststabilisierung in einem Umfeld, das keine alternativen Ausdrucksformen zulässt. Gefühle wie Hilflosigkeit, Trauer oder Ohnmacht werden verdrängt und in Kontrolle, Härte oder Gewalt ‚übersetzt', um das Gefühl eigener Handlungsfähigkeit zu erhalten. Toxische Männlichkeitsmuster werden nicht zufällig übernommen, vielmehr erscheinen sie als überlebensnotwendig in einem System, das emotionale Verletzlichkeit nicht zulässt und ‚weiche' Verhaltensweisen sanktioniert. Besonders in Migrationssituationen, in denen viele junge Männer sich ohnehin durch Sprache, Bildungssystem und gesellschaftliche Zugehörigkeit verunsichert fühlen, kann die Rückbesinnung auf traditionelle Männlichkeitsbilder eine scheinbare Stabilität erzeugen (Bundeszentrale für politische Bildung, 2020).

Doch genau diese Orientierung an veralteten Rollenbildern verhindert den Zugang zu gesunden Bewältigungsstrategien und emotionaler Entwicklung. Statt über Gefühle zu sprechen, wird geschwiegen und statt, die eigenen Unsicherheiten anzunehmen, wird abgewehrt. Anstatt Konflikte konstruktiv zu lösen, wird Macht demonstriert. Der junge Mensch bleibt in einem Kreislauf aus Überforderung, Reaktionsdruck und innerer Leere gefangen häufig, ohne sich dessen bewusst zu sein. Was von außen als ‚auffällig' oder ‚problematisch' wahrgenommen wird, ist aus psychologischer Sicht oft ein missglückter Versuch, ein inneres Gleichgewicht herzustellen, das nie gelernt werden konnte. Um diesen jungen Menschen Wege aus der Überforderung zu ermöglichen, braucht es mehr als Disziplinierung und pädagogische Appelle. Diese jungen Menschen brauchen sichere Räume, in denen sie sich mit ihren Fragen, Widersprüchen, Unsicherheiten und Ängsten zeigen dürfen. Sie brauchen verlässliche Beziehungserfahrungen, in denen Vertrauen wachsen kann und sie brauchen Vorbilder, die alternative Formen von Männlichkeit leben und in Kap. 4 näher beleuchtet werden. Diese Formen begreifen Empathie, Verantwortung und Selbststeuerung als Stärke. Die pädagogische und therapeutische Arbeit mit diesen Jugendlichen muss darauf ausgerichtet sein, nicht nur Verhalten zu korrigieren, sondern die dahinterliegenden inneren Konflikte ernst zu nehmen und mit ihnen gemeinsam neue Formen der Selbstdefinition zu entwickeln und das jenseits von Macht, Kontrolle und familiärer Loyalitätspflicht.

In bestimmten familiären und kulturellen Milieus fungiert der Ehrbegriff als stillschweigend akzeptierter Verhaltensrahmen, der das tägliche Handeln, Denken und Fühlen reguliert. Er steht unausgesprochen im Raum, ist in der Erziehung, in der Sprache, in der Körpersprache und in alltäglichen Entscheidungen wirksam ohne, dass er (offensiv und kollektiv) benannt oder hinterfragt wird. Junge Menschen, die in solchen Strukturen aufwachsen, verinnerlichen Normen, Werte und Verhaltensrahmen frühzeitig, ohne zu wissen, wann genau er ihnen vermittelt wurde. Es gibt keine Einführung, keine Erklärung aber klare Erwartungen, was ‚sich gehört' und was ‚eine Schande' ist.

Diese Art Kodex regelt das soziale Zusammenleben, indem er klare Verhaltensvorgaben macht. Er stiftet Ordnung und Stabilität, jedoch auf Kosten individueller Freiheit. Wer sich diesen Regeln nicht unterordnet, muss nicht nur mit Kritik rechnen, sondern riskiert auch den Ausschluss aus der Familie oder der Gemeinschaft. Besonders in der Jugendzeit, in der das Bedürfnis nach Abgrenzung und Selbstverwirklichung zunimmt, geraten diese rigiden Vorgaben in Konflikt mit dem Wunsch nach Eigenständigkeit. Die Jugendlichen erleben einen inneren Zwiespalt zwischen Anpassung und Selbstbestimmung ein Spannungsfeld, das sie oft nicht benennen können, weil das sie umgebende System kaum Raum für Selbstreflexion bietet. Solche Situationen machen deutlich, wie tief der Ehrbegriff als unausgesprochene Norm in der Identität junger Menschen verankert sein kann ohne, dass sie je die Möglichkeit hatten, über dessen Ursprung, die Bedeutung oder die Folgen nachzudenken. Anstelle offener Kommunikation tritt ein stilles, implizites Wissen. Man weiß, was erwartet wird im Umgang mit den Eltern, mit Außenstehenden, in der Öffentlichkeit und gegenüber dem anderen Geschlecht. Diese Orientierung wird nicht durch Argumente vermittelt, sondern durch nonverbale Signale, durch Blicke, Schweigen, Gesten oder Sanktionen. Der Kodex entfaltet seine Wirkung über das Gefühl ständiger Beobachtung und Bewertung. Selbst dann, wenn keine Autorität anwesend ist, bleibt das Bewusstsein bestehen, dass das eigene Verhalten das Ansehen der Familie beeinflusst. Dieses System verlangt Selbstdisziplin. Es formt die Art zu sprechen, sich zu kleiden, zu sitzen, zu gehen, zu reagieren. Emotionen wie Wut, Enttäuschung, Angst oder Zweifel müssen kontrolliert werden. Dies vollzieht sich nicht etwa aus einer inneren Reife heraus, sondern aus Pflichtgefühl. Die psychische Belastung, die damit einhergeht, bleibt meist unerkannt. Viele Jugendliche wirken ‚angepasst' oder ‚kontrolliert', tragen jedoch einen hohen Druck in sich. Ausbrüche, Rückzug oder Trotz sind oft Zeichen einer überreizten Selbstregulation.

Der Ehrkodex verlangt auch Loyalität nicht nur gegenüber der Herkunftsfamilie, sondern gegenüber einem ganzen Wertesystem. Diese Loyalität ist nicht verhandelbar. Wer sie verletzt, verliert nicht nur Vertrauen, sondern wird schnell zur moralischen Projektionsfläche. Insbesondere junge Frauen erleben dies als permanente Einschränkung ihrer Bewegungsfreiheit, Selbstdefinition und sozialen Teilhabe. Doch auch junge Männer sind gefangen zwischen der Rolle des Hüters dieses Systems und der eigenen Ohnmacht gegenüber dessen Regeln.

Der Ehrbegriff als Verhaltenskodex wirkt wie ein inneres Programm. Er gibt Orientierung, aber er nimmt auch Raum für eigene Ausgestaltung. Nicht die offene Gewalt ist es, die hier wirkt, sondern das subtile Netz aus Erwartung, Schuld, Loyalität und Unsichtbarkeit individueller Bedürfnisse. Zugespitzt kann man sagen: Wer ihn nicht erfüllt, gerät ins Abseits; wer ihn erfüllt, verliert oft ein Stück von sich selbst.

Ein eindrückliches Beispiel hierfür war ein Schüler, den ich im Rahmen eines Klassenrats begleiten durfte. Er hatte sich zuvor mehrfach auf 'seine Ehre' berufen – deutlich, mit Überzeugung, fast stolz. Es war für ihn selbstverständlich, diesen Begriff im Alltag zu verwenden, etwa wenn es um Respekt, Verhalten gegenüber Mädchen oder um das Bild nach außen ging. Doch in dem Moment, als ihn ein Mitschüler direkt fragte: „Was bedeutet Ehre für dich eigentlich?", geriet er ins Wanken. Die Selbstsicherheit wich aus seinem Gesicht. Er begann zu stottern, rang nach Worten, sagte nur noch wiederholend: „Ehre ist mein Leben … Ehre steht über allem …", doch es blieb vage. Eine inhaltliche Erklärung konnte er nicht liefern. Er wirkte überfordert, fast ertappt – nicht, weil er etwas falsch gemacht hätte, sondern weil er spürte, dass der Begriff, den er so selbstverständlich nutzte, für ihn emotional bedeutungsvoll war, aber begrifflich unklar. Meine Hypothese ist, dass ihm dieser Moment unangenehm war, nicht bloß wegen der Frage, sondern weil ihm bewusstwurde, dass er etwas verteidigte, das er selbst noch nie wirklich hinterfragt hatte. Ich hatte Mitgefühl mit ihm und trotzdem ließ ich die Situation bewusst laufen. Ich griff nicht ein, weil ich fühlte: Das ist ein Lernmoment. Ein Moment, in dem etwas ins Rutschen kommt; nicht im Sinne von 'Verlust', sondern von Bewegung. Genau das bestätigte sich später. In einem persönlichen Gespräch einige Tage nach dem Klassenrat sagte er zu mir: „Ich habe da das erste Mal gemerkt, dass ich gar nicht genau weiß, was Ehre ist. Ich sag das halt immer, aber … ich weiß nicht mal, was ich wirklich meine." Er war nachdenklich, nicht trotzig und offen für Reflexion.

Dieses Beispiel zeigt in aller Deutlichkeit, wie stark der Ehrbegriff als innerer Kompass wirken kann, als emotionale Orientierung, als Identitätsstütze und als selbstverständliche Wahrheit. Zudem vergegenwärtigt es, wie wenig Raum junge Menschen oft bekommen, um sich mit diesem Begriff und dem dahinterstehenden Konstrukt wirklich auseinanderzusetzen. Der Schüler hatte kein Vokabular für das, was für ihn zutiefst bedeutsam war, weil dieser Begriff in seinem Umfeld nie erklärt, sondern nur gelebt, erwartet und vorausgesetzt und vor allem verbunden wurde mit einem Gefühl. Daraus ergibt sich kein Diskurs, sondern es manifestiert sich ein Regelwerk.

3.4 Ehrbegriff als Grundlage von Gewaltausübung

Aus meiner beruflichen Erfahrung in der sozialen Arbeit und insbesondere in der Arbeit mit Jugendlichen aus patriarchal- und migrationsgeprägten Milieus habe ich immer wieder beobachtet, wie Begriffe wie ‚Ehre' oder ‚Respekt' als Rechtfertigung für Gewalt herangezogen werden. Oft genügt ein einzelnes Wort oder eine kleine Provokation, etwa „Hurensohn", „Du hast meine Schwester angeschaut" oder „Der hat mich nicht respektiert", um eine aggressive Reaktion auszulösen. Auf den ersten Blick scheint es, als würden die Jugendlichen dabei ihr Ehrgefühl verteidigen. Doch im direkten Gespräch und in der Reflexion zeigt sich meist ein anderes Bild: Es geht weniger um verletzte Würde oder echte Ehrvorstellungen, sondern vielmehr um das Aufrechterhalten von Stärke, um Dominanz, Gruppenzugehörigkeit oder um die Suche nach Anerkennung. Nicht selten steht hinter der vermeintlichen ‚Ehrverletzung' ein impulsiver Gewaltwille oder schlicht der Wunsch nach Eskalation. Die Ehre wirkt wie ein Deckmantel als eine Art kulturell aufgeladene Legitimation für das, was eigentlich ein Ausdruck von Unsicherheit, Wut oder Machtdemonstration ist. Dabei fungiert Ehre als erlerntes Muster, das ein bestimmtes Verhalten nach sich zieht. Es ist ein Schutzschild, der eine besondere Verteidigung von weit gesteckten Grenzen rechtfertigt. Andere werden dabei aktiv in ihre engen Grenzen zurückgedrängt. Für anders sozialisierte Personen sind diese Grenzen jedoch nicht oder nur schwerlich sichtbar.

Der Ehrbegriff wird in diesen Fällen nicht als ethischer Maßstab verstanden, sondern als instrumentalisierbarer Trigger, um Gewalt zu legitimieren. Der Begriff „Hurensohn" ist dafür exemplarisch. Er wird nicht als rational zu hinterfragende Beleidigung wahrgenommen, sondern reflexhaft als ‚unverzeihlicher Angriff' unabhängig vom Kontext oder von der Intention. Die Reaktion erfolgt impulsiv, fast automatisch, mit Beleidigung, Drohung, körperlichem Angriff. Nicht selten erklärt ein Jugendlicher anschließend: „Ich musste reagieren wegen meiner Ehre." Dabei wird übersehen oder verdrängt, dass der eigentliche Antrieb nicht die Verteidigung eines moralischen Wertes war, sondern ein innerer Affekt, der kaum reguliert werden konnte oder wollte. Viele dieser Jugendlichen haben nie gelernt, zwischen emotionaler Kränkung, sozialer Provokation und tatsächlicher Bedrohung zu unterscheiden. In der sozialen Dynamik ihrer Peergroups wird Stärke durch Reaktion bewiesen und Schweigen, Gelassenheit oder Deeskalation als Schwäche gewertet. Die Kultur des sofortigen Reagierens, des ‚Sich-nichts-gefallen-Lassens', ist tief verankert. Gewalt erscheint nicht nur als Option, sondern als Notwendigkeit zur Selbstbehauptung. Die Berufung auf Ehre ist in diesem Zusammenhang eine Schutzfassade. Sie tarnt einen impulsiven Gewaltakt als legitime Selbstverteidigung und ist eine erlernte Strategie, das fragile Selbstwertgefühl des Täters zu schützen oder zu erhalten.

Ein weiterer Aspekt ist der gruppendynamische Druck: Wer in der Clique nicht reagiert, verliert an Ansehen. Wer nicht ‚zurückschlägt', verliert den Status in dem relevanten Sozialgefüge. In diesen Strukturen wird Ehre zu einem sozialen Machtinstrument, mit dem innerhalb der Gruppe Zugehörigkeit, Loyalität und Rangordnung geregelt werden. Die eigentliche Bedeutung des Ehrbegriffs etwa als Haltung, als moralische Integrität, als Würde spielt dabei kaum eine Rolle. Sie ist oft gar nicht bewusst. Es handelt sich vielmehr um eine sprachliche Hülle, die mit aggressiven Inhalten gefüllt wurde.

Diese Art der Gewalt hat mit dem klassischen Ehrverständnis, wie es kulturell gewachsen ist, wenig zu tun. Sie basiert nicht auf gewachsener Verantwortung oder moralischen Prinzipien, sondern auf fehlender Impulskontrolle, sozialem Druck und einer erlernten Gewaltlogik, die sich über ‚Ehre' rechtfertigt. Wer fragt, ob es wirklich um Ehre geht, riskiert Unverständnis. Denn für viele dieser Jugendlichen ist das Wort „Ehre" nicht mit Nachdenken verbunden, sondern mit Handlung. Reflex. Impuls. Kraft. Und genau darin liegt die Gefahr. Dass ein bedeutsames Wort, das einst für Verantwortung und Integrität stand, zur Parole für Eskalation wird.

Wenn Jugendliche Gewalt mit Ehre begründen, lohnt es sich genau hinzuschauen. Meist geht es nicht um den Begriff selbst, sondern um das, was sich hinter ihm verbirgt. Das sind oftmals unkontrollierte Wut, Unsicherheit, die Suche nach Zugehörigkeit, das Bedürfnis nach Anerkennung und der Wunsch, sich durchzusetzen. Die pädagogische Aufgabe besteht darin, diesen Mechanismus zu entlarven, alternative Formen der Konfliktlösung zu vermitteln und das Wort „Ehre" wieder zu entkoppeln von Gewalt, Druck und Dominanz. In meiner praktischen Arbeit mit Jugendlichen, die in patriarchal- und ehrenorientiert sozialisierten Familien aufgewachsen sind, erlebe ich regelmäßig, wie stark der Begriff Ehre emotional aufgeladen ist und zugleich, wie oft er als Schlagwort benutzt wird, ohne dass eine tiefere Reflexion darüber stattfindet. Gerade bei intelligenten, reflektierten Jugendlichen, die im sozialen Brennpunkt oder in prekären Verhältnissen leben, versuche ich gezielt, den Ehrbegriff zu konfrontieren – nicht abstrakt oder theoretisch, sondern nah an ihrer Realität. Wenn ein Jugendlicher eine Gewalthandlung mit seiner Ehre rechtfertigt, stelle ich gezielt Rückfragen: „Ist es ehrenvoll, wenn die Polizei um sechs Uhr morgens eine Razzia bei euch macht wegen deines Verhaltens?". Oder: „Ist es ehrenvoll, wenn deine Mutter weinend im Besucherraum der JVA sitzt? Ist es Ehre, wenn dein Vater auf dem Flur stehen muss und sich von der Justiz durchsuchen lässt? Wenn dein Opa in der Türkei oder im Libanon erfährt, dass du im Gefängnis sitzt und sich nachts Sorgen macht, weil er weit weg ist und dir nicht helfen kann – ist das wirklich Ehre?". In diesen Momenten spüre ich, wie sie ins Nachdenken geraten. Die Jugendlichen schauen mich an, zunächst abwartend, dann ehrlich. Die Antwort ist fast immer dieselbe: „Nein, Herr Zakzak. Das ist nicht ehrenvoll". Diese Gespräche sind keine Belehrungen, sie sollen Verhalten spiegeln und Konsequenzen aufzeigen helfen. Sie zeigen, dass Ehre nicht im impulsiven Zuschlagen liegt, nicht im Verteidigen einer beleidigten Männlichkeit, sondern in Verantwortung, Weitblick und Rücksicht auf die Menschen, die einem nahestehen. Genau hier liegt der Schlüssel. Jugendliche müssen erfahren, dass Ehre nicht durch Gewalt erhalten, sondern durch Würde gelebt wird.

Ich beobachte, dass viele Jugendliche die Unkenntnis von Pädagog:innen über kulturelle Begriffe ausnutzen. Sie merken schnell, wenn ihr Gegenüber unsicher ist, wenn jemand Begriffe wie Namus, Şeref oder Respekt nur aus dem Hörensagen kennt und passen ihr Verhalten entsprechend an. Es braucht in diesem Feld nicht nur Fachwissen, sondern Vertrautheit mit den Codes, mit der inneren Logik dieser Begriffe und mit dem emotionalen Kontext, in dem sie gebraucht werden. Deshalb sage ich mit Überzeugung, dass wir mehr Pädagog:innen und Sozialarbeiter:innen brauchen, die Mohamed heißen. Nicht, weil ein Name per se pädagogisch qualifiziert, sondern weil er oft für Verständnis, kulturelle Nähe und biografische Glaubwürdigkeit steht. Mit einem Martin oder Jens können sich viele dieser Jugendlichen zumindest am Anfang schwer identifizieren. Sie prüfen, ob da jemand ist, der ihre Sprache spricht, nicht nur linguistisch, sondern emotional und kulturell. Wer von innen kommt, wer weiß, was Ehre in einem libanesischen Wohnzimmer oder auf dem Dorfplatz in Anatolien bedeutet, der wird gehört, der wird ernst genommen. Und der hat die Chance, echte Veränderung anzustoßen.

3.5 Ehre, Bildung und Status zwischen Anerkennung und Kontrolle

Die Bedeutung von ‚Ehre' ist kulturell tief verankert, aber sie wirkt nicht unabhängig vom sozialen Hintergrund, vom Bildungsstand und von der sozioökonomischen Lage der jeweiligen Familien. In vielen Gesellschaften – auch in Ländern mit niedrigem Durchschnittseinkommen – lässt sich beobachten, dass Familien mit einem höheren Bildungsstand den Begriff der Ehre anders auslegen als bildungsferne Schichten. Insbesondere in städtischen, akademisch geprägten Milieus wird Ehre oftmals nicht primär über die Kontrolle von Familienmitgliedern oder über traditionelle Geschlechterrollen definiert, sondern über individuelle Leistung, beruflichen Erfolg, gesellschaftliches Engagement und moralische Integrität. In solchen Kontexten bedeutet Ehre, sich respektvoll zu verhalten, sich für andere einzusetzen, Bildungschancen zu nutzen und einen Beitrag zum Wohl der Gemeinschaft zu leisten. Der soziale Status wird über Titel, Bildungsabschlüsse und berufliche Errungenschaften kommuniziert nicht über familiäre Kontrolle oder gewaltsame

Grenzsetzung. Selbstverständlich sind auch in gebildeten Familien patriarchale Muster nicht ausgeschlossen, jedoch stehen dort eher symbolisches Kapital und gesellschaftlich anerkannte Formen der Autorität im Vordergrund.

Beispiel aus der arabischen Kultur zur Statusdefinition durch Bildung
In der arabisch-islamisch geprägten Kultur nimmt Bildung einen hohen Stellenwert ein. Der gesellschaftliche Status eines Menschen wird oftmals nicht primär über materielle Güter oder familiäre Herkunft definiert, sondern über persönliche Leistungen vor allem im Bildungsbereich. Wer ein Studium erfolgreich abschließt, eine Lehrbefähigung erlangt oder gar einen Doktortitel trägt, erfährt in vielen sozialen Kontexten nicht nur Respekt, sondern auch eine klare gesellschaftliche Aufwertung. Solche Personen werden häufig nicht mehr mit dem Namen angesprochen, sondern mit ihren akademischen oder beruflichen Titeln wie „Herr Doktor", „Herr Lehrer" etc. Diese Titel sind nicht bloße Formalitäten, sondern Ausdruck von Anerkennung und sozialem Prestige. Der sogenannte Errungenschaftsstatus, also ein Status, den man sich durch eigene Anstrengung erarbeitet, gilt in weiten Teilen der arabischen Welt als besonders ehrenhaft, weil er Leistungsbereitschaft, Durchhaltevermögen und Zielstrebigkeit widerspiegelt.

Dieses kulturelle Verständnis von Status birgt auch für die deutsche Migrationsgesellschaft ein großes Potenzial. Wenn junge Menschen mit arabischem oder allgemein migrantischem Hintergrund in Deutschland erleben, dass Bildung auch hierzulande ein anerkannter Weg zu sozialer Aufwertung ist, kann dies als starke Motivation wirken. Viele Jugendliche aus sogenannten bildungsfernen Familien streben nach gesellschaftlicher Anerkennung. Wenn ihnen jedoch die Erfahrung vermittelt wird, dass ihre Chancen auf dem Bildungsweg gering sind oder ihre Anstrengungen nicht gesehen werden, suchen sie alternative Wege zur Anerkennung etwa durch demonstrative Männlichkeit, Statussymbole, Dominanzverhalten oder, im schlimmsten Fall, durch Gewalt. In solchen Kontexten wird der Status nicht über Leistung, sondern über Macht, Kontrolle und Gruppenzugehörigkeit definiert. Dies ist ein Phänomen, das insbesondere im Umfeld von benachteiligten Milieus beobachtet werden kann. Deshalb ist es entscheidend, dass die deutsche Gesellschaft und hier insbesondere Institutionen wie Schulen, Sozialarbeit und Bildungsförderprogramme, diesen kulturellen Zugang zur Bildung als Statussymbol erkennen und systematisch fördern. Es braucht gezielte Maßnahmen, die junge Menschen mit Migrationsgeschichte auf ihrem Weg zur Bildung begleiten, sie empowern, ihnen Vorbilder zeigen und die strukturellen Hürden abbauen, die sie daran hindern, ihr Potenzial zu entfalten. Gleichzeitig braucht es eine öffentliche Anerkennung ihrer Bildungsleistungen sowohl im familiären als auch im gesellschaftlichen Kontext. Wenn Bildung als Türöffner für Anerkennung funktioniert, entsteht eine nachhaltige Perspektive für Teilhabe, Integration und gesellschaftlichen Zusammenhalt.

Der Begriff der Ehre ist kein starres kulturelles Relikt, sondern ein dynamisches Konzept, das sich je nach sozialem Milieu, Bildungshintergrund und Migrationsverlauf unterschiedlich ausprägt. Bildung wirkt dabei oft als Schutzfaktor. Sie eröffnet Alternativen zur gewaltförmigen Austragung von Konflikten, erweitert das Spektrum an Selbstverwirklichungsmöglichkeiten und stärkt die Reflexionsfähigkeit in Bezug auf (überholte) Geschlechter- und Machtverhältnisse. Umso wichtiger ist es, in der pädagogischen und sozialen Arbeit mit geflüchteten Menschen nicht nur kulturelle Werte zu thematisieren, sondern auch strukturelle Benachteiligung und mangelnde Bildungszugänge mitzudenken – als Teil einer umfassenden Präventionsstrategie gegen Gewalt im Namen der Ehre.

Literatur

Berry, J. W. (1997). Immigration, acculturation, and adaptation. *Applied Psychology: An International Review, 46*(1), 5–68. https://doi.org/10.1111/j.1464-0597.1997.tb01087.x

Bundeszentrale für politische Bildung. (2020, Januar 03). *Migration und Männlichkeit* [Kurzdossier]. https://www.bpb.de/themen/migration-integration/kurzdossiers/migration-und-maennlichkeit/. Zugegriffen am 12.04.2025.

Habermas, T. (2008). Identitätsentwicklung im Jugendalter. In R. K. Silbereisen & M. Hasselhorn (Hrsg.), *Entwicklungspsychologie des Jugendalters* (Enzyklopädie Psychologie, Serie V, Bd. 5, S. 363–387). Hogrefe.

Kizilhan, J. I. (2024). *Gewalt im Namen der Ehre: Die Psychologie hinter Ehre, Sexualität, Religion und Terror.* Europa Verlag.

Toprak, A. (2012). *Unsere Ehre ist uns heilig: Muslimische Familien in Deutschland.* Herder.

Zakzak, M. (2025). *Die Mhallamis – Tradition und Integration arabischer Clans.* Bookmundo. ISBN 978-9403783468.

Vorbilder, Bezugspersonen und die Bedeutung gelingender Beziehungen

4

Ibrahim Ezzedine

Zusammenfassung

Wer die Entwicklung junger Männer verstehen will – gerade in einer zunehmend diversifizierten Gesellschaft, kommt an der Frage nach Vorbildern und Bezugspersonen nicht vorbei. Die Befunde aus internationalen und deutschen Studien, aber auch aus der Alltagspraxis, sind eindeutig: Bindung, Zugehörigkeit und erlebbare Wertschätzung sind keine Luxusgüter, sondern elementare Bausteine für Resilienz, Bildung und konstruktive Lebenswege. Eltern, Geschwister, Mentor:innen, Lehrkräfte und Freund:innen prägen die Identitätsfindung weit stärker als jeder Trend oder Social-Media-Star. Sie geben Orientierung, Sicherheit und öffnen Horizonte. Doch die Forschung macht auch die Risiken sichtbar: Wo familiäre Stabilität fehlt, positive männliche Vorbilder abwesend sind oder Bindung von Unsicherheit, Gewalt oder Ausgrenzung geprägt ist, entstehen gefährliche Vakua, in denen toxische Männlichkeitsbilder, Gruppenzwang oder digitale Parallelwelten als Ersatz dienen. Besonders junge Männer mit Migrationsgeschichte sind doppelt gefordert: Sie müssen sich nicht nur zwischen Herkunft und Gesellschaft behaupten, sondern finden häufig weniger Anschluss an die ‚klassischen' Ressourcen und Vorbilder. Dort, wo es gelingt, diese Lücken durch Schule, Vereine, Mentoring oder Community zu schließen, entstehen neue Chancen für gelingende Biografien jenseits von Klischees und Defizitblick. Das Kapitel zeigt, dass der Kampf um Zugehörigkeit, gesunde Männlichkeitsbilder und Bildungserfolg immer auch ein Kampf um stabile Be-

I. Ezzedine (✉)
Angestellter in der Privatwirtschaft, Darmstadt, Deutschland

ziehungen ist. Wer Orientierung und Rückhalt erfährt, bleibt seltener zurück –
und wer gesehen wird, hat die Chance, über sich hinaus zu wachsen, zumindest
aber nah bei sich selbst und seinen Bedürfnissen zu sein. Für die Wissenschaft
wie für die Gesellschaft bleibt damit die Aufgabe, Wege zu finden, wie gelingende Bindung, Vielfalt von Vorbildern und echte Zugehörigkeit für alle
Jugendlichen möglich werden.

Schlüsselwörter

Vorbilder · Bezugspersonen · Identitätsfindung · Mentoring · Bildungserfolg ·
Toxische Männlichkeit · Migrationserfahrung · Resilienz

Wer sich an seine Jugend erinnert, denkt vielleicht an die eine Lehrerin, die immer
an einen geglaubt hat. Oder an die Eltern – manchmal nah, manchmal fremd – die
doch fast immer die zentrale Konstante waren. Wer sich heute mit toxischer Männlichkeit, Identitätssuche und Gewaltprävention beschäftigt, kommt an einem
Thema nicht vorbei, den Vorbildern und Bezugspersonen, die Jugendliche prägen.
Wissenschaft und Lebenswelt sind sich in einem selten so einig wie hier. Beziehungen sind das Fundament. Wo stabile Bindungen fehlen, drohen Orientierungslosigkeit, Rückzug, manchmal auch Wut und Gewalt. Doch wenn es gelingt,
Jugendlichen Verlässlichkeit, Vertrauen und neue Perspektiven zu bieten, können
selbst schwierige Pfade zu einem gelingenden Lebensweg werden. Dieses Kapitel
beleuchtet, warum Eltern, Geschwister, Lehrkräfte, Mentor:innen und Freund:in-
nen so entscheidend sind und was sich entwickeln und geschehen kann, wenn sie
fehlen. Es zeigt, wie Herkunft, Migrationserfahrungen und gesellschaftliche Umbrüche das Bild von Männlichkeit formen und warum echte Zugehörigkeit oft der
beste Schutz vor destruktivem Verhalten ist.

4.1   Familiäre und außerfamiliäre Vorbilder in der Jugend

Die Suche nach Vorbildern und Orientierung ist ein zentrales Bedürfnis in der
Jugendzeit. In kaum einer Lebensphase sind junge Menschen so sehr auf der Suche
nach Identität, Zugehörigkeit und innerem Kompass wie im Übergang von der
Kindheit ins Erwachsenenleben. Vorbilder erfüllen dabei unterschiedliche Funktionen. Sie sind emotionale Anker, gesellschaftliche Wegweiser und oft auch
heimliche Sehnsuchtsfiguren. Dabei ist bemerkenswert, wie sehr sich traditionelle
und neue Leitbilder in der Lebenswirklichkeit Jugendlicher verschränken.

Die Familie bleibt für die allermeisten Jugendlichen die erste und wichtigste Bezugswelt. Die Shell Jugendstudie (2019) verdeutlicht dies eindrucksvoll: Über 90 % der befragten Jugendlichen berichten von einem guten oder sehr guten Verhältnis zu ihren Eltern und rund 78 % sehen Mutter oder Vater als prägendes Vorbild. Diese Zahlen zeigen, dass trotz aller Veränderungen, die Globalisierung, Digitalisierung und Pluralisierung der Lebensstile mit sich bringen, die emotionale Bindung an die Herkunftsfamilie heute genauso bedeutsam wie vor Jahrzehnten ist.

Dabei ist Familie keineswegs ein statisches oder konfliktfreies Konstrukt. Gerade in der Jugend werden Grenzen ausgetestet, es wird gestritten, herausgefordert, hinterfragt – und doch bleibt die familiäre Bindung oft der ‚sichere Hafen‘. Die Shell Jugendstudie (2019) arbeitet heraus, dass 84 % der Jugendlichen zwischen 12 und 21 Jahren weiterhin im Elternhaus leben, viele sogar noch über das 21. Lebensjahr hinaus. Dies spricht für eine anhaltende emotionale und materielle Abhängigkeit, die jedoch keineswegs passiv erlebt wird. Des Weiteren spielen jedoch auch hohe Mietpreise eine Rolle, sodass es oftmals aus finanziellen Gründen schlicht nicht möglich ist, dass die jungen Erwachsenen ausziehen, bevor sie ihre berufliche Qualifizierungsphase abgeschlossen haben. Vielmehr suchen Jugendliche bewusst die Nähe, aber auch die Abgrenzung von elterlichen Vorbildern eine Dynamik, die Entwicklung fördert, aber auch zu Krisen führen kann.

Gleichzeitig öffnet sich mit dem Jugendalter das Feld der Bezugspersonen weit über die Familie hinaus. Freundschaften gewinnen eine neue Bedeutung. Sie bieten Halt, sind Experimentierfelder für Rollen und Werte und ermöglichen das Erproben alternativer Lebensentwürfe. In vielen Fällen werden Freund:innen zu Wahlverwandten, deren Einfluss in bestimmten Lebensphasen den der Familie sogar übersteigen kann. Das Bedürfnis nach Zugehörigkeit zur Peergroup kann stärker wirken als familiäre Regeln, insbesondere wenn Jugendliche das Gefühl haben, zu Hause nicht verstanden oder gesehen zu werden.

Neben Familie und Peers sind es auch außerfamiliäre Erwachsene Lehrer:innen, Trainer:innen, Nachbar:innen oder Mentor:innen, die als prägende Vorbilder fungieren können. Studien zeigen, dass der Zugang zu mindestens einer engagierten, wohlwollenden erwachsenen Bezugsperson außerhalb der Familie entscheidend für die psychosoziale Entwicklung sein kann (DJI, 2020). Besonders für Jugendliche, deren Eltern überlastet oder abwesend sind, können solche Personen zu Lebenshelfenden werden, die Selbstvertrauen stärken und Perspektiven eröffnen.

Die gesellschaftliche Vielfalt spiegelt sich zunehmend auch in der Heterogenität der Vorbilder wider. Während früher vor allem Eltern, Großeltern oder religiöse Autoritäten als Leitfiguren galten, stehen heute auch prominente Persönlichkeiten aus Sport, Musik, Wissenschaft und Politik im Blickfeld Jugendlicher. Die Frage, wen Jugendliche als Vorbild sehen, ist jedoch nicht nur eine Frage von Nähe, sondern auch von Zugänglichkeit und Identifikation. Gerade für junge Menschen mit Migrationsgeschichte, in Patchwork-Konstellationen oder in belasteten Lebenslagen kann das Angebot an erreichbaren Vorbildern eingeschränkt sein. In diesen Fällen treten andere Bezugspersonen an die Stelle der Eltern, ältere Geschwister, engagierte Lehrkräfte, Sozialarbeiter:innen oder auch bekannte Persönlichkeiten aus Medien und Community. Ein wichtiger Aspekt, der immer wieder betont wird, ist die Ambivalenz von Vorbildern. Nicht jede Bezugsperson, die Orientierung bietet, tut dies im konstruktiven Sinne. Problematische Leitfiguren etwa aus gewaltbereiten Bezugsgruppen, radikalen Szenen oder in Form toxischer Influencer im Netz können Jugendliche auf riskante oder destruktive Pfade führen (Selvam, 2017; Soethof, 2023). Das Ringen um das ,richtige' Vorbild ist damit nicht nur eine private, sondern auch eine gesellschaftliche Herausforderung.

Schließlich ist auch zu beachten, dass Vorbilder nicht statisch sind. Sie können sich im Laufe der Jugendzeit verändern, von Idealisierung zu Enttäuschung, von Distanz zu neuer Nähe führen. Für viele bleibt die Suche nach Vorbildern ein lebenslanger Prozess, der immer wieder neue Akzente erhält und der, gerade im Wandel der Gesellschaft, an Bedeutung gewinnt.

4.1.1 Eltern und Geschwister als Leitfiguren

Eltern sind für die meisten Jugendlichen der erste Spiegel und das stärkste Korrektiv auf dem Weg zum Erwachsenwerden. Ihre Bedeutung geht weit über Versorgung und Aufsicht hinaus. Sie vermitteln Werte, schenken Vertrauen, fordern heraus und setzen zugleich Grenzen. Das Verhältnis zu den Eltern ist selten konfliktfrei gerade in der Jugendzeit sind Streit, Abgrenzung und Grenzverschiebungen Teil der Entwicklung. Doch genau in diesen Reibungen liegt die produktive Kraft der Bindung. Die Shell Jugendstudie (2019) zeigt: Auch wenn Jugendliche im Alltag mit ihren Eltern diskutieren, bleibt für 92 % das Verhältnis „gut" oder „sehr gut" und rund 78 % geben Mutter oder Vater als prägendes Erziehungsvorbild an (Shell Deutschland, 2019). Diese scheinbar hohen Zustimmungswerte sind kein Zufall, sondern Ausdruck des tief verwurzelten Bedürfnisses nach Bindung und Orientierung insbesondere in Zeiten gesellschaftlicher Unsicherheit, Familienumbrüchen oder Migration. Die Qualität der Beziehung zu den Eltern entscheidet maßgeblich darüber, wie Jugendliche Herausforderungen, Niederlagen und Krisen bewältigen. Psychologische Langzeitstudien zeigen: Wer elterliche Zuverlässigkeit, emotionale Wärme und Authentizität erlebt, entwickelt ein größeres Selbstvertrauen, ist resilienter gegenüber Rückschlägen und offen für neue Erfahrungen (Grossmann & Grossmann, 2020). Doch nicht jede elterliche Präsenz wirkt gleich. Besonders für Jungen ist das Vorbild des Vaters ambivalent. Einerseits geben Väter, die offen, zugewandt und verantwortungsbewusst agieren, ihrem Sohn wichtige Impulse für die Entwicklung einer gesunden, vielfältigen Männlichkeit. Andererseits kann emotionale Distanz, übersteigerte Strenge oder völlige Abwesenheit das Risiko erhöhen, dass sich Jungen in toxische Rollenbilder, Gewaltmuster oder Rückzug flüchten (Diamond, 2010). Die Rolle der Mutter bleibt dabei oft unterschätzt. Viele Jungen benennen ihre Mütter als Vertrauensperson und verinnerlichen Werte wie Empathie, Fürsorge oder Konfliktlösung zunächst am weiblichen Vorbild. Die Familie als Leitmilieu wird durch den Trend zu längeren Bildungswegen und späterem Auszug aus dem Elternhaus weiter gestärkt. Mehr als 80 % der unter 21-Jährigen leben laut Shell Jugendstudie (2019) noch in ihrem Elternhaus ein Befund, der soziale und emotionale Nähe ebenso widerspiegelt wie ökonomische Realität. Diese längere gemeinsame Zeit bietet Chancen für anhaltenden Austausch, Unterstützung und Nachjustierung der Eltern-Kind-Beziehung. Sie kann aber auch zu neuen Spannungen führen, wenn Jugendliche mehr Autonomie fordern oder elterliche Kontrolle als Einschränkung erleben. Geschwister nehmen in diesem Kontext eine vielschichtige Rolle ein. Die Forschung betont, dass Geschwisterbeziehungen einzigartig sind. Sie sind vor allem charakterisiert durch Intimität, Rivalität, Solidarität und lebenslange Verbundenheit. Gerade in Patchwork-Familien, bei elterlicher Überlastung oder in belasteten Milieus können ältere Geschwister zu Co-Erziehenden werden, die Verantwortung übernehmen, trösten, Grenzen setzen oder auch als Brückenbauende zwischen den Generationen agieren (DJI, 2020).

Solche innerfamiliären Dynamiken wirken sich auf den schulischen und sozialen Erfolg aus. Jugendliche, die Geschwister als Ansprechpartner:innen und Verbündete erleben, bewältigen Konflikte oft konstruktiver, entwickeln mehr Empathie und zeigen größere Offenheit gegenüber anderen Lebensentwürfen (Justesen & Verner, 2007; Kramer & Conger, 2009). Besonders für Kinder in belasteten Familien etwa bei Armut, Krankheit oder Migration sind Geschwisterbeziehungen oftmals der stabilisierende Faktor im Alltag.

Nicht zu unterschätzen ist auch die Vorbildwirkung im Umgang mit Krisen und Neuanfängen. Ob Trennung der Eltern, Umzug oder Schulwechsel Jugendliche beobachten, wie ältere Geschwister Herausforderungen bewältigen, sich behaupten oder an Grenzen stoßen. Diese Beobachtungen prägen die eigenen Bewältigungsstrategien, das Vertrauen in die Zukunft und das Zutrauen in die eigene Fähigkeit, mit Schwierigkeiten umzugehen.

Die folgende Tabelle (Tab. 4.1) bündelt zentrale Befunde der einschlägigen Forschung zu gelungenen Bezugspersonen: In Spalte 1 stehen die Merkmale etwa Zuverlässigkeit, emotionale Wärme oder Authentizität –, in Spalte 2 die nachgewiesenen Wirkungen auf Bildungserfolg, Resilienz und Risikoverhalten und in

Tab. 4.1 Charakteristika gelungener Bezugspersonen und empirische Effekte

Merkmal	Wirkung	Quelle
Zuverlässigkeit	mehr Bildungsaspiration, weniger Delinquenz	Justesen und Verner (2007)
Emotionale Wärme	stärkere Resilienz, weniger psychische Probleme	Noel (2021), Bundestag (2024)
Authentizität	mehr Vertrauen, größere Offenheit	Shell Deutschland (2019)
Rollenvorbild	geringeres Gewalt-/Risikoverhalten	Perchinig et al. (2012)

Spalte 3 die jeweils zugrunde liegende Quelle. Diese kompakte Übersicht dient als Referenzrahmen für die weiteren Abschnitte des Kapitels, denn sie macht auf einen Blick sichtbar, welche Qualitäten von Eltern, Lehrkräften, Mentor:innen oder älteren Geschwistern besonders stark mit positiven Entwicklungsverläufen Jugendlicher verknüpft sind.

Charakteristika gelungener Bezugspersonen und empirische Effekte
Familie ist damit kein statisches Gebilde, sondern ein lebendiger Raum der Aushandlung, des Lernens und der Veränderung. Eltern und Geschwister prägen die Biografie von Jugendlichen oft viel nachhaltiger, als dies in der öffentlichen Debatte wahrgenommen wird. Sie vermitteln nicht nur Werte, sondern bieten die Bühne, auf der Jugendliche mit verschiedenen Identitäten experimentieren mit der Gewissheit, im Zweifelsfall Rückhalt zu finden.

Nicht zuletzt zeigt sich, dass auch negative Erfahrungen etwa mit überforderten, abwesenden oder konflikthaften Eltern nicht zwangsläufig zu negativen Lebenswegen führen müssen. Viele Jugendliche finden durch stabile Geschwisterbeziehungen, engagierte Mentor:innen oder durch Reflexion eigene, konstruktive Wege. Dennoch bleibt der Befund eindeutig: Je verlässlicher, zugewandter und authentischer sich das familiäre Umfeld zeigt, desto größer ist die Chancen auf einen gelingenden Start ins Erwachsenenleben.

4.1.2 Mentore:innen, Lehrkräfte und Peers

Mit dem Eintritt ins Jugendalter wächst der Einfluss von Personen außerhalb der Kernfamilie spürbar. Schule, Vereine, Freizeitprojekte und die digitale Welt erweitern das soziale Feld. Insbesondere in der Adoleszenz werden Lehrkräfte, Trainer:innen, Mentor:innen und die Peergroup oft zu entscheidenden Wegbegleiter:innen – manchmal sogar zu alternativen Leitfiguren, wenn das familiäre Umfeld wenig Halt gibt oder mit eigenen Krisen beschäftigt ist.

Lehrkräfte nehmen für viele Jugendliche eine Schlüsselrolle ein. Sie sind nicht nur Wissensvermittler:innen, sondern häufig auch erste Ansprechpartner:innen für persönliche Sorgen, Konflikte und Zukunftsfragen. Die Shell Jugendstudie (2019) zeigt, dass 57 % der Jugendlichen in Deutschland mindestens eine Lehrkraft oder eine:n Trainer:in als wichtige Bezugsperson benennen (Shell Deutschland, 2019). Dieser Wert unterstreicht die Bedeutung von Schule und außerschulischer Bildung als zentrale Lebensräume, in denen Jugendliche nicht nur akademische, sondern auch soziale und emotionale Kompetenzen entwickeln. Engagierte Lehrer:innen können als positive Vorbilder Türen öffnen, Talente erkennen und Jugendliche für neue Themen begeistern. Studien belegen, dass das Erleben von Fairness, Empathie und individueller Förderung durch Lehrkräfte mit besseren Schulleistungen, mehr Bildungsaspiration und größerer Lebenszufriedenheit verbunden ist (DJI, 2020). Für viele Jugendliche, deren Eltern im Bildungssystem wenig Erfahrung haben oder durch Migration, Krankheit oder Armut belastet sind, können solche erwachsenen Bezugspersonen sogar eine Art Ersatzfamilie sein. Sie stiften Hoffnung, motivieren zu Durchhaltevermögen und machen alternative Lebensentwürfe sichtbar.

Die Meta-Analyse von Raposa et al. (2019) zeigt, dass Mentoring-Programme also strukturierte Beziehungen zu nicht-familiären erwachsenen Bezugspersonen einen nachweisbar positiven Einfluss auf die Entwicklung Jugendlicher haben. Die Wirkung zeigt sich unter anderem in verbesserten schulischen Leistungen, mehr psychischer Stabilität und besseren sozialen Beziehungen. Die Effekte sind besonders ausgeprägt, wenn männliche Jugendliche oder Mentor:innen beteiligt sind. Eine stabile, unterstützende Mentor:innenbeziehung kann sowohl Bildungsambitionen als auch Resilienz stärken und das Risiko für problematische Entwicklungen verringern (Raposa et al., 2019). Gerade in schwierigen Lebenslagen etwa bei Scheidung, Gewalt, Armut oder Migration können Mentor:innen eine Brücke zu gesellschaftlicher Teilhabe schlagen. Sie helfen, Netzwerke zu erschließen, Perspektiven zu entwickeln und sich gegen negative Einflüsse im sozialen Umfeld zu behaupten. Programme wie „Big Brothers Big Sisters" (Herrera et al., 2023) oder Patenschaftsmodelle für Jugendliche mit Fluchterfahrung zeigen, dass eine verlässliche, wertschätzende Mentor:innenbeziehung in vielen Fällen die Weichen für gelingende Lebensläufe stellt (DJI, 2020).

Die Peergroup gewinnt ab der Pubertät eine besondere Bedeutung. Sie ist Bühne, Schutzraum und Experimentierfeld in einem. Peergroups stellen einen zentralen Erfahrungsraum dar, in dem Jugendliche ihre Identität ausbilden, Werte erproben und Zugehörigkeit aushandeln können. Freundschaften bieten oft erstmals die Möglichkeit, Loyalität, Empathie und soziale Regeln jenseits der Familie zu erleben und eigene Lebensentwürfe zu entwickeln. Positive Freundschaften bieten emotionale Unterstützung, stärken das Selbstbewusstsein und fördern die Entwicklung eigenständiger Werte. Gelungene Peer-Beziehungen sind somit ein zentraler Baustein für die gesunde soziale Entwicklung im Jugendalter (Selvam, 2017). Doch der Einfluss der Peergroup kann sich ambivalent auswirken. Während unterstützende, vielfältige Freundeskreise einen Schutzfaktor darstellen, können problematische Cliquen, Gruppendruck oder digitale Echokammern riskantes oder destruktives Verhalten fördern. Das Deutsche Jugendinstitut (2010) zeigt, dass der Einstieg in Gewalt, Kriminalität oder Suchtmittelgebrauch häufig in Gruppen stattfindet, in denen problematische Vorbilder dominieren. Gleichzeitig ist das Bedürfnis nach Zugehörigkeit so stark, dass Jugendliche sich manchmal selbst dann anpassen, wenn sie die Gruppennormen innerlich ablehnen.

Die Bedeutung von Mentor:innen, Lehrkräften und Peers liegt auch darin, dass sie neue Horizonte öffnen können. Sie zeigen Jugendlichen Wege auf, die im Elternhaus unbekannt oder nicht zugänglich sind – sei es durch Praktika, Sport, Musik, politische Bildung oder soziales Engagement. Gerade für Jugendliche aus sozial benachteiligten oder migrantischen Familien kann die Anerkennung und Unterstützung durch außenstehende Erwachsene oder inspirierende Gleichaltrige den entscheidenden Unterschied machen.

Auch digitale Vorbilder, etwa YouTuber, Aktivist:innen oder Influencer, werden zunehmend als Orientierungspunkte genannt. Sie bieten Identifikationsmöglichkeiten und vermitteln, insbesondere in Communities, Werte und Lebensstile, die Jugendliche im Alltag vermissen. Gleichwohl warnen Expert:innen davor, den Einfluss dieser digitalen Vorbilder zu überschätzen. Sie sind meist flüchtiger, schwerer greifbar und bieten selten die emotionale Nähe, die für echte Resilienz notwendig ist (Soethof, 2023). Für die Generation Z ist der Austausch über soziale Medien, mobile Apps und Online-Plattformen selbstverständlicher Bestandteil des Alltags. Digitale Identifikationsfiguren prägen Werte, Einstellungen und sogar Bildungswege, dennoch bleibt der Kontakt zu authentischen Erwachsenen entscheidend. Die positive Wirkung auf Selbstvertrauen, Resilienz und soziale Kompetenz entsteht vor allem dann, wenn Eltern, Lehrkräfte oder Mentor:innen digitale Angebote aktiv begleiten und als reale Vorbilder erlebbar sind. Digitale Vorbilder können zwar inspirieren, ersetzen aber nicht die nachhaltige Bindung, die im direkten sozialen Umfeld entsteht (Szymkowiak et al., 2021).

Es ist eine große Herausforderung, die positiven Potenziale von Schule, Mentoring und Peers zu nutzen und zugleich Risiken zu erkennen, die durch negative Gruppendynamiken, fehlgeleitete Vorbilder oder digitale Parallelwelten entstehen können. Je breiter das Netz an unterstützenden Beziehungen, desto besser gelingt Jugendlichen der Sprung in ein selbstbestimmtes, reflektiertes Leben.

4.2 Herausforderungen für junge Männer mit Migrationsgeschichte

Die Lebenswirklichkeit junger Männer mit Migrationsgeschichte ist oft von doppelten Herausforderungen geprägt. Sie müssen sich nicht nur in einer komplexen Gesellschaft zurechtfinden, die ständig neue Anforderungen und Chancen bereithält, sondern sie erleben zusätzlich den Spagat zwischen den Erwartungen ihrer Herkunftsfamilien und den Normen der deutschen Mehrheitsgesellschaft. Die Suche nach Vorbildern und stabilen Bezugspersonen bekommt in diesem Spannungsfeld eine besondere Brisanz, denn nicht immer sind die klassischen Leitfiguren präsent, erreichbar oder bieten Orientierung für die Lebensrealität in Deutschland.

Die Bedeutung familiärer und außerfamiliärer Vorbilder verschiebt sich für viele dieser Jugendlichen. Oft stehen sie vor der Aufgabe, verschiedene kulturelle Leitbilder miteinander zu verbinden oder gegeneinander auszubalancieren. Während einige Jugendliche auf eine enge, stabile familiäre Gemeinschaft zurückgreifen können, erleben andere eine Vielzahl von Brüchen, Unsicherheiten oder Rollenunklarheiten. Viele berichten von dem Gefühl, „zwischen den Stühlen" zu sitzen eben nicht ganz hier und nicht mehr ganz dort verortet zu sein. Diese Ambivalenz birgt Risiken, aber auch Potenziale: Die Fähigkeit, unterschiedliche Perspektiven einzunehmen, kann zu einer Ressource werden, wenn unterstützende Bindungen vorhanden sind (El-Mafaalani & Toprak, 2011; DJI, 2020).

Der ICMPD-Bericht weist darauf hin, dass junge Männer mit Migrationsgeschichte häufiger von sozialstrukturellen Benachteiligungen betroffen sind als Gleichaltrige ohne Migrationserfahrung. Dazu zählen unter anderem Sprachbarrieren, prekäre Wohnverhältnisse, begrenzte Bildungschancen und Erfahrungen mit institutioneller Diskriminierung. Der EU-Vergleichsbericht des ICMPD zeigt, dass die Mitgliedstaaten ihre Aufenthaltsrechte zunehmend an Integrationspflichten koppeln und dadurch zwischen eher restriktiven („Zugang gegen Leistung") und inklusiven Modellen divergieren; hohe Eingangshürden wie Vorab-Sprachnachweise oder Gebühren erschweren insbesondere gering Qualifizierten den Zugang zu Förderangeboten und bergen das Risiko sozialer Exklusion (Perchinig et al., 2012). Diese Hintergründe werden in Kap. 6 tiefgehender behandelt. Hinzu kommen gesellschaftliche Debatten, die Jugendliche mit Migrationsgeschichte nicht selten unter Generalverdacht stellen und ihnen ‚die Zugehörigkeit zu Deutschland' streitig machen. In einer solchen Gemengelage sind stabile Vorbilder und positive Bezugspersonen besonders bedeutsam, weil sie Orientierung, Schutz und Zugehörigkeit vermitteln können. Gleichzeitig zeigen Studien, dass viele junge Männer mit Migrationsgeschichte in ihren Familien einen starken Rückhalt und eine ausgeprägte Solidarität erleben. Familienzusammenhalt, Respekt vor Älteren und eine hohe Bedeutung der Herkunftskultur sind wichtige Ressourcen, die ihnen dabei helfen können, Belastungen und Diskriminierungserfahrungen abzufedern (Shell Deutschland, 2019). Doch diese Bindung kann auch zur Last werden, wenn sie mit engen Rollenerwartungen, rigiden Ehrvorstellungen oder mangelnder Offenheit gegenüber alternativen Lebensentwürfen einhergeht. Nicht zu unterschätzen ist auch die Bedeutung der sogenannten ‚Erwartungslücke‘. Viele Jugendliche erleben einen Druck, als ‚Brückenbauende‘ zwischen den Kulturen fungieren zu müssen – sei es als Sprachvermittelnde, als Verantwortliche für familiäre Angelegenheiten oder als Vorbild für jüngere Geschwister. Diese Verantwortung kann stärken, aber auch überfordern. Insbesondere dann, wenn klare Vorbilder für Bildungserfolg, beruflichen Aufstieg oder eine selbstbewusste, respektvolle Männlichkeit fehlen, entstehen Lücken, die von anderen nicht immer konstruktiv wirkenden Leitfiguren gefüllt werden (Budde & Rieske, 2022; Soethof, 2023). Die außerfamiliären Bezugspersonen gewinnen gerade in dieser Situation an Bedeutung. Engagierte Lehrkräfte, Jugendsozialarbeiter:innen, Mentor:innen aus Vereinen oder anderen Communities können Perspektiven eröffnen, die in der Herkunftsfamilie nicht sichtbar sind. Sie bieten neue Möglichkeiten der Identifikation, ermutigen zu Bildungsambitionen und unterstützen bei der Bewältigung von Konflikten zwischen verschiedenen Wert- und Lebenswelten (DJI, 2020; Perchinig et al., 2012). Fehlen Jugendlichen positive Peer-Beziehungen oder erwachsene Bezugspersonen oder werden sie von Gleichaltrigen ausgeschlossen, steigt das Risiko für sozialen Rückzug, Delinquenz oder die Entwicklung ungesunder Bewältigungsmechanismen deutlich an (Selvam, 2017). Gleichzeitig zeigt sich, dass gelingende Integration und Identitätsentwicklung vor allem dort möglich sind, wo Jugendliche unterschiedliche Bindungen aktiv verknüpfen können. Jugendliche, die in ihrer Familie Rückhalt erfahren und zusätzlich durch Lehrkräfte, Peers oder Mentor:innen unterstützt werden, entwickeln häufiger Resilienz, Offenheit und Innovationskraft. Die Fähigkeit, verschiedene kulturelle Identitäten zu verbinden und daraus eine eigene Lebensstrategie zu formen, wird dann zur Stärke und schützt nicht nur vor Rückzug, sondern eröffnet neue Chancen für gesellschaftliche Teilhabe.

Insgesamt zeigt sich, dass die Suche nach Vorbildern, Orientierung und Zugehörigkeit für junge Männer mit Migrationsgeschichte ein besonders dynamischer und oft auch konflikthafter Prozess ist. Wer hier stabile, vielfältige Bezugspersonen in Familie, Schule, Freizeit oder Community erlebt, findet häufiger Wege zu Bildungserfolg, gesellschaftlicher Anerkennung und zu einer reflektierten, respektvollen Männlichkeit.

4.2.1 Familiäre Rollen und der Einfluss männlicher Vorbilder

Die familiären Rollenmuster, mit denen junge Männer (und Frauen) mit Migrationsgeschichte aufwachsen, sind häufig von Ambivalenzen und einem besonderen Spagat zwischen Nähe, Fürsorge und starren Erwartungen geprägt. Der Vater als Leitfigur genießt in vielen Familien traditionell hohe Autorität. Doch oft sind Väter infolge von Migration, langen Arbeitszeiten oder Trennung physisch oder emotional abwesend (Perchinig et al., 2012; DJI, 2020). Dann übernehmen ältere Geschwister oder männliche Verwandte zentrale Rollen mit allen Chancen und Belastungen, die damit einhergehen.

Wie sich diese Dynamik anfühlen kann, wird besonders greifbar im Gespräch zwischen dem Autor Mohamed und Dunya, deren Familie früh den Vater verlor und in der der älteste Bruder bereits mit 14 Jahren Verantwortung für die jüngeren Geschwister übernehmen musste. Dieses Interview, das sich offen, schonungslos und vielschichtig zeigt, gibt einen tiefen Einblick in die psychosoziale Realität, die oftmals nur durch Zahlenwerte in Statistiken zum Ausdruck gebracht wird:

Interview zwischen Mohamed und Dunya (vollständiges Interview siehe Anhang)
Mohamed: *Ich danke dir, Dunya, dass du heute so offen sprichst. Beginnen wir mit einer grundlegenden Frage: Wie hast du als Frau innerhalb deiner Herkunftsgemeinschaft den Begriff „Ehre" erlebt?*
Dunya: *Unser Vater war früh nicht mehr Teil unseres Lebens. Dadurch fiel dem ältesten Bruder automatisch eine dominierende Rolle zu. Ehre war dabei ein ständiger Begleiter – ein Maßstab für Verhalten, Kleidung, Auftreten. Ich erinnere mich an Sommer, in denen es brütend heiß war, aber ich durfte nichts Kurzes tragen. Ich musste mich immer zurücknehmen, obwohl ich eigentlich ein extrovertierter, neugieriger Mensch bin. Das war eine enorme innere Zerrissenheit.*
…
Mohamed: *Du hast deinen Vater erwähnt – was war da genau los?*
Dunya: *Er ist meiner Mutter untreu gewesen. Und das war kein einmaliger Ausrutscher, sondern ein strukturelles Verhalten. Meine Mutter hat das lange mit sich machen lassen. Sie war unglaublich aufopferungsvoll – was aus heutiger Sicht nicht klug war. Aber sie kannte es nicht anders.*
…

Mohamed: *Wie war das mit deinen Brüdern? Gab es da Druck, stark zu wirken?*

Dunya: *Ja. Man hat nie Schwäche gezeigt. Nie. Ich habe meine Onkel nur einmal weinen sehen – als ihr Vater starb und selbst das erst, als alle anderen weg waren. Und auch meine Brüder mussten früh stark sein. Auf einmal ging es nicht mehr ums Spielen, sondern um Ehre, Verantwortung, Status.*

Mein jüngster Bruder ist besonders sensibel. Er hat nie eine intakte Familie erlebt. Er ist ruhig, lässt andere scheinen. Das hat mich beeindruckt. Ich habe irgendwann erkannt: Ich brauche eure Bestätigung nicht. Ich bin genug.

...

Mohamed: *Was hat diese Erkenntnis mit dir gemacht?*

Dunya: *Sie hat mich radikal emanzipiert. Ich habe mich innerlich gelöst. Mein mittlerer Bruder war so überfordert, dass er zusammenbrach – physisch, psychisch und im Krankenhaus landete. Der Jüngste? Der hat nie eine echte Kindheit gehabt. Aber keiner zeigt Schwäche. Selbst nach der Geschichte mit dem Krankenhaus. Sie stehen wieder auf und machen weiter. Diese Härte – sie hat mich geprägt, aber auch entfremdet.*

Dunyas Geschichte macht deutlich: Fehlt das präsente, positive männliche Vorbild, sei es aus strukturellen Gründen oder weil der Vater abwesend oder emotional distanziert ist, rücken andere Familienmitglieder gemäß den traditionellen Mustern ‚wie automatisch' in den Mittelpunkt der Familienverantwortung. Der älteste Bruder übernimmt nicht nur Verantwortung, sondern wird auch zum Träger familiärer Erwartungen und gesellschaftlicher Normen. Ehre, Geschlechterrollen und das Bedürfnis, „stark" zu erscheinen, bestimmen oft den Alltag. Der Druck, Schwäche nicht zeigen zu dürfen, kann zur Überforderung führen und psychische Krisen auslösen so wie bei Dunyas Bruder, der unter der Last zusammenbrach. Das Interview zeigt auch, dass die Tochter, die als unangepasster Teil der Familie andere Wege sucht, in der Enge patriarchaler Strukturen nicht nur Zurückweisung, sondern auch die eigene Emanzipation von den vorherrschenden Wertekonzepten erlebt, die stark durch externe Anerkennung charakterisiert sind. Dunya reflektiert, dass das Fehlen des Vaters nicht einfach eine Lücke hinterließ, sondern die gesamte Rollenverteilung und das Gefüge innerhalb der Familie veränderte, weil das ‚Vorbild' fehlte. Dies hatte langfristige Folgen für alle Geschwister.

Der Zusammenhalt wird zum Schutzraum, kann aber auch zur Falle werden, wenn traditionelle Männlichkeitsbilder, Scham und Schweigen jede Schwäche als Tabu markieren. Solche biografischen Erfahrungen ergänzen und konkretisieren die Ergebnisse aus wissenschaftlichen Studien. Wenn positive, erreichbare männliche Vorbilder fehlen, werden Jungen und auch Mädchen früher in Verantwortung gedrängt und übernehmen Rollen, für die sie kaum vorbereitet sind und die sie nur schwerlich ausfüllen können (Perchinig et al., 2012; Soethof, 2023). Besonders in Migrationskontexten kommt es zu einer Umkehrung oder Vermischung klassischer Familienrollen. Ältere Geschwister, oft selbst noch auf der Suche nach Identität und Orientierung, werden zu moralischen Instanzen und Ersatzeltern.

4.2.2 Bildungsaspiration und Vorbildlücken

Bildung gilt in Deutschland als Schlüssel zu gesellschaftlicher Teilhabe, zu Aufstieg und Selbstbestimmung. Doch die Realität zeigt, dass die Chancen auf Bildungserfolg weiterhin stark von der sozialen Herkunft und dem familiären Umfeld geprägt sind. Für Jugendliche mit Migrationsgeschichte gilt das in besonderem Maße. Während viele Eltern mit großem Ehrgeiz den Aufstieg ihrer Kinder befördern, fehlt im Alltag häufig das greifbare Vorbild für Bildungswege jenseits klassischer Berufsbilder oder niedriger formaler Qualifikationen (DJI, 2020; Perchinig et al., 2012)

Eine der größten Herausforderungen besteht darin, dass in vielen Familien mit Migrationsgeschichte niemand aus der Elterngeneration eigene Erfahrung mit dem deutschen Bildungssystem hat. Sprachliche Hürden, mangelnde Kenntnisse über das System und ein manchmal von Misstrauen geprägtes Verhältnis zu Institutionen erschweren die Orientierung und Unterstützung. Die Shell Jugendstudie (2019) sowie die Daten des Deutschen Jugendinstituts zeigen, dass Jugendliche, deren Eltern wenig über die Abläufe an Schulen, Bewerbungsverfahren oder die Bedeutung bestimmter Abschlüsse wissen, schnell ins Hintertreffen geraten. Nicht selten bleiben Talente unerkannt, Bildungspotenziale werden nicht ausgeschöpft und die Hürde für den Sprung ins Unbekannte wirkt größer als sie objektiv ist.

Der Bericht des ICMPD in Wien verdeutlicht dies mit klaren Zahlen: Jugendliche der zweiten Migrantengeneration mit geringqualifizierten Eltern haben eine rund 50 % geringere Wahrscheinlichkeit, nach der Pflichtschule einen weiteren Abschluss zu erreichen als Gleichaltrige ohne Migrationsgeschichte (Perchinig et al., 2012). Die Gründe sind vielfältig: Neben sprachlichen und strukturellen Barrieren fehlt es oft schlicht an konkreten Rollenvorbildern, also Menschen im näheren Umfeld, die einen höheren Schulabschluss gemacht, studiert oder eine anspruchsvolle Ausbildung absolviert haben, für den Bildungsaufstieg.

Diese ‚Vorbildlücke' bleibt nicht ohne Folgen. Wer im Alltag keine greifbaren Beispiele für gelungene Bildungskarrieren sieht, nimmt den eigenen Bildungserfolg oft gar nicht erst als realistische Option wahr. Hinzu kommt, dass viele Jugendliche erleben, dass ihre Bemühungen um schulische Leistungen im eigenen Umfeld wenig Anerkennung finden – entweder, weil die Eltern mit anderen Sorgen beschäftigt sind oder weil Gleichaltrige das Streben nach Bildung als eine Art Verrat an der Herkunftsfamilie oder dem Herkunftsmilieu abwerten. Das Gefühl, sich zwischen Loyalität zur Familie und dem Wunsch nach Aufstieg entscheiden zu müssen, ist ein häufiges Dilemma. Gleichzeitig gibt es zahlreiche positive Beispiele, in denen externe Vorbilder, Mentor:innen oder engagierte Lehrkräfte zum Zünglein an der Waage werden. Für viele Jugendliche beginnt der Weg zu höheren Bildungsabschlüssen mit dem Zuspruch einer Lehrerin, dem Impuls eines Sozialarbeiters oder dem Vorbild eines älteren Cousins, der als erster in der Familie studiert. Diese Personen zeigen, dass neue Wege möglich sind, dass Bildung nicht Verrat, sondern Aufbruch bedeuten kann. Gerade in urbanen Kontexten, wo Vielfalt zum Alltag gehört, entstehen so immer wieder beeindruckende Erfolgsgeschichten, die zeigen, dass soziale Herkunft kein Schicksal ist, wenn Unterstützung und Identifikation möglich sind. Doch die Realität bleibt ambivalent. Während einige Jugendliche den Sprung schaffen und als role models für die jüngere Generation dienen, erleben wieder andere Rückschläge, Ausschlüsse oder einen ständigen Spagat zwischen Welten. Der Mythos, der den Aufstieg ,vom Tellerwäscher zum Millionär' propagiert, ist selten gelebte Praxis, sondern für viele eher ein Kampf gegen Unsicherheit, Selbstzweifel und gesellschaftliche Vorbehalte.

Praxisnahe Reflexion

Ein junger Mann mit libanesischer Familiengeschichte schilderte im Gespräch: „Mein Vater wollte immer, dass ich arbeite, am besten direkt nach der Schule. Für ihn war das der sichere Weg. Aber meine Lehrerin hat mich bestärkt, Abi zu machen. Sie hat mir Nachhilfe organisiert, sogar bei meinen Eltern angerufen und erklärt, wie wichtig der Abschluss ist. Ohne sie hätte ich wahrscheinlich aufgegeben." Dieses Beispiel zeigt, wie entscheidend das Zusammentreffen von familiärer Akzeptanz und außerfamiliärer Unterstützung sein kann. Wo beides zusammenkommt, entstehen neue Horizonte. Wo beides fehlt, wächst die Gefahr, dass die Vorbildlücke zur ,Abbruchkante' im Lebenslauf wird.

4.2.3 Identitätsfindung zwischen Herkunft und Gesellschaft

Die Identitätsentwicklung junger Männer mit Migrationsgeschichte ist ein Balanceakt zwischen verschiedenen Welten. Die Frage „Wer bin ich – und wo gehöre ich hin?" wird für viele zur Lebensaufgabe, die sich durch alle Entwicklungsphasen hindurch zieht. Zwischen familiären Erwartungen, kulturellen Traditionen und den gesellschaftlichen Anforderungen der Mehrheitsgesellschaft verläuft oft ein unsichtbarer Graben, der Tag für Tag neu überquert werden muss.

In der Herkunftsfamilie gelten häufig Werte wie Loyalität, Ehre, Rücksichtnahme auf die Familie und Respekt gegenüber Älteren als unverrückbare Normen. Gleichzeitig erleben Jugendliche in Schule, Ausbildung oder im Freundeskreis andere Standards. Selbstbestimmung, Gleichberechtigung, individuelle Freiheit und Pluralität stehen im Mittelpunkt des deutschen Leitbildes. Das Spannungsfeld zwischen diesen Welten prägt die Identitätsarbeit auf vielfältige Weise manchmal kreativ und bereichernd, manchmal jedoch auch als schmerzhafte Zerreißprobe (El-Mafaalani & Toprak, 2011). Empirische Studien zeigen, dass Jugendliche mit Migrationsgeschichte häufiger als ihre Peers ohne Migrationsgeschichte von inneren Konflikten und Ambivalenzen berichten. Sie beschreiben sich selbst als „Brückenbauer:innen" zwischen den Welten oder fühlen sich als „Dazwischen-Geborene", die in keiner Gruppe vollständig ankommen (DJI, 2020). Diese Position kann zu einer besonderen Stärke werden. Wer gelernt hat, zwischen Kulturen, Sprachen und sozialen Kontexten zu navigieren, entwickelt oft ein hohes Maß an interkultureller Kompetenz, Resilienz und Empathie. Doch sie birgt auch das Risiko, sich dauerhaft fremd zu fühlen, weder hier noch dort ‚richtig' zu sein und von beiden Seiten als Außenseiter, nicht dazu gehörig betrachtet zu werden. Ein Beispiel liefert Dunya, deren Interview bereits zuvor thematisiert wurde. Sie berichtet, wie der familiäre Fokus auf Ehre, Tradition und Geschlechterrollen dazu führte, dass sie sich immer wieder als Außenseiterin fühlte – und trotzdem für sich einen selbstbewussten Weg zwischen Anpassung und Widerstand fand.

Die Aushandlung der eigenen Identität findet dabei nicht nur im Stillen statt, sondern ist oft von äußeren Konflikten begleitet. Abwertungserfahrungen, rassistische Zuschreibungen oder institutionelle Barrieren führen dazu, dass das Gefühl von Zugehörigkeit zur Gesellschaft immer wieder auf die Probe gestellt wird (Shell Deutschland, 2019). Wer im Alltag Diskriminierung erlebt, sucht häufig Rückhalt in der eigenen Community oder entwickelt Gegenstrategien wie Humor, Anpassung oder bewusste Abgrenzung.

Gleichzeitig spielen Vorbilder innerhalb wie außerhalb der Familie eine zentrale Rolle im Prozess der Identitätsfindung. Jugendliche, die positive Beispiele für gelungene Integration, gesellschaftliche Teilhabe und respektvolle Männlichkeit erleben, können alternative Lebensentwürfe für sich selbst entwickeln. Sichtbare Vorbilder mit Migrationsgeschichte in Politik, Medien, Wissenschaft oder Sport geben das Signal. Es ist möglich, beides zu sein: Kind deiner Familie und aktives Mitglied der Gesellschaft.

Wo Jugendliche die Erfahrungen machen, dass sie ihre verschiedenen Identitäten verbinden und flexibel leben können, wächst die Chance auf eine stabile, reflektierte Persönlichkeit. Fehlt diese Erfahrung, oder erleben sie von beiden Seiten, von der Herkunftsfamilie und der Gesellschaft, Ablehnung, steigt das Risiko für Rückzug, innere Zerrissenheit oder Radikalisierung. Die Forschung betont: Gerade in Phasen der Unsicherheit oder bei Brüchen (z. B. Trennung der Eltern, Flucht, Pubertät) sind unterstützende Bezugspersonen und ein offenes gesellschaftliches Klima entscheidend für gelingende Identitätsarbeit (DJI, 2020; Bundestag, 2024).

4.3 Empirische Befunde zur Wirkung von Bezugspersonen

Wie stark prägen Vorbilder und Bezugspersonen die Entwicklung junger Männer insbesondere, wenn sie unter den besonderen Bedingungen von Migration und gesellschaftlicher Diversität aufwachsen? Diese Frage steht im Zentrum zahlreicher internationaler und nationaler Studien der letzten Jahre. Die Ergebnisse zeichnen ein ebenso eindrückliches wie differenziertes Bild: Stabile, wertschätzende und präsente Bezugspersonen gehören zu den wichtigsten Schutzfaktoren in der Jugend. Sie beeinflussen Schulerfolg, psychische Gesundheit, den Umgang mit Krisen und das Risiko für problematisches Verhalten maßgeblich unabhängig von sozialer Herkunft oder Migrationsgeschichte.

Die Schutzwirkung von Mentoring zeigt sich nicht nur innerhalb der Familie, sondern auch in außerfamiliären Beziehungen. Erwachsene Bezugspersonen wie Lehrer:innen, Mentor:innen oder engagierte Nachbar:innen können durch verlässliche und vertrauensvolle Bindungen die Entwicklung Jugendlicher positiv beeinflussen. Dies gilt insbesondere für Jugendliche, die durch Armut, familiäre Belastungen oder Diskriminierung besonderen Risiken ausgesetzt sind. Für sie macht die Erfahrung einer unterstützenden Mentor:innen-Beziehung oft den entscheidenden Unterschied (Raposa et al., 2019). Gleichzeitig zeigt sich, wie gravierend die Folgen sein können, wenn positive Bindungen fehlen oder durch destruktive Muster wie Gewalt, toxische Männlichkeitsbilder oder emotionale Vernachlässigung ersetzt werden. Junge Männer, die keine unterstützenden Vorbilder erleben oder in einem Klima der Unsicherheit, Angst oder Ausgrenzung aufwachsen, tragen ein deutlich erhöhtes Risiko für psychische Belastungen, Radikalisierung, schulisches Scheitern und Gewalttätigkeit (Ashton & Bussu, 2020; Selvam, 2017). Zahlreiche nationale und internationale Langzeitstudien, aber auch qualitative Interviews und Metaanalysen, liefern differenzierte Einblicke in die Mechanismen und Wirkungen von Bezugspersonen. Besonders aufschlussreich ist der Blick über

Ländergrenzen hinweg. Während die Grundmechanismen stabiler Beziehungen universell sind, zeigen sich in der Art der Bezugspersonen, ihrem Zugang zu Jugendlichen und den gesellschaftlichen Rahmenbedingungen deutliche Unterschiede zwischen Haiti, Deutschland, den USA oder Österreich.

In den folgenden Abschnitten werden zentrale internationale und nationale Studien vorgestellt, die Effekte positiver Bezugspersonen auf Entwicklung und Verhalten analysiert und die Risiken bei fehlenden oder negativen Vorbildern systematisch beleuchtet.

4.3.1 Internationale und nationale Studien (inkl. Haiti-Studie)

Wie bedeutend Bezugspersonen – seien es Eltern, Geschwister oder andere Erwachsene im familiären oder sozialen Umfeld – für die Entwicklung und Lebensperspektiven junger Menschen sind, zeigt die Untersuchung von Justesen und Verner (2007) aus Haiti. Der Bericht basiert auf Daten der ersten landesweiten Haushaltsbefragung (ECVH) mit insgesamt 7186 Haushalten und über 33.000 Individuen. Haiti gilt als eines der ärmsten Länder der westlichen Hemisphäre, in dem ökonomische Not, gesellschaftliche Unsicherheit und politische Instabilität den Alltag vieler Familien prägen. Jugend in Haiti steht unter besonderem Druck: Nur 13 % der haitianischen Jugendlichen sind laut Umfrage mit ihrem Leben zufrieden, mehr als die Hälfte der 20-Jährigen hat keine Sekundarschulbildung abgeschlossen und die Arbeitslosigkeit unter Jugendlichen liegt bei fast 50 % (Justesen & Verner, 2007).

Vor diesem Hintergrund untersucht die Studie, welche Risikofaktoren und Schutzfaktoren die Entwicklung von Jugendlichen besonders beeinflussen. Entscheidend sind hier neben individuellen Ressourcen vor allem das familiäre Umfeld, die Bildung der Eltern (bzw. des Haushaltsvorstands) und die Qualität sozialer Beziehungen. Die Ergebnisse zeigen, dass Familienstrukturen, die durch Unterstützung, Erwartungen und Vorbilder geprägt sind – etwa durch Eltern, ältere Geschwister oder andere Erwachsene im Haushalt – als starker Schutzfaktor gegen Schulabbruch, Arbeitslosigkeit und problematische Verhaltensweisen wirken. Jugendliche aus Haushalten mit gebildeten Haushaltsvorständen bleiben länger in der Schule und haben bessere Chancen auf dem Arbeitsmarkt. Auch die Größe des Haushalts und die Anwesenheit älterer Geschwister können einen positiven Einfluss auf Bildungswege haben, da Aufgaben und Unterstützung innerhalb der Familie geteilt werden. Umgekehrt erhöht das Fehlen stabiler Bezugspersonen, sei es durch Armut, Migration, Krankheit oder familiäre Desintegration, das Risiko für negative Entwicklungen, Jugendliche brechen häufiger die Schule ab, sind öfter arbeitslos oder inaktiv und geraten leichter in Kreise von Kriminalität oder sozialer Ausgrenzung. Besonders gefährdet sind Jugendliche, die ohne beide Elternteile oder mit nur einem Elternteil aufwachsen, was in Haiti häufig vorkommt. Auch die Abwesenheit des Vaters, häufig bedingt durch Migration, ist ein strukturelles Problem, das laut Studie viele junge Menschen belastet.

Ergänzt werden diese quantitativen Befunde durch qualitative Analysen wie die Arbeit von Noel (2021), die auf Interviews mit Fachkräften im Bereich haitianischer Jugendlicher basiert. Die Befragten berichten, dass Jugendliche mit unterstützenden, einfühlsamen Eltern oder anderen verlässlichen Bezugspersonen im familiären Umfeld seltener riskantes Verhalten zeigen, sich in ihrer Persönlichkeit freier entfalten und eher in der Lage sind, sich in Krisensituationen Hilfe zu suchen. Die Arbeit betont, dass insbesondere elterliche Wärme, Offenheit und Dialogbereitschaft als zentrale Ressourcen für psychisches Wohlbefinden und Zukunftsoptimismus wahrgenommen werden. Auch die Fähigkeit, sich in schwierigen Phasen Hilfe zu suchen und Hoffnung auf bessere Zukunft zu bewahren, war dort ausgeprägter, wo positive Bezugspersonen erlebt wurden.

Raposa et al. (2019) belegen in ihrer Metaanalyse mit 70 randomisierten und quasi-experimentellen Studien, dass Mentoring-Programme einen signifikanten, wenn auch moderaten, positiven Einfluss auf eine Vielzahl von Entwicklungsbereichen bei Jugendlichen haben. Die untersuchten Programme umfassten sowohl formelle als auch informelle Settings und richteten sich an unterschiedliche Zielgruppen. Besonders deutlich werden die Effekte auf psychosoziale Anpassung, Schulleistungen, Verhaltensauffälligkeiten und emotionale Problemlagen. Das bedeutet, dass Jugendliche mit einer stabilen Mentor:innen-Beziehung nicht nur bessere Noten erzielen, sondern auch seltener Anzeichen von Angst, Depression oder aggressivem Verhalten zeigen. Ein bemerkenswerter Befund ist, dass Jugendliche aus sozial benachteiligten oder hochbelasteten Lebenslagen etwa mit Armutserfahrungen, instabilen Familienstrukturen oder Diskriminierung besonders von Mentoring profitieren. Die Schutzwirkung zeigt sich darin, dass diese Jugendlichen durch den Zugang zu positiven, unterstützenden Erwachsenen mehr soziale Ressourcen erhalten und seltener in Risikoverhalten wie Drogenkonsum, Kriminalität oder Schulabbruch abgleiten. Das Ausmaß der positiven Effekte steigt außerdem mit der Dauer und Intensität der Mentoring-Beziehung sowie mit der aktiven Gestaltung des Programms. Wenn Mentor:in und Mentee regelmäßig und über längere Zeit in Kontakt stehen, sind die Entwicklungsgewinne deutlich größer. Die Autoren betonen, dass Mentoring besonders dann wirksam ist, wenn es auf eine individuelle und beziehungsorientierte Unterstützung abzielt – weniger auf

Leistungsdruck, sondern auf Vertrauen, emotionale Unterstützung und den Aufbau von Selbstwirksamkeit. Dies gilt sowohl für schulische als auch für außerschulische Mentoring-Settings. Insgesamt liefert die Metaanalyse überzeugende Evidenz dafür, dass ein einziges stabiles außerfamiliäres Erwachsenen-Vorbild das Leben junger Menschen nachhaltig positiv beeinflussen kann, gerade dann, wenn familiäre Ressourcen begrenzt sind (Raposa et al., 2019).

Die Wirkung solcher Mentor:innen zeigte sich insbesondere dann, wenn Jugendliche in anderen Lebensbereichen etwa der Herkunftsfamilie wenig Halt erfahren oder negative Vorbilder dominieren. In der deutschsprachigen Forschung nimmt das Thema destruktiver, fehlender oder gar gewalttätiger Bezugspersonen einen zentralen Stellenwert ein. Eine aktuelle Metaanalyse des Wissenschaftlichen Dienstes des Bundestages (2024) fasst zahlreiche Studien zur Wirkung von Partnerschaftsgewalt und instabilen Bindungsverhältnissen zusammen. Die Ergebnisse belegen, dass Kinder und Jugendliche, die in Haushalten mit Gewalt oder emotionaler Vernachlässigung aufwachsen, ein signifikant erhöhtes Risiko für psychische Erkrankungen, Bildungsabbrüche und eigene problematische Beziehungsmuster aufweisen. Diese internationalen und nationalen Befunde verdeutlichen, dass stabile Bindungen und positive Vorbilder als soziales Kapital gelten können, das materielle Armut, Diskriminierungserfahrungen und biografische Brüche zumindest teilweise ausgleichen kann. Dabei bleibt die Art der Beziehung – ob familiär, schulisch oder aus dem Vereinsleben – weniger entscheidend als die Qualität: Vertrauen, emotionale Zugewandtheit, Authentizität und die Fähigkeit, Perspektiven zu eröffnen, sind die Schlüsselmerkmale, die den Unterschied machen.

In einer tabellarischen Übersicht lassen sich diese Ergebnisse so zusammenfassen (Tab. 4.2)

Bourdieus Kapitaltheorie als analytische Linse
Wenn wir die Befunde mit Pierre Bourdieus Theorie der Kapitalarten betrachten, wird deutlich, warum qualitativ hochwertige Mentor:innen-Beziehungen gerade für Jugendliche aus benachteiligten Milieus einen so starken „Puffereffekt" entfalten (Bourdieu, 1983, 1986).

- **Soziales Kapital**: Mentor:innen erweitern das „Beziehungsnetz" der Jugendlichen, indem sie Türöffner zu bislang verschlossenen Feldern sind – etwa zu Praktikumsplätzen, Sportvereinen, Hochschulen oder Stipendienprogrammen. Über diese Netzwerke erhalten Jugendliche Unterstützung, Informationen und Fürsprache, die in der Herkunftsfamilie häufig fehlen.

Tab. 4.2 Zentrale Befunde ausgewählter Studien zu familiären und sozialen Einflussfaktoren auf Bildungs- und Entwicklungsoutcomes von Jugendlichen

Studie	Kernaussage (prägnant zusammengefasst)
Justesen und Verner (2007)	Familienstrukturen und verlässliche Bezugspersonen sind laut World-Bank-Analyse der „stärkste protektive Faktor" gegen Schulabbruch, Arbeitslosigkeit und Gewalt. Fehlen (insbesondere männliche) Role-Models, verschärft sich das Risiko erheblich
Noel (2021)	Gute Parent-Child-Relationships, konsequentes elterliches Monitoring und familiärer Zusammenhalt mindern riskantes Sexual- und Substanzverhalten und stärken das psychische Wohlbefinden haitianischer Jugendlicher
Shell-Jugendstudie (2019)	94 % der 12- bis 25-Jährigen betrachten ihre Eltern als Erziehungsvorbilder; eine stabile Elternbindung geht mit höherer Lebenszufriedenheit und Optimismus einher
DJI-Jugendmigrationsreport (2020)	Bei Jugendlichen mit Migrationsgeschichte kompensieren Sprachkompetenz, schulische Unterstützung und Peer-Netzwerke fehlenden familiären Rückhalt; mangelnde Kenntnis des deutschen Bildungssystems bleibt ein zentrales Aufstiegshindernis
Raposa et al. (2019)	Metaanalyse von 70 Studien (n = 25.286) belegt einen signifikanten, moderaten Gesamteffekt von Mentoring-Programmen auf akademische, psychosoziale und Verhaltens-Outcomes – besonders ausgeprägt bei sozial benachteiligten Jugendlichen
Bundestag (2024)	Kinder, die häusliche Gewalt miterleben, zeigen deutlich mehr internalisierende (Angst, Rückzug) und externalisierende (Aggression) Probleme, schwächere schulische Leistungen und ein erhöhtes Risiko für Substanzmissbrauch

- **Kulturelles Kapital**: In persönlichen Gesprächen, gemeinsamen Lernsettings oder durch das Vorleben akademischer Routinen vermitteln Mentor:innen „inkorporiertes" kulturelles Kapital (etwa argumentatives Ausdrucksvermögen, Lernstrategien, Habitus-spezifische Codes) und verschaffen Zugang zu „objektiviertem" Kapital (Bücher, digitale Ressourcen) sowie „institutionalisiertem" Kapital (Schul- und Hochschulabschlüsse).
- **Symbolisches Kapital**: Wird das in Mentoring-Kontexten erworbene soziale und kulturelle Kapital von relevanten Instanzen (z. B. Schule, Ausbildungsbetrieb, Hochschule) anerkannt, wandelt es sich in symbolisches Kapital – also in legitimen Status und Ansehen. Sichtbare Erfolge (ein bestandener Schulabschluss, eine Auszeichnung, die Aufnahme ins Schüler:innen-Stipendium) stärken die Selbstwirksamkeit der Jugendlichen und revidieren negative Fremd- und Selbstzuschreibungen.

- **Ökonomisches Kapital**: Auch wenn Mentor:innen dieses nicht direkt bereitstellen, können ihre Netzwerke und ihr Wissen (z. B. über Förderprogramme, Stipendien, Nebenjobs) helfen, finanzielle Hürden zu überbrücken und dadurch den Zugang zu Bildungswegen zu sichern.

Bourdieus Konzept macht zudem verständlich, weshalb die Beziehung selbst ihre Dauer, Verlässlichkeit und emotionale Qualität – zentral ist. Nur unter Bedingungen des Vertrauens kann das vermittelte kulturelle oder soziale Kapital tatsächlich „inkorporiert" werden und Teil des persönlichen Habitus werden. Bleibt die Beziehung oberflächlich oder episodisch, verpufft der Kapitaltransfer weitgehend.

Praxisbeispiel Eine 16-jährige Schülerin aus einer einkommensschwachen Familie erhält durch ihre Mentorin (eine Ingenieurin) nicht nur Nachhilfe in Mathematik, sondern wird auch zu einem „Girls' Day" an der Hochschule mitgenommen. Dort erlebt sie Labore, hört Fachvorträge und lernt Studentinnen kennen. In Bourdieus Begriffen erhält sie zugleich objektiviertes kulturelles Kapital (Einblicke in Fachliteratur und Technik), soziales Kapital (Kontakte zu Studierenden und Dozierenden) und potenziell symbolisches Kapital (die Einladung selbst signalisiert Anerkennung). Dieser „Kapitalmix" kann den entscheidenden Unterschied machen, ob die Schülerin sich ein MINT-Studium zutraut oder nicht.

Insgesamt zeigt die bourdieusianische Perspektive, dass Mentoring weit mehr ist als „Hilfe" im engen Sinn. Es ist ein Mechanismus des Kapitaltransfers, der strukturelle Defizite – fehlende Ressourcen in Herkunftsfamilie oder Nachbarschaft – ausgleicht und Jugendlichen ermöglicht, in bislang verschlossenen sozialen Feldern Fuß zu fassen. Die Qualität der Beziehung entscheidet darüber, ob der Transfer gelingt und ob sich das neu gewonnene Kapital langfristig in Bildungs- und Teilhabechancen niederschlägt.

Abschließend lässt sich festhalten, dass in allen untersuchten Kontexten, ob Haiti, Deutschland oder Nordamerika stabile und positive Bezugspersonen für Jugendliche ein entscheidender Schutz- und Entwicklungsfaktor sind. Sie wirken wie ein Puffer gegen gesellschaftliche, ökonomische und emotionale Herausforderungen und bieten Orientierung in einer Welt, in der feste Haltpunkte nicht selbstverständlich sind.

4.3.2   Risiken bei fehlenden oder negativen Vorbildern

Während die positiven Effekte stabiler Bezugspersonen und konstruktiver Vorbilder vielfach belegt sind, zeigen die Forschung und die Praxis ebenso eindrucksvoll, wie gravierend die Risiken und Langzeitfolgen ausfallen können, wenn solche

Bindungen fehlen oder wenn Jugendliche vor allem destruktive, gewalttätige oder toxische Vorbilder erleben. Gerade im Jugendalter, in dem sich Orientierungslosigkeit, Selbstwertkrisen und Identitätssuche überlagern können, kann ein Mangel an positiven Bezugspersonen zum entscheidenden Kipppunkt werden.

Das Deutsche Jugendinstitut (2010) sowie die aktuelle Metaanalyse des Wissenschaftlichen Dienstes des Bundestages (2024) machen deutlich, dass Kinder und Jugendliche, die in instabilen, konfliktreichen oder gar gewaltbelasteten Familien aufwachsen, ein signifikant erhöhtes Risiko für eine Vielzahl von Problemen haben. Dazu zählen nicht nur Entwicklungs- und Bindungsstörungen, sondern auch schulische Misserfolge, psychische Erkrankungen und eine erhöhte Anfälligkeit für Delinquenz und Suchtverhalten. Vor allem Jungen, denen männliche Vorbilder entweder ganz fehlen oder diese durch Gewalt, emotionale Kälte und autoritäre Strenge geprägt sind, geraten häufig in problematische Orientierungsräume sei es im Internet, in gewaltaffinen Peergroups oder in radikalen Szenen (Soethof, 2023). Fehlende positive Bindungen führen in der Regel zu einer Reihe von klassischen Problemspiralen. Die Jugendlichen entwickeln ein Gefühl der Unsicherheit, des ‚Nicht-Dazugehörens‘ und sind auf der Suche nach Halt oft besonders empfänglich für Gruppen, die einfache Antworten und Identität durch Abgrenzung versprechen. In diesen Fällen übernehmen nicht selten digitale Vorbilder oder charismatische Gruppenführer die Definitionsmacht. Gerade im Internet, wo extremistische, gewaltverherrlichende oder frauenfeindliche Rollenmodelle ein Millionenpublikum erreichen, sind Jugendliche mit unsicherer Bindung besonders gefährdet (Lamm, 2024; Soethof, 2023).

Die DJI-Studien sowie internationale Langzeituntersuchungen belegen, dass fehlende oder negativ besetzte Vorbilder die Wahrscheinlichkeit für Schulabbrüche, Drogenmissbrauch und Radikalisierung deutlich erhöhen (DJI, 2020). Auch die Partnerschaftsstabilität und die Bindungsfähigkeit im Erwachsenenalter sind oft beeinträchtigt. Jugendliche, die in einem Klima von Angst, Unsicherheit und Gewalt aufwachsen, reproduzieren nicht selten die erfahrenen Muster in eigenen Beziehungen teils unbewusst, teils aus Mangel an Alternativen (Bundestag, 2024).

Kreislauf der „toxischen Männlichkeit"

Besonders augenfällig ist dieser Mechanismus bei jungen Männern, die mit starren, autoritären und gewaltbejahenden Männlichkeitsbildern aufwachsen. Die Forschung spricht hier vom Kreislauf toxischer Männlichkeit: fehlende emotionale Zuwendung und positive Vorbilder führen zu Unsicherheit und Identitätsstress. Dies macht Jugendliche anfällig für Ersatzgemeinschaften, in denen Härte, Abwertung anderer und die Bereitschaft zur Gewalt als vermeintliche Stärke gelten (Lamm, 2024). So entstehen oft stabile Kreisläufe aus Bindungsdefizit,

Gruppenloyalität und destruktiven Verhaltensmustern, die von Generation zu Generation weitergegeben werden können.

Die nachfolgende Abb. 4.1 bündelt in Form eines vereinfachten Prozess-Schemas, wie sich ein Mangel an positiven Bezugspersonen zu einem stabilen Kreislauf toxischer Männlichkeit verdichten kann. Sie zeigt zunächst die Startbedingung „fehlende positive Vorbilder", die bei vielen Jungen in einem Klima aus Gewalt, emotionaler Vernachlässigung oder autoritären Familienmustern vorliegt. Auf dieser Grundlage entsteht häufig eine unsichere Bindung gepaart mit Identitätsunsicherheit – das Gefühl, weder in der Herkunftsfamilie noch im weiteren sozialen Umfeld wirklich verankert zu sein. Dieses Vakuum macht Heranwachsende besonders anfällig für Gruppen oder Medienidole, die einfache Zugehörigkeitsangebote liefern und Härte als Zeichen von Stärke feiern. In der letzten Stufe wird dieser Gruppenkodex internalisiert. Gewaltmuster, Rückzug oder resignativer Zynismus prägen das Handeln, wodurch sich der Kreislauf schließt und an die nächste Generation weitergegeben werden kann. Mit dieser Visualisierung knüpfen wir an die Befunde des DJI (2010), des Wissenschaftlichen Dienstes des Bundestags (2024) sowie an Soethof (2023) an und unterstreichen, dass die Qualität nicht bloß die Quantität von Bindungen entscheidend ist: Fehlt ein verlässliches Gegenmodell, wird toxische Männlichkeit leicht zur Ersatzidentität

Abb. 4.1 Kreislauf toxischer Männlichkeit und Bindungsdefizit. (Quelle: Eigene Darstellung, nach Soethof, 2023)

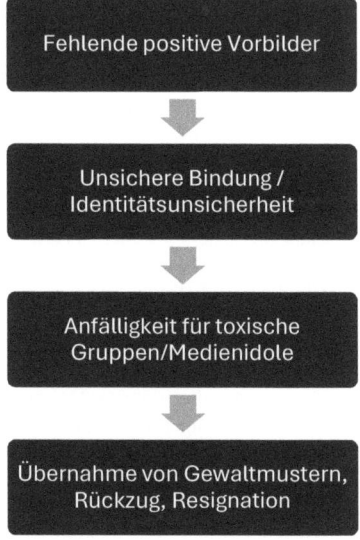

Literatur

Albert, M., Hurrelmann, K., Quenzel, G., & Schneekloth, U. (2019) Die 18. Shell Jugendstudie – Eine Generation meldet sich zu Wort. Diskurs Kindheits- und Jugendforschung/ Discourse Journal of Childhood and Adolescence Research, 4(4-2019), 484–490. https:// doi.org/10.3224/diskurs https://doi.org/10.3224/diskurs.v14i4 https://doi.org/10.3224/ diskurs.v14i4.06

Ashton, S.-A., & Bussu, A. (2020). Peer groups, street gangs and organised crime in the narratives of adolescent male offenders. Journal of Criminal Psychology. https://doi. org/10.1108/JCP-06-2020-0020

Bourdieu, P. (1983). Ökonomisches Kapital, kulturelles Kapital, soziales Kapital. Soziale Welt, 31, 183–198.

Bourdieu, P. (1986). The forms of capital. In J. G. Richardson (Hrsg.), Handbook of theory and research for the sociology of education (S. 241–258). Greenwood.

Budde, J., & Rieske, T. V. (Hrsg.). (2022). Jungen in Bildungskontexten: Männlichkeit, Geschlecht und Pädagogik in Kindheit und Jugend (1. Aufl.). Verlag Barbara Budrich. https://doi.org/10.3224/84742534

Bundestag. (2024, März 05). Gewalt in Paarbeziehungen und kindliche Bindung an die primäre Bezugsperson: Eine Metaanalyse (Wissenschaftlicher Dienst Nr. WD 8 – 033/24). Deutscher Bundestag. https://www.bundestag.de/resource/blob/1012042/b00d81bd9a0c671a70efda4b5d79df51/WD-8-033-24-pdf.pdf. Zugegriffen am 01.04.2025.

Deutsches Jugendinstitut. (2010). Jugendliche Gewalttäter zwischen Jugendhilfe und krimineller Karriere: Abschlussbericht. https://www.dji.de/fileadmin/user_upload/jugendkriminalitaet/AST_Abschlussbericht_Gewalttaeter.pdf. Zugegriffen am 01.04.2025.

Deutsches Jugendinstitut. (2020). DJI-Jugendmigrationsreport 2020: Junge Menschen mit Migrationsgeschichte in Deutschland. https://www.dji.de/fileadmin/user_upload/Abteilungen/ab6/Jugendmigrationsreport_2020.pdf. Zugegriffen am 01.04.2025.

Diamond, M. J. (2010). Söhne und Väter: Eine Beziehung im lebenslangen Wandel. Brandes & Apsel.

El-Mafaalani, A., & Toprak, A. (2011). Muslimische Kinder und Jugendliche in Deutschland. Lebenswelten – Denkmuster – Herausforderungen. Konrad-Adenauer-Stiftung.

Grossmann, K. E., & Grossmann, K. (2020). Bindung und kindliche Entwicklung: Die Bedeutung emotionaler Sicherheit. In M. H. Bornstein (Hrsg.), Handbuch der Entwicklungspsychologie.

Herrera, C., DuBois, D. L., Heubach, J., & Grossman, J. B. (2023). Effects of the Big Brothers Big Sisters of America community-based mentoring program on social-emotional, behavioral, and academic outcomes of participating youth: A randomized controlled trial. Children and Youth Services Review, 144, 106742. https://doi.org/10.1016/j.childyouth.2022.106742

Justesen, M. K., & Verner, D. (2007). Factors impacting youth development in Haiti (World Bank Policy Research Working Paper, No. 4110). https://openknowledge.worldbank.org/ bitstream/handle/10986/7082/wps4110.pdf. Zugegriffen am 01.04.2025.

Kramer, L., & Conger, K. J. (2009). What we learn from our sisters and brothers: For better or for worse. New Directions for Child and Adolescent Development, 126, 1–12.

Lamm, L. (2024, Oktober 25). Rache statt Vergebung: Wie toxische Männlichkeit das Arbeitsumfeld verändert. National Geographic. https://www.nationalgeographic.de/ wissenschaft/2024/10/rache-statt-vergebung-wie-toxische-maennlichkeit-das-arbeitsumfeld-veraendert. Zugegriffen am 01.04.2025.

Noel, A. D. (2021). *Haitian parenting styles and health risk behaviors among adolescents: A qualitative approach.* University of Miami.

Perchinig, B., Platzer, V., & Blum, J. (2012). *Integrations- und Präventionsmaßnahmen für männliche Jugendliche mit Migrationsgeschichte – Herausforderungen und Chancen.* International Centre for Migration Policy Development (ICMPD).

Raposa, E. B., Rhodes, J., Stams, G. J. J. M., Card, N., Burton, S., Schwartz, S., Yoviene Sykes, L. A., Kanchewa, S., Kupersmidt, J., & Hussain, S. (2019). The effects of youth mentoring programs: A meta-analysis of outcome studies. *Journal of Youth and Adolescence, 48*, 423–443. https://doi.org/10.1007/s10964-019-00982-8

Selvam, T. (2017). Functions of Peer Group in adolescence life. *International Journal of Scientific Research and Review, 6*(11), 1–17.

Shell Deutschland Holding. (2019). *18. Shell Jugendstudie: Jugend 2019.* Fischer Taschenbuch.

Soethof, F. (2023, Juli 04). Psychologe über toxische Vorbilder für Jungen: „Ein ‚echter‘ Mann spürt nicht mal Angst". *Der Tagesspiegel.* https://www.tagesspiegel.de/gesellschaft/psychologe-uber-toxische-vorbilder-fur-jungen-ein-echter-mann-spurt-nicht-mal-angst-10088869.html. Zugegriffen am 01.04.2025.

Szymkowiak, A., Melović, B., Dabić, M., Jeganathan, K., & Kundi, G. S. (2021). Information technology and Gen Z: The role of teachers, the internet, and technology in the education of young people. *Technology in Society, 65*, 101565. https://doi.org/10.1016/j.techsoc.2021.101565

Definition des Begriffs „Gewalt"

5

Mohamed Zakzak

Zusammenfassung

Gewalt umfasst weit mehr als körperliche Übergriffe – sie ist ein komplexes soziales Phänomen, das in Machtverhältnissen, kulturellen Normen und gesellschaftlichen Strukturen verwurzelt ist. Nach Anton Hügli umfasst Gewalt jede Erfahrung, die als entwürdigend, ausgrenzend oder verletzend empfunden wird – unabhängig davon, ob sie absichtlich herbeigeführt wurde. Gewalt wird somit nicht nur ausgeübt, sondern auch erlebt und sie prägt das Selbstbild und die Beziehungen der Betroffenen tief. Ingrid Weißmann betont, dass Gewalt oft unsichtbar bleibt, weil sie in Sprache, Erziehung, Rollenbildern oder sozialen Ordnungen verankert ist. Im Kontext toxischer Männlichkeit dient Gewalt der Stabilisierung von Hierarchien und der Demonstration von Stärke, während sie gleichzeitig tabuisiert oder verharmlost wird. Strukturelle Gewalt wirkt durch ungleiche Teilhabechancen und soziale Exklusion, während kulturelle Gewalt über Medien, Politik und Erziehung Gewalt legitimiert. Toxische Männlichkeit gedeiht in diesem Umfeld: Sie verknüpft Männlichkeit mit Dominanz, Kontrolle und emotionaler Abspaltung. Gewalt wird hier nicht als Scheitern von Männlichkeit verstanden, sondern oft als deren Erkennungszeichen. Wer Gewalt wirklich verstehen und überwinden will, muss diese tief verankerten gesellschaftlichen Muster sichtbar machen und hinterfragen.

M. Zakzak (✉)
Stadt Pforzheim, Pforzheim, Deutschland

© Der/die Autor(en), exklusiv lizenziert an Springer Fachmedien   67
Wiesbaden GmbH, ein Teil von Springer Nature 2025
M. Zakzak, I. Ezzedine, *Toxische Männlichkeit bei jungen Migranten*,
https://doi.org/10.1007/978-3-658-49636-4_5

Schlüsselwörter

Gewalt · Ohnmacht · Dominanz · Männlichkeit · Strukturen · Anerkennung ·
Zugehörigkeit · Identität

Gewalt steht in diesem Buch nicht nur für die sichtbare Tat, sondern für ein ganzes
Geflecht aus erlebtem Leid, sozialen Machtverhältnissen und kulturellen Deutun-
gen. Auf den Einsichten von Anton Hügli und Ingrid Weißmann aufbauend skizziert die folgende Passage, warum Schläge, Demütigungen, Kaltherzigkeit oder
strukturelle Benachteiligung unterschiedlicher Ausdruck desselben Prinzips sind.
Sie sichern Hierarchien, ordnen Beziehungen und stützen jene toxischen Männlichkeitsnormen, unter denen Täter und Opfer zugleich leiden. Von dieser theoretischen Grundlage aus verfolgt das Kapitel, wie solche Gewalt in Familien, Peergroups, Schulen, Quartieren und digitalen Subkulturen eingeübt wird, welche inneren Konflikte sie in jungen Männern erzeugt und wie institutionelle
Diskriminierung den Kreislauf verstärkt. Das erweiterte Verständnis von Gewalt
wird damit zum Schlüssel, um Ursachen offenzulegen, Präventionspfade sichtbar
zu machen und jenen Raum zu geben, die bislang nur über Aggression Gehör fanden.

5.1 Gewalt als Struktur, Sprache und Symbol toxischer Männlichkeit

Eine theoretische Grundlegung nach Anton Hügli und Ingrid Weißmann
Die gegenwärtige Debatte um toxische Männlichkeit hat die Diskussion über
männliches Gewaltverhalten neu entfacht. Dabei steht nicht nur die Frage im
Raum, warum Männer signifikant häufiger als Frauen Gewalt ausüben, sondern
auch, warum viele Männer selbst Opfer struktureller und kultureller Gewalt sind,
diese jedoch nicht als solche erkennen oder gegen sie rebellieren, sondern Gewalt
stattdessen reproduzieren (Bundeskriminalamt, 2025). Der Begriff *toxische Männlichkeit* verweist auf eben diese Ambivalenz. Männer, die selbst unter repressiven
Männlichkeitsnormen leiden, verhalten sich gewaltsam gegenüber anderen besonders gegenüber Frauen, queeren Menschen oder anderen marginalisierten Gruppen
und oft auch gegenüber sich selbst. Um diesen Zusammenhang zu analysieren, bedarf es eines differenzierten Verständnisses von Gewalt, das über den engen Begriff
des physischen Übergriffs hinausgeht. Hier bieten die theoretischen Ansätze von
Anton Hügli (2005) und Ingrid Weißmann (2007) zentrale Impulse, um Gewalt

nicht als Ausnahme, sondern als sozialen Normalfall zu begreifen, der eingebettet ist in strukturelle Machtverhältnisse, symbolische Bedeutungswelten und kulturelle Praktiken. Diese Gewalt wirkt in Sozialisationsprozessen, Körperbildern, Erziehungsstilen, Mediensprache und sozialen Ordnungen. Sie bildet den unsichtbaren Hintergrund, auf dem toxische Männlichkeit gedeiht.

1. Gewalt als subjektives Leid und soziale Machtrelation
Anton Hügli (2005) beginnt seine Gewaltanalyse bei der Erfahrung des Leidens. Gewalt, so seine These, ist überall dort gegenwärtig, wo ein Mensch einen Zustand erlebt, den er als bedrohlich, entwürdigend, ausgrenzend oder verletzend erfährt – gleichgültig, ob die schädigende Handlung bewusst, gewollt oder strukturell bedingt war. Dies ist von zentraler Bedeutung: Gewalt wird nicht nur ausgeübt, sondern auch erlebt. Der erlittene Schmerz ist dabei nicht nur körperlicher Natur. Auch seelische Demütigung, der Entzug sozialer Zugehörigkeit oder die Verweigerung von Anerkennung sind Formen der Gewalt, die tiefgreifende psychische Spuren hinterlassen.

In seiner phänomenologischen Annäherung unterscheidet Hügli drei Modi intentionaler Gewalt:

1. **Beabsichtigte Gewalt:** Die Schädigung ist das bewusste Ziel der Handlung – z. B. bei Rache, Strafe oder Repression.
2. **Instrumentelle Gewalt:** Die Schädigung dient einem höheren Zweck etwa zur Durchsetzung von Kontrolle oder Dominanz.
3. **In-Kauf-genommene Gewalt:** Die Schädigung wird nicht angestrebt, aber bewusst toleriert z. B. bei politischen Entscheidungen, wirtschaftlichen Ungleichheiten oder ideologischen Positionierungen.

Im Zusammenhang toxischer Männlichkeit ist insbesondere die instrumentelle und die in-Kauf-genommene Gewalt relevant. In männlichen Sozialisationen werden Gewaltakte häufig nicht als ‚böswillig', sondern als ‚notwendig', ‚gerechtfertigt' oder als ‚teilweise unausweichlich' dargestellt sei es bei der Erziehung, im Wettkampf, in der Partnerschaft oder in der gesellschaftlichen Positionierung. Zudem macht Hügli deutlich, dass Gewalt nicht nur durch aktive Handlung, sondern auch durch Verweigerung von Hilfe, Kommunikation oder Empathie entstehen kann. Gerade im Kontext männlicher Sozialisation, in der emotionale Ausdrucksfähigkeit geringgeschätzt wird, entsteht oft eine Atmosphäre der gefühlten Gleichgültigkeit und sozialen Kälte, die als Gewalterfahrung wirkt, auch wenn sie nicht als solche benannt wird.

2. Gewalt als kulturelle Norm der konstruierte Gewaltbegriff

Ingrid Weißmann (2007) entwickelt ihren Gewaltbegriff aus der Notwendigkeit heraus, die Begrenzungen traditioneller Gewaltdefinitionen zu überwinden. Der sogenannte „enge Gewaltbegriff" – verstanden als Anwendung körperlicher Kraft zum Schaden anderer – erfasst nur einen Bruchteil dessen, was Menschen als Gewalt erleben. In vielen Fällen wirken Gewaltformen subtil, über Sprache, Machtungleichgewichte oder soziale Kontrolle und sind jedoch nicht minder verletzend.

Sie schlägt deshalb einen *erweiterten Gewaltbegriff* vor, der verschiedene Dimensionen berücksichtigt:

* **Psychische Gewalt:** Abwertung, Isolation, emotionale Manipulation.
* **Verbale Gewalt:** Beleidigung, Drohung, Herabwürdigung.
* **Sexuelle Gewalt:** Zwang zu sexuellen Handlungen oder Übergriffigkeit.
* **Rassistische, fremdenfeindliche, sexistische Gewalt:** Diskriminierung durch Sprache, Ausschluss, Benachteiligung.

Entscheidend ist für Weißmann, dass Gewalt *immer auch eine normative Kategorie* ist: sie wird kulturell definiert, gesellschaftlich bewertet und institutionell geahndet. Was als ‚erlaubt' oder ‚verboten', als ‚normal' oder ‚abweichend' gilt, ist abhängig von Zeitgeist, kulturellem Kontext und sozialem Status der Beteiligten. Gerade im männlichen Milieu gilt Gewalt in vielen Situationen nicht als Tabu, sondern als Ausdruck von Stärke, Disziplin oder Führungsqualität – insbesondere, wenn sie nicht körperlich, sondern verbal oder sozial stattfindet.

Toxische Männlichkeit schöpft aus genau diesen kulturellen Definitionsspielräumen. Sie erlaubt Gewalt, solange sie nicht als solche benannt wird. Sie relativiert, verharmlost oder verschweigt etwa, wenn Kontrolle als Fürsorge, Dominanz als Führungsstärke oder emotionale Kälte als Rationalität dargestellt werden.

3. Strukturelle und kulturelle Gewalt, Gewalt ohne Täter

Sowohl Hügli als auch Weißmann greifen auf den Begriff der strukturellen Gewalt zurück, wie ihn Johan Galtung geprägt hat. Diese Form von Gewalt ist nicht sichtbar, nicht individuell adressierbar und oft nicht einmal bewusst herbeigeführt. Und doch wirkt sie täglich, in der ungleichen Verteilung von Ressourcen, Bildung, Teilhabe, Sicherheit, Gesundheit und Würde.

Strukturelle Gewalt betrifft vor allem jene Menschen, die systematisch aus privilegierten Räumen ausgeschlossen werden sei es aufgrund von Herkunft, Geschlecht, Klasse oder Behinderung. Für Männer, die in Armut, in autoritären Familien, in diskriminierenden Milieus oder ohne positive Vorbilder aufwachsen,

bedeutet strukturelle Gewalt häufig: fehlende Anerkennung, chronische Unter-
legenheit und ein beständiger Kampf um Sichtbarkeit. In diesem Vakuum entstehen kompensatorische Männlichkeitsbilder, die Gewalt gegen andere oder sich
selbst zur legitimen Handlungsperspektive machen.

Die kulturelle Gewalt, wie sie Hügli beschreibt, umfasst jene symbolischen
Systeme etwa Religion, Wissenschaft, Medien, Politik, die Gewalt legitimieren,
naturalisieren oder verschleiern. Wer toxische Männlichkeit nicht versteht, begreift
nicht, dass es sich um eine gesellschaftlich sanktionierte, kulturell aufgeladene,
medial verbreitete und sprachlich reproduzierte Gewaltform handelt. Männer werden nicht mit toxischer Männlichkeit geboren sie erlernen sie. Und dieser Lernprozess erfolgt über Diskurse, Rituale, Sprache, Ausgrenzung und Ideale.

4. Gewalt als Ordnungsmittel die Normalisierung des Ausnahmezustands
Ein zentraler Punkt in den Theorien Hüglis und Weißmanns ist der Gedanke, dass
Gewalt in modernen Gesellschaften nicht die Ausnahme, sondern das Ordnungsprin-
zip ist. Sie wird nicht nur geduldet, sondern institutionell verwaltet, kulturell ein-
gehegt und sozial funktionalisiert. Gewalt ist nicht immer das Scheitern sozialer Regeln – sie ist oft selbst Teil dieser Regeln. Im Kontext toxischer Männlichkeit zeigt
sich dies besonders deutlich: Gewalt stabilisiert Hierarchien, stellt Männlichkeit
unter Beweis, schafft klare Machtverhältnisse. Wer sich entzieht, gilt als ‚weich', wer
widerspricht, wird ausgeschlossen, wer schwächelt, verliert seinen Status. Gewalt ist
hier nicht Ausdruck des Scheiterns von Männlichkeit, sie ist ihr Erkennungszeichen.
Gleichzeitig existiert ein kulturelles Schweigen über diese Gewalt. Sie wird banali-
siert („So sind Jungs eben."), sexualisiert („Er kann nicht anders.") oder ins Private
verschoben („Das geht niemanden etwas an."). Dadurch bleibt sie wirksam, aber unsichtbar eine Gewalt ohne Täter, aber mit Opfern auf allen Seiten.

5. Verdeckte Gewaltformen in männlichen Sozialisationsmilieus
Ein besonders gefährlicher Aspekt toxischer Männlichkeit ist die *verdeckte Gewalt*, die innerhalb männlicher Sozialisationen weitergegeben wird, oft ohne bewusste Absicht. Diese umfasst unter anderem:

• das Verbot emotionaler Verletzbarkeit,
• den Zwang zur Konkurrenz unter Männern,
• die permanente Angst, ‚nicht männlich genug' zu sein,
• den Abbruch von Empathie,
• die Sexualisierung von Nähe,
• die Glorifizierung von Dominanzverhalten.

Diese sozialen Regeln werden nicht durch Schläge oder Drohungen vermittelt, sondern über Blicke, Sprachbilder, Gruppencodes, Rollenverteilungen, also über kulturelle Praktiken. Und doch wirken sie wie Gewalt. Wer ihnen nicht gehorcht, wird isoliert. Wer sie durchbricht, wird beschämt. Wer sie hinterfragt, gilt als Verräter.

Diese Form der Gewalt ist besonders zerstörerisch, weil sie nicht sichtbar, aber tief verinnerlicht ist – und sich in neuen Formen immer wieder aktualisiert. Männer, die an ihr leiden, geben sie oft weiter. Männer, die sie durchbrechen wollen, brauchen massive Gegenkräfte in Form von Bildung, Reflexion, Therapie, Vorbilder.

Gewalt ist der Boden, auf dem toxische Männlichkeit wächst
Die systematische Reflexion des Gewaltbegriffs bei Hügli und Weißmann zeigt: Gewalt ist nicht nur eine Tat, sondern ein Verhältnis, ein kulturelles Muster, ein Machtinstrument und eine Art Verständnis, wie gesellschaftliche Dynamiken funktionieren bzw. zu funktionieren haben.

Toxische Männlichkeit ist nicht denkbar ohne diese Gewalt, sie ist ihr Produkt, ihre Legitimation und ihr Motor. Männer, die unter toxischer Männlichkeit leiden, haben nicht einfach ein persönliches Problem. Sie sind eingebunden in ein gesellschaftliches Gewaltfeld, das sie produziert, das sie prägt und das sie oft selbst aufrechterhalten.

Wer toxische Männlichkeit kritisieren will, darf daher nicht bei der moralischen Verurteilung stehen bleiben. Er muss die gesellschaftliche Ordnung hinterfragen, in der Gewalt als männlich, männlich als stark und Stärke als Unterwerfung verstanden wird. Erst durch ein erweitertes, intersektionales und strukturelles Verständnis von Gewalt können Strategien entwickelt werden, die echte Befreiung ermöglichen für Männer, für Frauen, für alle.

5.2   Ursachen von Gewalt bei Jugendlichen im Kontext toxischer Männlichkeit – Dynamiken, Risikofaktoren und destruktive Zugehörigkeit

Gewalt unter männlichen Jugendlichen ist ein vielschichtiges Phänomen, das sich nicht durch einfache oder monokausale Erklärungen erfassen lässt. Sie ist das Produkt eines komplexen Zusammenspiels von individuellen Dispositionen, biografischen Erfahrungen, familiären Prägungen, gesellschaftlichen Machtverhältnissen, kulturellen Rollenerwartungen sowie strukturellen Rahmenbedingungen. In diesem Geflecht kommt der toxischen Männlichkeit eine zentrale Bedeutung zu:

Sie ist nicht allein Ursache, wohl aber ein mächtiger Verstärker von Gewalt, indem sie bestimmte Verhaltensmuster – Dominanz, emotionale Abspaltung, Aggression – nicht nur ermöglicht, sondern aktiv einfordert (Friedrich-Ebert-Stiftung [FES], 2023). Gewalt wird dadurch nicht als Ausnahme verstanden, sondern als legitimes und funktionales Mittel zur Stabilisierung des Selbstwerts, zur Herstellung von Hierarchien und zur Abwehr von Ohnmacht.

1. Frühe Gewalterfahrungen, Bindungsstörungen und emotionale Verarmung

Die Entwicklung von Gewaltbereitschaft beginnt häufig bereits in der frühen Kindheit. Kinder, die in einem Umfeld aufwachsen, das von körperlicher, seelischer oder emotionaler Gewalt geprägt ist, tragen ein signifikant erhöhtes Risiko für die Ausbildung dissozialer Verhaltensmuster (Deegener & Körner, 2005). Solche Kinder erleben Gewalt nicht als Ausnahme oder Unrecht, sondern als Teil normaler Beziehungsgestaltung, als Erziehungsmittel, als Ausdruck von Autorität oder als unvermeidbares Element von Nähe und Konflikt.

Besonders in autoritär-patriarchal geprägten Familiensystemen wird Gehorsam zum zentralen Wert erhoben. Liebe und Zuwendung erscheinen oft als bedingt. Sie werden an Gehorsam, Leistungsbereitschaft und die Wahrung der familiären Ehre geknüpft. Kinder und Jugendlichen, die in solchen Strukturen aufwachsen, entwickeln häufig *desorganisierte oder unsichere Bindungsmuster*, was bedeutet, dass sie Schwierigkeiten haben, Nähe und Distanz, Vertrauen und Misstrauen, Selbstbehauptung und Kooperation in sozialen Beziehungen angemessen zu regulieren (Uslucan et al., 2003).

Toxische Männlichkeitsideale verstärken diese destruktiven Grundmuster: Jungen lernen von klein auf, dass Schwäche inakzeptabel ist. Gefühle wie Angst, Trauer oder Hilflosigkeit werden als ‚unmännlich' gebrandmarkt, während Wut und Härte als legitime Ausdrucksformen von Männlichkeit gelten (FES, 2023). Diese emotional verarmte Sozialisation führt dazu, dass Jungen später Schwierigkeiten haben, Konflikte konstruktiv zu lösen oder auf belastende Situationen mit Selbstreflexion zu reagieren. Gewalt wird zur „Sprache der Gefühle", weil andere Ausdrucksformen fehlen (Alipour & Adema, 2025).

2. Gruppendruck, destruktive Zugehörigkeit und die Suche nach Identität

Die Adoleszenz ist eine Lebensphase, die von der Suche nach Identität, Anerkennung und Zugehörigkeit geprägt ist. Gerade für Jugendliche, die in Familie und Schule wenig positive Bestätigung erfahren haben, gewinnen Peer-Gruppen eine überragende Bedeutung (Erikson, 1966). Wer sich im gesellschaftlichen Mainstream nicht respektiert oder wertgeschätzt fühlt, sucht oft alternative Formen der

Zugehörigkeit. Diese bieten sich häufig in destruktiven Gruppierungen an: in territorial organisierten Banden, kriminellen Clans oder radikalisierten Milieus.

Diese Gruppen bieten klare Regeln, eindeutige Rollenbilder und ein starkes Gemeinschaftsgefühl – oft auf der Grundlage von Loyalität, Gewalt und Abwertung der anderen. Gewalt ist in diesen Strukturen kein Ausrutscher, sondern ein zentrales Kommunikations- und Ordnungsinstrument. Sie dient der Statussicherung innerhalb der Gruppe, der Abgrenzung nach außen und der Absicherung des „Territoriums" (Druck, 2014; Dessecker & Rettenberger, 2021).

In solchen Milieus gilt: Wer Schwäche zeigt, wird ausgegrenzt. Wer sich der gruppendynamischen Logik widersetzt, riskiert Loyalitätsverlust oder sogar Gewalt durch die eigenen ‚Freunde'. Gewalt wird performativ. Sie stellt Männlichkeit unter Beweis, demonstriert Stärke und sichert den Platz in der Rangordnung (Hurrelmann & Bründel, 2007).

3. Schule: Ort der Anerkennung oder der Kränkung?

Die Schule ist ein zentraler Ort der Sozialisation, der Anerkennung ermöglicht – oder eben diese versagt. Jugendliche, die in der Schule kontinuierlich Misserfolg, Kränkung oder Ausgrenzung erfahren, entwickeln oft ein feindseliges Verhältnis zu dieser Institution und ihren Repräsentantinnen. Gerade bei Jungen, deren Selbstbild stark auf Leistungsfähigkeit, Erfolg und Stärke fokussiert ist, führen schulische Demütigungen oft zu tiefen Verletzungen des Selbstwerts (Heitmeyer, 2002). Der Rückzug aus dem Schulsystem oder die Abwertung schulischer Werte ist häufig die Folge.

Schule wird in diesen Fällen nicht als Raum der Entwicklung wahrgenommen, sondern als Bühne, auf der Ohnmachtserfahrungen gemacht werden. Alternative Anerkennung wird dann in delinquenten Peergroups gesucht – dort, wo Gewalt als Mittel der Selbstbehauptung nicht sanktioniert, sondern honoriert wird.

4. Armut, Diskriminierung und strukturelle Ausgrenzung

Armut und strukturelle Diskriminierung bilden einen fruchtbaren Boden für Gewaltentwicklungen. Wer in prekären sozialen Lagen aufwächst und wiederholt die Erfahrung macht, nicht dazu zu gehören – sei es aufgrund von Herkunft, Hautfarbe, Religion oder sozialem Status – entwickelt ein chronisches Gefühl der Ohnmacht (Sow, 2008). Diese Erfahrung wird häufig nicht als persönliches Versagen, sondern als Ausdruck eines feindlichen Systems interpretiert. Gewalt wird dann zur symbolischen Revanche oder zum Versuch, Kontrolle und Selbstwirksamkeit wiederzuerlangen (Kerner-Kommission, 1968).

Strukturelle Gewalt wirkt oft unsichtbar. Sie zeigt sich in Bildungsbenachteiligung, in der Nichtanerkennung ausländischer Berufsabschlüsse der Eltern, in ungleichen

Zugängen zum Arbeitsmarkt oder in institutionellen Routinen, die Exklusion reproduzieren. Jugendliche, die in solchen Kontexten aufwachsen, erleben eine doppelte Ausgrenzung. Sie sind weder in der Herkunftskultur noch in der Aufnahmegesellschaft vollständig anerkannt. Gewalt wird zur ‚Sprache der Unsichtbaren', zur (vermeintlich) letzten Möglichkeit, sich Gehör und Respekt zu verschaffen.

5. Medien, digitale Subkulturen und emotionale Verrohung
Die Rolle von Medien, Computerspielen und digitalen Communities wird in der Gewaltforschung kontrovers diskutiert, doch ist unbestreitbar, dass sie gewaltaffine Haltungen verstärken können – besonders bei sozial isolierten und frustrierten Jugendlichen. In Computerspielen wird Gewalt oft als Problemlösungsstrategie und Belohnungssystem inszeniert (Hopf, 2001). Online-Subkulturen – etwa Incel-Foren, maskulinistische Bewegungen oder extremistische Netzwerke – propagieren toxische Männlichkeitsideale, rechtfertigen Gewalt gegen „Feinde" und verherrlichen Misogynie (Yoder et al., 2023).

Jugendliche, die sich bereits ausgegrenzt fühlen, finden in diesen digitalen Räumen eine scheinbare Gemeinschaft. Hier werden ihre Ressentiments bestätigt, ihre Wut kanalisiert und ihre Gewaltfantasien legitimiert. Die Grenzen zwischen virtueller Gewalt und realer Gewalt verschwimmen – Gewalt wird zur normalisierten Problemlösung.

6. Neurobiologische und psychische Risikofaktoren
Neben sozialen Ursachen spielen auch neurobiologische Faktoren eine Rolle. Frühkindliche Traumatisierungen, chronischer Stress durch Armut oder familiäre Gewalt führen zu messbaren Veränderungen im Gehirn. Bildgebende Studien zeigen unter anderem eine Hyperaktivität der Amygdala – des Alarmsystems im Gehirn – und eine gestörte Regulation durch den präfrontalen Kortex, der normalerweise hemmend auf emotionale Impulse wirkt (Teicher et al., 2016; Raine, 2013). Diese Veränderungen begünstigen Impulsivität, Affektinstabilität und eine erhöhte Reizbarkeit.

Störungen wie ADHS, Störungen des Sozialverhaltens oder Traumafolgestörungen verstärken das Gewaltpotenzial zusätzlich – insbesondere, wenn keine therapeutischen Unterstützungsangebote vorhanden sind (Ford et al., 2006).

7. Destruktive Zugehörigkeit als Kompensation fehlender Anerkennung
Jugendliche, die sich weder in Familie noch in Schule noch in Gesellschaft als wertvoll erfahren, suchen häufig nach Ersatz-Zugehörigkeiten. Kriminelle Clans, radikale religiöse Gruppen oder Jugendbanden bieten einfache Antworten auf komplexe Fragen: klare Regeln, eindeutige Rollen, Rituale, Machtstrukturen.

Diese Gruppen übernehmen Funktionen, während Familie oder Gesellschaft versagen. Sie bieten Anerkennung, Sicherheit und Identität (Druck, 2014; Dessecker & Rettenberger, 2021). Gewalt wird in diesen Milieus zum Mittel der Statussicherung und zur Verteidigung von ‚Ehre' und ‚Territorium'. Sie dient der Demonstration von Stärke, der Abwehr von Demütigung und der Sicherung von Loyalität. Der Einzelne verliert sich in den Anforderungen des Kollektivs – Individualität wird der Zugehörigkeit untergeordnet. Besonders fatal ist dabei, dass diese Gruppen jugendlichen Mitgliedern vermitteln, dass Gewalt nicht nur erlaubt, sondern notwendig ist, um Respekt und Sichtbarkeit zu erlangen.

8. Bi-kulturelle Spannungen und Identitätskonflikte

Jugendliche mit Migrationsgeschichte stehen häufig zwischen zwei Welten. Einerseits erleben sie die Werte der Herkunftsfamilie – oft geprägt von patriarchalen, autoritären und kollektivistischen Vorstellungen. Andererseits werden sie mit den Normen der Aufnahmegesellschaft konfrontiert, die auf Selbstbestimmung, Individualität und Gleichberechtigung setzen. Diese bi-kulturelle Spannung erzeugt innere Zerrissenheit und Identitätsunsicherheit (Uslucan et al., 2003). Besonders in der Adoleszenz, wenn die Suche nach einem stabilen Selbstbild zentral ist, wird diese Spannung zur Quelle innerer Konflikte. Gewalt erscheint dann oft als Mittel, diese Spannung scheinbar aufzulösen: durch die demonstrative Abwehr westlicher Normen, durch die radikale Überidentifikation mit patriarchalen Männlichkeitsbildern oder durch die aggressive Abgrenzung nach außen.

9. Gewalt unter jungen Männern – Ursachen, Vorurteile und Präventionsansätze

Ein weitverbreitetes Vorurteil lautet, dass Gewalt vor allem ein Problem ‚bestimmter' Nationalitäten sei. Dieses Bild ist jedoch falsch und wissenschaftlich nicht haltbar. Zwar spielen kulturelle Normen und familiäre Erziehungsmuster eine gewisse Rolle bei der Prägung von Verhaltensweisen, doch Gewalt ist kein ethnisches Phänomen. Sie ist vielmehr Ausdruck eines komplexen Zusammenspiels sozialer, psychischer und struktureller Faktoren. Junge Männer aus allen sozialen und kulturellen Hintergründen können gewalttätig werden – und zwar dann, wenn bestimmte Risikofaktoren zusammenkommen. Dazu gehören frühe Gewalterfahrungen in der Familie, Bindungsstörungen, Armut, soziale Ausgrenzung, Diskriminierungserfahrungen, emotionale Verarmung, Gruppendruck, Perspektivlosigkeit und das Fehlen positiver Vorbilder (Alipour & Adema, 2025). Gewalt entsteht somit dort, wo innere und äußere Belastungen zusammentreffen und wo alternative Bewältigungsstrategien fehlen.

Eine wirksame Gewaltprävention darf deshalb nicht bei repressiven Maß-
nahmen stehen bleiben, die allein auf Kontrolle und Strafe setzen. Sie muss an den
Ursachen ansetzen an den biografischen, sozialen und strukturellen Rahmenbedingungen, die Gewaltbereitschaft fördern. Jungen und junge Männer brauchen
Räume, in denen sie erfahren dürfen, dass Männlichkeit nicht mit Härte und Dominanz gleichzusetzen ist. Sie brauchen Vorbilder, die ihnen zeigen, dass sich wahre
Stärke in Empathie, Reflexionsfähigkeit und sozialer Verantwortung ausdrückt
(Alipour & Adema, 2025). Gewaltprävention bedeutet auch, Teilhabe zu ermöglichen: in Schule, in Ausbildung, im Sport, in Kultur und Politik. Jugendliche müssen die Chance erhalten, echte Anerkennung unabhängig von ihrer Herkunft oder
ihrem Geschlecht zu erfahren. Dazu gehört es, destruktiven Zugehörigkeiten, wie
sie in gewaltlegitimierenden Gruppen oder Subkulturen entstehen, konstruktive
Alternativen gegenüberzustellen. Peer-Mentoring, Empowerment-Projekte, kultursensible Bildungsarbeit und lebensweltorientierte Sozialarbeit sind hier wichtige
Ansätze. Gesellschaftliche Prävention erfordert es, Strukturen zu schaffen, in
denen Jugendliche als wertvoller Teil der Gemeinschaft wahrgenommen und gestärkt werden – und nicht als Problem.

5.3 Strukturelle und institutionelle Diskriminierung als Nährboden für Jugendgewalt

Wenn von Jugendgewalt die Rede ist, dominiert in der öffentlichen Wahrnehmung
oft ein stereotypes Bild: der *gewaltbereite junge Mann*, häufig mit Migrationshintergrund, aus einem patriarchal geprägten familiären Umfeld. Dieses Bild ist jedoch
nicht nur verzerrt, sondern auch aus wissenschaftlicher Perspektive nicht haltbar
(Eikmanns, 2025). Gewalt ist kein Phänomen einer bestimmten Nationalität oder
Kultur. Sie entsteht vielmehr dort, wo biografische Brüche, soziale Ungleichheit,
autoritäre Erziehungsmuster, toxische Männlichkeitsbilder und strukturelle Ausgrenzung aufeinandertreffen. Gewalt ist Ausdruck eines komplexen Zusammenspiels innerer und äußerer Faktoren. Familiäre Prägungen, individuelle Erfahrungen
und gesellschaftliche Rahmenbedingungen bilden dabei den Boden, auf dem Gewaltverhalten wahrscheinlicher wird. Eine besondere Rolle spielen hierbei strukturelle und institutionelle Diskriminierungen. Sie sind nicht das Ergebnis individueller Vorurteile, sondern Ausdruck von gesellschaftlich verankerten Ungleichheiten.
Diskriminierung wird dort wirksam, wo Institutionen, etwa Schulen, Behörden oder
der Arbeitsmarkt, Menschen aufgrund ihrer Herkunft, Sprache, Religion oder Behinderung benachteiligen. Oft geschieht dies nicht einmal bewusst, sondern durch
Routinen, Regelungen oder Machtverhältnisse, die Ausgrenzung reproduzieren.

Ich selbst habe solche Mechanismen früh erfahren. Als Kind kam ich ohne Deutschkenntnisse und mit einer Behinderung nach Deutschland. Statt meine Potenziale differenziert zu sehen, wurde ich vorschnell einer Förderschule für Kinder mit geistiger Behinderung zugewiesen nicht aufgrund mangelnder kognitiver Fähigkeiten, sondern weil das System weder meine sprachlichen noch meine körperlichen Besonderheiten einordnen konnte oder wollte. Diese Erfahrung war prägend. Sie schwächte mein Selbstwertgefühl, beschädigte mein Vertrauen in Institutionen und zeigte mir, wie und folgenreich strukturelle Diskriminierung wirkt. Ähnliche Erlebnisse schildern viele Familien in meiner beruflichen Praxis. Hochqualifizierte Eltern Lehrkräfte, Ingenieurinnen, Juristen finden auf dem deutschen Arbeitsmarkt keine Anerkennung. Ihre Abschlüsse und Qualifikationen bleiben unberücksichtigt, sie werden in Helfertätigkeiten gedrängt, arbeiten im Niedriglohnsektor, häufig in prekären Verhältnissen. Diese dauerhafte soziale Herabstufung führt zu Frustration, dem Verlust von Selbstachtung und oft zu einer stillen Weitergabe von Enttäuschung an die nächste Generation. Kinder erleben, wie ihre Eltern trotz harter Arbeit nicht respektiert werden. Sie spüren den Druck, es ‚besser zu machen' und zugleich die Barrieren, die ihnen systematisch den Weg versperren. Daraus entstehen Unsicherheit, Identitätskonflikte und in manchen Fällen Rückzug in Subkulturen oder radikalisierte Denkweisen, die scheinbar Zugehörigkeit und Orientierung bieten.

Besonders fatal ist die Kombination mehrerer Diskriminierungsdimensionen: Wer aufgrund seiner Herkunft, Sprache, sozialen Lage und einer Behinderung benachteiligt wird, sieht sich einer Vielzahl von Hürden gegenüber. Diese kumulativen Benachteiligungen wirken sich auf Bildungschancen, Gesundheit, Zugang zu Unterstützung und soziale Teilhabe aus und erhöhen zudem das Risiko für den konfliktbeladenen Kontakt mit dem Jugendamt oder der Polizei. Viele Jugendliche wachsen so mit dem tief verinnerlichten Gefühl auf, nicht wirklich dazuzugehören. Immer wieder erfahren sie von Institutionen, dass sie ‚anders' oder ‚nicht genug' sind. Gewalt kann in diesem Zusammenhang zum Ausdruck innerer Not werden. Sie ist dann womöglich Ventil für aufgestaute Ohnmacht, ein Versuch, sich Respekt zu verschaffen oder symbolischer Protest gegen ein System, das sie ausschließt. Dieses komplexe Wechselspiel innerer und äußerer Faktoren verweist auf einen zentralen Punkt: Gewalt ist selten ‚bloß' kriminelles Verhalten, das durch Strafe oder disziplinarische Maßnahmen beendet werden kann. Sie ist oft Symptom tiefer liegender sozialer und psychischer Schieflagen. Wenn wir Jugendgewalt wirksam begegnen wollen, müssen wir die strukturellen Bedingungen in den Blick nehmen, in denen junge Menschen aufwachsen. Es geht um gerechte Bildungschancen, faire Zugänge zum Arbeitsmarkt, Anerkennung von Vielfalt und das Recht auf gesellschaftliche Teilhabe unabhängig von Herkunft, Religion oder Behinderung.

Prävention darf nicht bei repressiven Maßnahmen stehenbleiben. Sie muss an den Wurzeln ansetzen: bei der Förderung von Empathie und Selbstreflexion, beim Abbau von Vorurteilen und Barrieren, bei der Schaffung von Chancen und Perspektiven. Junge Männer brauchen Räume, in denen sie lernen dürfen, dass Männlichkeit nicht Härte und Dominanz bedeutet, sondern auch in Verletzlichkeit und Mitgefühl Stärke liegen kann. Sie brauchen Vorbilder, die ihnen zeigen, wie Verantwortung ohne Gewalt möglich ist. Gesellschaftliche Gewaltprävention beginnt nicht erst bei Polizei und Justiz, sondern viel früher in Kindergärten, Schulen und Jugendzentren, wo Kinder und Jugendliche soziale Kompetenzen, Empathie und Konfliktlösungsstrategien erlernen. Hier werden die Grundsteine für ein friedliches Miteinander gelegt, lange bevor es zu polizeilichen oder juristischen Eingriffen kommt und vor allem in einer Haltung, die jungen Menschen Wertschätzung statt Misstrauen entgegenbringt. Nur ein grundlegender Perspektivwechsel, weg von der Defizitorientierung und hin zu einer ressourcenorientierten, intersektional sensiblen Sichtweise, kann verhindern, dass Kinder und Jugendliche zu Trägern gesellschaftlicher Fehlentwicklungen werden, die sie selbst nicht zu verantworten haben. Die Aufgabe lautet: Brücken bauen, statt Mauern hochzuziehen, Räume der Teilhabe schaffen, statt Exklusion zu zementieren. Es muss gelten, jungen Menschen zu zeigen, dass sie dazugehören und dass ihre Geschichte nicht ihr Schicksal sein muss.

5.4   Innere psychische Prozesse junger Männer, die zu Gewalt führen können

Gewalt von jungen Männern wird in gesellschaftlichen Debatten häufig als Ausdruck mangelnder Integration, kultureller Rückständigkeit oder individueller Charakterschwäche gesehen. Doch eine differenzierte Betrachtung zeigt, dass Gewalt oft das Ergebnis eines komplexen inneren Kampfes ist, der tief in die biografische, emotionale und soziale Entwicklung dieser jungen Menschen eingebettet ist. Sie ist ein Ausdruck ungelöster Konflikte, nicht verarbeiteter Verletzungen und ein Versuch, Kontrolle über das eigene Leben zurückzugewinnen. Die innere Dynamik, die zu gewaltförmigem Verhalten führt, bleibt häufig unsichtbar sie entfaltet sich im Verborgenen und wird von außen oft erst dann wahrgenommen, wenn es zu Eskalationen kommt.

Das Gefühl der Ohnmacht und die Suche nach Kontrolle
Viele junge Männer, insbesondere jene mit Migrationshintergrund oder aus belasteten sozialen Milieus, tragen ein tiefes Gefühl von Ohnmacht in sich. Sie erleben sich von frühester Kindheit an als machtlos gegenüber familiären An-

forderungen, schulischen Misserfolgen oder gesellschaftlicher Ausgrenzung. Dieses Ohnmachtsgefühl ist oft ein ständiger Begleiter, eine Art unsichtbarer Schatten, der alle Lebensbereiche durchdringt. Die Gewalt, die sie später ausüben, dient dann als Mittel, um diese Ohnmacht zu überwinden. Sie gibt das Gefühl, Kontrolle zurückzuerlangen, Stärke zu zeigen und nicht länger Opfer der Umstände zu sein. Psychologisch betrachtet handelt es sich dabei um einen Abwehrmechanismus. Gewalt wird zur Strategie, um innere Unsicherheiten und das nagende Gefühl der eigenen Unzulänglichkeit zu kompensieren. Die Aggression richtet sich dabei nicht immer gegen die eigentlichen Verursacher des Ohnmachtsgefühls etwa die Institutionen, die die Jugendlichen benachteiligen, sondern oft gegen Schwächere, Gleichaltrige oder gegen sich selbst. Gewalt wird zur ‚Sprache', wo Worte fehlen und zur ‚Antwort', wo andere Handlungsmöglichkeiten nicht gesehen oder nicht erlernt wurden.

Minderwertigkeitsgefühle und internalisierte Scham
Ein häufig beobachtetes inneres Muster ist die Entwicklung tiefsitzender Minderwertigkeitsgefühle. Diese entstehen durch wiederholt empfangene Botschaften des ‚Nicht-Dazugehörens' durch schulisches Scheitern, rassistische Ausgrenzung, Mobbing, das Herabsetzen in Institutionen oder durch eine familiäre Erziehung, die auf Härte und Kritik statt auf Ermutigung und Zuwendung setzt. Jugendliche, die regelmäßig das Gefühl bekommen, nicht gut genug zu sein, entwickeln ein verletztes Selbstbild. Sie schämen sich – nicht für konkrete Fehler, sondern für ihr bloßes So-Sein. Diese Scham wird oft nicht erkannt, weil sie hinter einer Fassade aus Härte und Coolness verborgen bleibt. Doch sie nagt von innen und verstärkt den Wunsch, sich zu beweisen und das um jeden Preis. Gewalt wird dabei als vermeintliche Abkürzung erlebt, um Respekt zu erzwingen und das brüchige Selbstwertgefühl zu stabilisieren. Sie dient als Schutzschild gegen die Scham, die als unerträglich empfunden wird.

Innere Zerrissenheit zwischen kulturellen und gesellschaftlichen Erwartungen
Insbesondere Jugendliche mit Migrationsgeschichte stehen häufig zwischen widersprüchlichen Erwartungshorizonten. Die Familie erwartet Loyalität, Gehorsam, Ehrerhalt und Unterordnung. Die Gesellschaft hingegen fordert Selbstverwirklichung, Kritikfähigkeit und Individualität. Diese Doppelbindung führt zu innerer Zerrissenheit. Der Jugendliche weiß oftmals nicht, welchem System er gerecht werden soll. Diese Orientierungslosigkeit erzeugt Stress, Frustration und Unsicherheit. Gewalt kann hier als ‚Lösung' erscheinen, als klare, sichtbare Handlung in einer Welt voller widersprüchlicher Signale.

Diese innere Zerrissenheit wird zusätzlich verstärkt, wenn Jugendliche früh in Rollen gedrängt werden, die nicht ihrem Alter entsprechen. Sie müssen als ‚Brückenbauer' zwischen den Kulturen agieren, als Dolmetscher für ihre Eltern, als Helfer in Alltagskonflikten, oft auch als emotionale Stütze für überforderte Erwachsene. Diese Rollenüberlastung führt zu einem Gefühl von Überforderung und Kontrollverlust. Gewalt wird dann zur Strategie, das diffuse Gefühl des Ausgeliefertseins abzuwehren.

Wut als Ventil für angestaute Emotionen
Wenn Ohnmacht, Scham und Orientierungslosigkeit dauerhaft bestehen, entsteht oft ein innerer Druck, der nach Entladung sucht. Dieser Druck entlädt sich häufig in Form von Wut. Die Wut ist dabei weniger gegen das eigentliche Problem gerichtet, sondern ein Ersatz: Sie richtet sich gegen das, was greifbar ist: Mitschüler, Nachbarn, Polizisten oder sogar sich selbst. Wut gibt in diesem Moment das Gefühl von Stärke, von Handlungsmacht. Sie übertönt die tieferliegenden Emotionen: die Angst, die Traurigkeit, die Einsamkeit.

Viele Jugendliche haben nie gelernt, Wut konstruktiv zu kanalisieren. Sie kennen keinen Weg, mit Frustration umzugehen, außer sie in Gewalt zu verwandeln. Der innere Druck, der durch unverarbeitete Kränkungen, ständige Grenzverletzungen und chronischen Stress entsteht, sucht ein Ventil und findet es oft in Aggression. Gewalt wird so zur Entlastung, wenn auch nur für den Moment.

Das Fallbeispiel Amir
Ein besonders eindrückliches Beispiel aus meinen Einzelgesprächen in der Beratung ist der 15-jährige Amir. Amir kam mit seiner Familie aus Syrien nach Deutschland. In der Schule wird er ständig auf seine Fluchtgeschichte reduziert. Er gilt als „der Flüchtling", wird bemitleidet oder belächelt. Seine Sprachschwierigkeiten verstärken das Gefühl, nicht ernst genommen zu werden. Mitschüler machen sich über seinen Akzent lustig. Lehrerinnen behandeln ihn wohlwollend, aber distanziert. Zuhause leidet sein Vater unter den Traumafolgen des Krieges, ist oft gereizt und hart. Amir fühlt sich nirgends zugehörig: nicht in der Schule, nicht in der Familie, nicht in der neuen Heimat.

In Amir wächst ein innerer Konflikt. Er möchte dazugehören, gesehen und respektiert werden, doch er erlebt immer wieder Ablehnung und Unsicherheit. Um diesem Gefühl zu entkommen, baut er eine Fassade auf. Er versucht, stark und unangreifbar zu wirken. In seiner Clique imponiert er durch provozierendes Verhalten. Als ihn ein Mitschüler beleidigt, wird er handgreiflich. Für einen Moment fühlt er sich mächtig, anerkannt. Doch der innere Schmerz bleibt er ist nur für einen kurzen Moment übertönt.

Am Beispiel von Amir wird deutlich, dass Gewalt oft ein Ausdruck innerer Not ist. Sie ersetzt Worte, die fehlen. Sie wird zur Sprache derer, die sich nicht gesehen fühlen. In einer Welt, in der Respekt, Zugehörigkeit und Anerkennung fehlen, wird Gewalt zur ‚Antwort' auf erlebte Kränkungen und Demütigungen. Sie wird zur Strategie gegen die eigene Ohnmacht, zur Inszenierung einer Männlichkeit, die sich gegen Schwäche und Ausgrenzung behaupten will.

Wer diese inneren Prozesse versteht, erkennt, dass Repression allein keine Gewalt verhindert. Es braucht Prävention, die an den Ursachen ansetzt. Junge Männer brauchen Räume, in denen sie über Gefühle sprechen dürfen, ohne Schwäche fürchten zu müssen. Sie brauchen Vorbilder, die Männlichkeit neu definieren: nicht als Dominanz, sondern als Fähigkeit zur Reflexion, Empathie und Verantwortung. Sie brauchen Anerkennung in Schule, Familie, Peergroup und Gesellschaft.

5.5 Gewalt und toxische Männlichkeit der Kreislauf von autoritärer Erziehung, Ohnmacht und der Suche nach Zugehörigkeit

Wenn in öffentlichen Debatten oder medialen Darstellungen von Jugendgewalt die Rede ist, dominiert häufig ein verkürztes Bild: jenes des „gewaltbereiten jungen Mannes mit Migrationsgeschichte", häufig aus einem patriarchal geprägten familiären Umfeld. Dieses stereotype Narrativ ist jedoch problematisch. Nicht nur, weil es sozial stigmatisierend wirkt, sondern auch, weil es empirisch nicht haltbar ist. Gewalt ist kein Phänomen einzelner ethnischer oder kultureller Gruppen, sondern Ausdruck komplexer psychosozialer und gesellschaftlicher Dynamiken etwa biografischer Brüche, sozialer Ungleichheit, struktureller Diskriminierung oder fehlender Schutz- und Bildungsfaktoren. Gerade im Rahmen sozialpädagogischer, wissenschaftlicher oder präventiver Arbeit ist es daher essenziell, für diese einseitigen Bilder zu sensibilisieren und aktiv darauf zu achten, dass eigene Ausführungen nicht unbeabsichtigt zur Reproduktion solcher Zuschreibungen beitragen. Vielmehr bedarf es einer differenzierten, kontextbezogenen Analyse, die individuelle Lebenslagen, strukturelle Rahmenbedingungen und gesellschaftliche Verantwortlichkeiten gleichermaßen in den Blick nimmt.

In vielen konservativ geprägten und patriarchal organisierten Familien, insbesondere in Migrantenfamilien mit arabischem oder türkischem Hintergrund, gilt Erziehung nicht als Prozess der gemeinsamen Entwicklung, sondern als einseitiger Akt der Formung. Eltern (vor allem Väter) sehen sich als unantastbare Autorität. Kinder sollen gehorchen, sich einfügen, Respekt zeigen und keine Widerworte geben. Wer diese Erwartungen nicht erfüllt, wird sanktioniert. Oft wird auf Strafen zurückgegriffen, um Ordnung und Disziplin herzustellen, eine Ohrfeige, ein Schlag auf den Hinterkopf, das Einsperren im Zimmer. Solche Maßnahmen gelten innerhalb dieser Familien nicht als Gewalt. Sie werden als notwendige Mittel betrachtet, um den Jungen zu einem ‚richtigen Mann' zu erziehen.

In Beratungsgesprächen erlebe ich immer wieder, dass Jugendliche Gewalt durch ihre Eltern nicht als Unrecht empfinden, sondern als gerechtfertigte Reaktion auf ihr Verhalten: „Ich war ungehorsam." „Ich habe provoziert." „Ich habe es verdient." Diese Selbstzuschreibungen schützen das Bild der Eltern und verhindern, dass die Gewalt, als das erkannt wird, was sie ist: ein Übergriff, ein Ausdruck von Machtmissbrauch. Kinder und Jugendliche, die in solchen Verhältnissen aufwachsen, verinnerlichen eine Logik der Gewalt. Macht bedeutet, andere zu kontrollieren; Respekt wird durch Stärke erzwungen; wer schwach ist, wird erniedrigt. Gefühle wie Angst, Trauer oder Hilflosigkeit gelten als Schwäche und werden verdrängt. Diese emotionale Verarmung ist ein Kernmerkmal toxischer Männlichkeit.

Fallbeispiel Ahmed: Das Dilemma zwischen moralischem Anspruch und Gewalt

Ein besonders eindrücklicher Fall stammt aus einem längeren Beratungsprozess mit einem Jugendlichen, den ich an dieser Stelle „Ahmed" nennen möchte. Erst nach mehreren Gesprächen und dem Aufbau einer vertrauensvollen Beziehung teilte er mir seine Geschichte mit, ruhig, aber mit spürbarer innerer Zerrissenheit: „Herr Zakzak, ich habe oft Gewalt gegen andere angewandt. Mein Vater wollte, dass ich damit aufhöre. Aber um mir das klarzumachen, hat er mich verprügelt. Das hat mich innerlich kaputtgemacht. Wie soll ich denn aufhören, gewalttätig zu sein, wenn ich selbst mit Gewalt bestraft werde? Das ist doch wie bei einem Alkoholiker, der mir sagt, ich soll kein Alkohol trinken, weil das schädlich ist, während er selbst zur Flasche greift. Das ist doch paradox." Ahmeds Aussage verdeutlicht ein zentrales Dilemma in der Erziehung vieler junger Männer, die in konservativ-autoritären Strukturen aufwachsen: Gewalt wird als Erziehungsmittel eingesetzt, obwohl gleichzeitig erwartet wird, dass das Kind selbst gewaltfrei handelt. Diese widersprüchliche Botschaft führt zu einer tiefen kognitiven und emotionalen Verunsicherung. In der Entwicklungspsychologie spricht man hier von einem sogenannten „double bind" (Bateson et al., 1956; Watzlawick et al., 1967; Brisch, 2011) einer Kommunikationssituation, in der das Kind widersprüchliche Anforderungen erhält, die es nicht gleichzeitig erfüllen kann. Diese Ambivalenz erschwert die Ausbildung eines stabilen Selbstkonzepts und begünstigt die Entstehung von inneren Konflikten, Schuldgefühlen und einer instabilen Impulskontrolle. Aus pädagogischer Sicht fehlt es den Jugendlichen in solchen Kontexten oft an positiven, gewaltfreien Vorbildern und an einer Erziehung, die auf dialogischer Auseinandersetzung,

Reflexion und Beziehung basiert. Stattdessen steht Gehorsam an erster Stelle nicht als Ausdruck von Respekt, sondern als Mechanismus zur Vermeidung von Reibung. Kinder werden dabei nicht ernst genommen in ihren Gefühlen, Bedürfnissen oder Fragen. Fehlverhalten wird meist nicht reflektiert, sondern mit Strafe häufig durch den Vater, begegnet. So entsteht keine konstruktive Orientierung, sondern ein System der Angst und Unterdrückung. Viele dieser Jugendlichen leben zwischen zwei Welten: einer äußeren, in der sie sich anpassen, Leistung zeigen und als „integriert" erscheinen sollen und einer inneren, in der sie mit ungelösten Erfahrungen von Machtmissbrauch, Demütigung und emotionaler Vernachlässigung ringen. Die Entwicklung eines gesunden Selbstwertgefühls ist unter solchen Bedingungen kaum möglich. Für eine nachhaltige Veränderung braucht es nicht nur therapeutische Begleitung der Jugendlichen, sondern auch eine gezielte pädagogische Arbeit mit den Eltern. Erziehung sollte als Prozess verstanden werden, in dem nicht nur die Kinder lernen, sondern auch die Erwachsenen. Sie müssen befähigt werden, alternative Erziehungsmethoden kennenzulernen – Methoden, die auf Beziehung, Wertschätzung und gewaltfreier Kommunikation basieren. Nur so kann langfristig ein Klima entstehen, in dem sich junge Männer in ihrer Persönlichkeit entwickeln und sich von destruktiven Männlichkeitsbildern lösen können.

In diesen Familien steht das Ziel im Vordergrund, die Ehre der Familie zu wahren, den Zusammenhalt zu sichern und die Kinder auf einen Weg zu bringen, der gesellschaftliche Anerkennung ermöglicht – meist über Bildung, Disziplin und Konformität. Jungen sollen stark sein, die Familie schützen, die Ehre verteidigen. Mädchen sollen zurückhaltend, sittsam, loyal sein. Dieses System erzeugt klare Erwartungen und einen immensen Druck auf Kinder. Die Aussagen vieler Eltern zeigen das eindrucksvoll:

> „Wir haben uns gefreut, dass es ein Sohn wurde. Er soll unseren Namen weiterführen und die Familie stark machen."

Die Erziehung ist stark hierarchisch: Kinder dürfen nicht widersprechen, nicht eigenständig entscheiden. Gehorsam wird belohnt, Eigenständigkeit sanktioniert. Die Erziehungsideale stammen oft aus den Herkunftsländern ländlich geprägten, kollektivistischen Gesellschaften und werden in Deutschland weitergeführt, um in einer fremden Umwelt Halt zu geben. Doch diese Strukturen treffen hier auf eine Gesellschaft, die andere Werte vermittelt: Selbstständigkeit, Kritikfähigkeit, Gleichberechtigung. Das führt zu Spannungen – in den Familien, aber vor allem in den Jugendlichen selbst.

Die Entstehung toxischer Männlichkeit
Jungen in solchen Familien lernen: Ein Mann zeigt keine Schwäche. Er kontrolliert sich selbst und andere. Er verteidigt seine Familie und seine Ehre. Er darf keine Gefühle zeigen, außer vielleicht Wut – denn Wut gilt als stark. Diese toxischen Männlichkeitsbilder werden in der Pubertät weiter gefestigt und geraten in Konflikt mit den Anforderungen der Aufnahmegesellschaft. Die Jugendlichen fühlen sich ‚zwischen den Stühlen': zu deutsch für die Herkunftskultur, zu fremd für die deutsche Gesellschaft. Der Wunsch nach Zugehörigkeit bleibt unerfüllt. Das erzeugt Frust, Ohnmacht, Wut und den Drang, sich Respekt zu verschaffen. Gewalt wird zur Strategie, um Sichtbarkeit zu erlangen, Stärke zu demonstrieren, die innere Ohnmacht zu überdecken.

Diese inneren Dynamiken werden durch gesellschaftliche Rahmenbedingungen verstärkt. Junge Männer aus migrantischen Familien erfahren oft Diskriminierung – in der Schule, im öffentlichen Raum, auf dem Arbeitsmarkt. Ihre Herkunft wird nicht als Bereicherung gesehen, sondern als Problem. Sie hören Sätze wie: „Du gehörst nicht dazu.", „Ihr seid kriminell.", „Ihr seid eine Gefahr." Diese Zuschreibungen werden zur selbsterfüllenden Prophezeiung: Wer immer wieder erlebt, nicht anerkannt zu werden, sucht sich andere Wege, um Wertschätzung zu erfahren. Die Peergroup wird zum Zufluchtsort und oftmals zur Ersatzfamilie. Gewalt wird in diesem Kontext häufig belohnt. Sie sichert Status, Zugehörigkeit, Respekt.

In diesem Kontext wird Gewalt mehr als bloßes Handeln. Sie wird zur Sprache zur Sprache der Unsichtbaren, der Ausgeschlossenen, derer, die keine andere Möglichkeit sehen, gehört zu werden. Gewalt drückt aus: „Ich bin da. Ich lasse mich nicht erniedrigen. Ich hole mir, was mir verweigert wird." Sie wird zur Antwort auf erlebte Ohnmacht, zur Strategie gegen inneren Schmerz.

Die Gewalt richtet sich gegen Gleichaltrige, gegen Schwächere, gegen Lehrkräfte oder Polizisten und nicht selten gegen sich selbst: in Form von Selbstverletzung, Rückzug, Selbsthass. Gewalt wird zum Spiegel eines inneren Kampfes, den die Gesellschaft oft nicht sieht oder nicht sehen will.

Junge Männer werden nicht als Gewalttäter geboren. Gewalt ist das Ende einer Entwicklung, die oft früh beginnt, in den Kinderzimmern, in den Familien, auf den Schulhöfen. Sie ist das Produkt von Ohnmacht, Ausgrenzung, alten Rollenbildern, fehlenden Chancen. Wer Gewalt verhindern will, muss bereit sein, auf die inneren Wunden der Jugendlichen, auf die Konflikte in den Familien, auf die blinden Flecken der Gesellschaft zu blicken. Nur wer versteht, kann heilen und nur wer versteht, kann verändern.

Es liegt an uns: Fachkräften, Pädagogen, Sozialarbeitern, Politikern, aber auch an uns als Gesellschaft. Wir müssen Jungen die Chance geben, neue Wege der Männlichkeit zu gehen. Wege, die Stärke und Gefühl, Verantwortung und Respekt, Selbstbewusstsein und Demut verbinden. Wege, die Gewalt überflüssig machen, weil sie Alternativen schaffen: echte Teilhabe, echte Anerkennung, echte Chancen.

5.6 Wer ist schuld an der ‚gescheiterten' Integration? Eine philosophisch-sozialarbeiterische Reflexion

In meiner Arbeit als Sozialarbeiter begegnet mir diese Frage immer wieder – mal offen ausgesprochen, mal zwischen den Zeilen. Es ist eine Frage, die oft mit Frustration, Enttäuschung oder auch Wut gestellt wird. Wer ist schuld? Wer ist schuld daran, dass Integration nicht gelingt? Sind es die Flüchtlinge, die „Ausländer", die Migranten? Oder doch die Mehrheitsgesellschaft, der Staat, „die Politik"? Doch sobald wir beginnen, nach Schuldigen zu suchen, verlieren wir etwas Wesentliches aus dem Blick: die Komplexität menschlichen Zusammenlebens. Integration ist kein mechanischer Prozess, den man einfach starten und erfolgreich abschließen kann. Sie ist ein lebendiger, wechselseitiger Vorgang, tief eingebettet in Geschichte, Kultur, Machtverhältnisse und individuelle Lebenswege. Integration ist Beziehung und Beziehungen können gelingen oder scheitern, je nachdem, wie wir miteinander umgehen.

Der Philosoph Martin Buber sagte: *„Der Mensch wird am Du zum Ich."* (Buchmeier, 2016). Das bedeutet: Wir werden erst ‚ganz' zu einem Menschen, indem wir in Beziehung treten, indem wir anerkennen und anerkannt werden. In diesem Sinn ist Integration kein Projekt, das sich an Zielmarken messen lässt, sondern ein Ausdruck unseres Menschseins. Wenn Integration scheitert, dann scheitert nicht ein System allein – dann scheitert auch die Beziehung zwischen Menschen (Buber, 1923).

In vielen Fällen liegt die Verantwortung – nicht Schuld im strafenden Sinn – bei einer Gesellschaft, die zwar fordert, aber oft nicht bereit ist, zu geben. Integration wird erwartet, ohne die Voraussetzungen dafür zu schaffen. Wie soll jemand teilhaben, der keinen Zugang zu Bildung, Arbeit, Wohnraum oder gesundheitlicher Versorgung hat? Wie soll jemand ankommen, wenn er oder sie täglich mit Rassismus, Vorurteilen oder Ignoranz konfrontiert wird? Viele staatliche Strukturen sind defizitorientiert. Menschen werden reduziert auf ihre ‚Probleme', auf das, was ihnen fehlt: Sprache, Qualifikation, Anpassung. Doch selten wird gefragt: Was bringt dieser Mensch mit? Welche Potenziale, welche Perspektiven, welche Resilienzen stecken in diesem Menschen?

Gleichzeitig ist es auch wichtig, die individuelle Verantwortung nicht auszublenden. Wer in eine Gesellschaft kommt, darf nicht erwarten, dass sie sich vollständig anpasst. Es braucht Neugier, Offenheit, Lernbereitschaft – aber auch die Fähigkeit zur Selbstreflexion: Welche meiner Überzeugungen passen in eine plurale Gesellschaft? Welche Haltungen bringen mich und andere in Konflikt? Wo bin ich bereit, Brücken zu schlagen? Doch auch hier dürfen wir nicht vergessen: Viele Menschen, die nach Deutschland kommen, tragen schwer an Erfahrungen von Krieg, Verlust, Flucht und Ausgrenzung. Traumatisierung ist kein idealer Startpunkt für Integrationsleistungen. Hier braucht es Geduld, Unterstützung und professionelle Begleitung, nicht sofort Bewertung und Abwertung.

In meiner beruflichen und persönlichen Überzeugung liegt die Wahrheit nicht in der Schuldfrage, sondern in der Frage nach geteilter Verantwortung. Integration gelingt dort, wo beide Seiten bereit sind, aufeinander zuzugehen – auf Augenhöhe, mit gegenseitiger Achtung, mit dem Wissen, dass Vielfalt kein Problem, sondern eine Stärke ist. Ich habe in meiner Arbeit viele Beispiele gesehen, wie Integration trotz aller Widrigkeiten gelingt, wenn Menschen sich gegenseitig wirklich sehen, wenn Kinder auf dem Pausenhof dieselbe Sprache sprechen, auch wenn ihre Eltern aus verschiedenen Welten kommen, wenn Nachbarn beginnen, einander zu helfen, statt zu urteilen. Und ich habe erlebt, wie Integration scheitert, wenn wir uns hinter Kategorien verstecken: „die Ausländer", „die Deutschen", „die Muslime", „die Linken", „die Rechten".

Menschlich betrachtet ist Schuld eine lähmende Kategorie, denn sie sucht nach einem Täter, um sich selbst zu entlasten. Verantwortung hingegen ist eine Einladung zum Handeln. Sie beginnt mit der Frage: *Was kann ich tun, damit Integration gelingt?* Als Sozialarbeiter sehe ich mich genau in dieser Verantwortung: Räume zu schaffen, in denen Menschen sich begegnen können. Ich helfe dabei, Missverständnisse zu klären und Perspektiven zu öffnen. Und vielleicht vor allem: dafür zu sorgen, dass wir aufhören, *übereinander* zu sprechen und endlich *miteinander* ins Gespräch kommen.

Literatur

Alipour, J.-V., & Adema, J. A. H. (2025). Steigert Migration die Kriminalität? Ein datenbasierter Blick. *ifo Schnelldienst digital, 6*(3), 1–10. ifo Institut. https://www.ifo.de/publikationen/2025/aufsatz-zeitschrift/steigert-migration-die-kriminalitaet-ein-datenbasierter-blick. Zugegriffen am 16.05.2025.

Bateson, G., Jackson, D. D., Haley, J., & Weakland, J. H. (1956). Toward a theory of schizophrenia. *Behavioral Science, 1*(4), 251–264. https://doi.org/10.1002/bs.3830010402

Brisch, K. H. (2011). *Bindungsstörungen: Von der Bindungstheorie zur Therapie.* Klett-Cotta.

Buber, M. (1923). *Ich und Du* (S. 25). Insel-Verlag.

Buchmeier, F. (2016, Februar 03). Porträt: Jo Frühwirth: „Der Mensch wird am Du zum Ich". *Stuttgarter Zeitung.* https://www.stuttgarter-zeitung.de/inhalt.portraet-jo-fruehwirth-was-passiert-in-mir-page1.5b260e9a-af34-4cb1-9d3a-b1e922e15e3d.html. Zugegriffen am 16.05.2025.

Bundeskriminalamt. (2025). *Polizeiliche Kriminalstatistik 2024: Bundesrepublik Deutschland* [Online-Datenportal]. https://www.bka.de/DE/AktuelleInformationen/Statistiken-Lagebilder/PolizeilicheKriminalstatistik/PKS2024/Polizeiliche_Kriminalstatistik_2024/Polizeiliche_Kriminalstatistik_2024_node.html. Zugegriffen am 16.05.2025.

Deegener, G., & Körner, W. (Hrsg.). (2005). *Kindesmisshandlung und Vernachlässigung: Ein Handbuch.* Hogrefe.

Dessecker, A., & Rettenberger, M. (Hrsg.). (2021). *Migration und Kriminalität* (2., korr. Aufl., Berichte und Materialien Online, Bd. 25). Kriminologische Zentralstelle. https://www.krimz.de/fileadmin/dateiablage/E-Publikationen/BM-Online/bm-online25-2Aufl.pdf. Zugegriffen am 16.05.2025.

Druck, M. (2014). *Identitätsbildung bei Jugendlichen mit Migrationshintergrund* (Diplomarbeit, Universität Klagenfurt). Universität Klagenfurt. https://netlibrary.aau.at/obvuklhs/download/pdf/2413665. Zugegriffen am 16.05.2025.

Eikmanns, F. (2025, April 02). *Straffällige Ausländer*innen: Es ist nicht der Pass.*taz.die tageszeitung.* https://www.stuttgarter-zeitung.de/inhalt.portraet-jo-fruehwirth-was-passiert-in-mir-page1.5b260e9a-af34-4cb1-9d3a-b1e922e15e3d.html. Zugegriffen am 16.05.2025.

Erikson, E. H. (1966). *Identität und Lebenszyklus: Drei Aufsätze* (K. Hügel, Übers.). Suhrkamp. (Original erschienen 1959)

Friedrich-Ebert-Stiftung. (2023). *Toxische Maskulinität* (Gender-Glossar). https://www.fes.de/wissen/gender-glossar/toxische-maskulinitaet. Zugegriffen am 15.05.2025

Ford, J. D., Chapman, J. F., Mack, M. M., & Pearson, G. (2006). Pathways from traumatic child victimization to delinquency: Implications for juvenile and permanency court proceedings and decisions. *Juvenile and Family Court Journal, 57*(1), 13–26. https://doi.org/10.1111/j.1755-6988.2006.tb00111.x

Heitmann, W. (Hrsg.). (2002). *Deutsche Zustände* (Folge 1). Suhrkamp.

Hopf, W. (2001). Wirkungen von Mediengewalt – Forschungsstand und Perspektiven. In M. Charlton & T. Grunert (Hrsg.), *Handbuch Medienpädagogik* (S. 389–408). Juventa.

Hügli, A. (2005). Was verstehen wir unter Gewalt? Begriff und Erscheinungsformen der Gewalt. In J. Küchenhoff, A. Hügli, & U. Mäder (Hrsg.), *Gewalt: Ursachen, Formen, Prävention* (S. 19–44). Psychosozial-Verlag.

Hurrelmann, K., & Bründel, H. (2007). *Gewalt an Schulen: Pädagogische Antworten auf eine soziale Krise* (2. Aufl.). Beltz Juventa.

Kerner Commission. (1968). *Report of the National Advisory Commission on Civil Disorders.* Washington, DC: U.S. Government Printing Office. https://belonging.berkeley.edu/sites/default/files/kerner_commission_full_report.pdf. Zugegriffen am 16.05.2025.

Raine, A. (2013). *The anatomy of violence: The biological roots of crime.* Pantheon Books.

Sow, N. (2008). *Deutschland Schwarz weiß: Der alltägliche Rassismus.* C. Bertelsmann.

Teicher, M. H., Samson, J. A., Anderson, C. M., & Ohashi, K. (2016). The effects of childhood maltreatment on brain structure, function and connectivity. *Nature Reviews Neuroscience, 17*(10), 652–666. https://doi.org/10.1038/nrn.2016.111

Uslucan, H.-H., Fuhrer, U., & Rademacher, J. (2003). Jugendgewalt und familiale Desintegration. *Psychologie in Erziehung und Unterricht, 50*(2), 140–152.

Watzlawick, P., Beavin, J. H., & Jackson, D. D. (1967). *Pragmatics of human communica-
tion: A study of interactional patterns, pathologies, and paradoxes*. W. W. Norton.

Weißmann, I. (2007). *Formen und Ausmaß von Gewalt in den Schulen: Modelle der Gewaltprävention* (2., unveränd. Aufl.). Tectum Wissenschaftsverlag.

Yoder, M. M., Perry, C., Brown, D. W., Carley, K. M., & Pruden, M. L. (2023). *Identity cons-
truction in a misogynist incels forum* (arXiv 2306.15745 [cs.CL]). https://arxiv.org/
abs/2306.15745

Kriminalstatistik im Kontext von Migration, Männlichkeit und Ehrkultur

6

Ibrahim Ezzedine

Zusammenfassung

Kapitel 6 untersucht, wie Kriminalstatistiken im Spannungsfeld von Migration, Männlichkeit und Ehrkultur zu lesen sind. Den Ausgangspunkt bildet die Polizeiliche Kriminalstatistik (PKS), die zwar Trends abbildet, aber durch Anzeigeverhalten, Polizeipraxis und grobe Kategorien („deutsch/nichtdeutsch") verzerrt wird. Zwischen 2015 und 2024 schwankte die registrierte Gewaltkriminalität: Anstieg 2016 infolge von Konflikten in Flüchtlingsunterkünften, Rückgang bis 2019, pandemiebedingtes Tief 2021 und ein kräftiger Nachholeffekt bis 2024. Zwischen 2015 (181.000 Fälle) und 2024 (217.000) stieg die registrierte Gewalt um rund 20 %, wobei junge Männer mit und ohne Migrationshintergrund über 80 % der Tatverdächtigen ausmachen. Gleichzeitig erhöhte sich der Ausländeranteil an der Bevölkerung nur von 10 % auf 17 %. Die Überrepräsentation nichtdeutscher Tatverdächtiger erklärt sich überwiegend durch Altersstruktur, Urbanität, Kontrollintensität und sozioökonomische Faktoren. Geschlecht ist der stärkste Prädiktor; ehrkulturelle Normen können Gewalt verstärken, sind jedoch transkulturell. Dunkelfeld- und Landesstudien belegen, dass sich Delinquenzraten mit Aufenthaltsdauer und erfolgreicher Integration angleichen. Das Kapitel plädiert für präzisere Datenerhebung und eine differenziertere Datenauswertung, präventive Sozial- und Integrationspolitik sowie eine

I. Ezzedine (✉)
Angestellter in der Privatwirtschaft, Darmstadt, Deutschland

© Der/die Autor(en), exklusiv lizenziert an Springer Fachmedien Wiesbaden GmbH, ein Teil von Springer Nature 2025
M. Zakzak, I. Ezzedine, *Toxische Männlichkeit bei jungen Migranten*,
https://doi.org/10.1007/978-3-658-49636-4_6

91

entstigmatisierende Debatte. Zudem warnt es, dass mediale Überbetonung einzelner Fälle und politische Instrumentalisierung Stereotype verstärken und gesellschaftliche Spaltung vertiefen.

Schlüsselwörter

Kriminalstatistik · Gewaltkriminalität · Tatverdächtige · Migrationshintergrund · Ehrkultur · Überrepräsentation · Integrationsdefizite · Sozioökonomisch

Die öffentliche Wahrnehmung von Migration und Kriminalität ist in Deutschland stark emotionalisiert und politisiert – insbesondere nach den Fluchtbewegungen ab 2015. Dies führte zu einer dauerhaften Debatte über die Sicherheit und Integrationsfähigkeit von Menschen mit Zuwanderungsgeschichte. Die Frage, ob Migration und insbesondere männliche Zuwanderer krimineller sind, bewegt Politik und Medien, beeinflusst Integrationsstrategien und erzeugt vielfach Stigmatisierung (Walburg, 2020; Mediendienst Integration, 2014). Zugleich zeigen wissenschaftliche Studien, dass Kriminalität nicht monokausal auf Kultur oder Herkunft zurückzuführen ist, sondern das Ergebnis eines komplexen Zusammenspiels von sozialen, ökonomischen, psychologischen und gesellschaftlichen Faktoren darstellt (Enzmann et al., 2004; SCCJR, o. J.).

Vor diesem Hintergrund liefert die Polizeiliche Kriminalstatistik (PKS) zentrale Daten, ist aber immer auch ein Spiegel gesellschaftlicher Wahrnehmungen und Polizeipraxis – mit allen methodischen Grenzen und Verzerrungen. Dieses Kapitel ordnet die Trends der Gewaltkriminalität im Zeitraum von 2015 bis 2024 ein, diskutiert Ursachen und Risikofaktoren und analysiert die Bedeutung von Geschlecht und Ehrkultur im Lichte der verfügbaren Studien.

6.1   Kriminalitätsentwicklung 2015 bis 2024: Trends, Tatverdächtige und Strukturfaktoren

6.1.1   Methodische Grundlagen und Begriffsdefinitionen

Die Diskussion über Migration und Kriminalität ist stark durch statistische Daten und ihre Interpretation geprägt. Ein zentraler Bezugspunkt in Deutschland ist die *Polizeiliche Kriminalstatistik (PKS)*, die jährlich durch das *Bundeskriminalamt (BKA)* und die *Landeskriminalämter* herausgegeben wird (Bundeskriminalamt, 2015–2024). Die PKS gilt als wichtigste amtliche Quelle zur Analyse von

Kriminalitätsentwicklung, Deliktsverteilung und Tatverdächtigenstruktur, ist jedoch keineswegs frei von methodischen Herausforderungen und Interpretationsgrenzen (Walburg, 2020; Mediendienst Integration, 2014).

Die PKS als Hellfeldstatistik
Die PKS ist eine sogenannte *Hellfeldstatistik*: Sie erfasst alle der Polizei bekannt gewordenen Straftaten und die hierzu ermittelten Tatverdächtigen, unabhängig von einer späteren Verurteilung. Dies unterscheidet sie von Dunkelfeldstudien, die durch Befragungen versuchen, auch nicht angezeigte Delikte zu erfassen (Enzmann et al., 2004). Die PKS basiert somit auf Anzeigen und polizeilicher Ermittlungspraxis, wobei das Anzeigeverhalten von Opfern, die Kontrolldichte der Polizei und gesellschaftliche Sensibilisierung für bestimmte Delikte maßgeblich Einfluss auf die Zahlen nehmen (Hestermann, 2020).

Wichtige methodische Limitationen sind
- **Tatverdächtigenstatistik:** Es werden Tatverdächtige gezählt, nicht Täter im strafrechtlichen Sinn. Nicht jeder Tatverdächtige wird tatsächlich verurteilt und nicht jeder Straftäter wird erfasst. Bei mehreren Tatverdächtigen pro Delikt wird jeder gezählt, auch wenn am Ende niemand oder mehrere verurteilt werden (Bundeskriminalamt, 2015–2024).
- **Mehrfachzählungen:** Eine Person kann als Tatverdächtiger in mehreren Delikten im selben Jahr erfasst werden.
- **Registrierungsverzerrung:** Das Risiko, als Tatverdächtiger zu erscheinen, variiert je nach Deliktart, Region, Polizeipraxis und soziodemografischen Merkmalen. Ausländer und Angehörige sichtbarer Minderheiten werden nachweislich häufiger kontrolliert und angezeigt (Walburg, 2020; Hestermann, 2020).
- **Dunkelfeld:** Die tatsächliche Kriminalität ist höher als das polizeilich bekannte Hellfeld. Gerade Sexual- und Gewaltdelikte werden oft nicht angezeigt; das Dunkelfeld bleibt unsichtbar (Enzmann et al., 2004).
- **Begriffsbestimmungen:** „Ausländer", „Migrationshintergrund", „Zuwanderer".

Die PKS unterscheidet bei Tatverdächtigen standardmäßig nur zwischen *„Deutschen"* und *„Nichtdeutschen"*. „Ausländer" sind Personen ohne deutschen Pass – unabhängig vom Aufenthaltsstatus. Darunter fallen Geflüchtete, Migranten mit Aufenthaltsgenehmigung, aber auch Touristen und Kriminaltouristen („reisende Täter"), deren Anteil an bestimmten Deliktsbereichen (z. B. Eigentumskriminalität, organisierte Kriminalität) relevant ist (Bundeskriminalamt, 2015–2024).

Der *Migrationshintergrund* umfasst laut amtlicher Definition alle Personen, die selbst oder deren Eltern nicht mit deutscher Staatsangehörigkeit geboren wurden. Das Problem: Die PKS erfasst „Migrationshintergrund" auf Bundesebene meist nicht explizit, sondern nur „deutsch/nichtdeutsch". Einige Bundesländer (z. B. NRW, Hessen, Berlin) veröffentlichen Detaildaten für bestimmte Gruppen wie „Zuwanderer" (Asylbewerber, Geduldete, Schutzberechtigte) (LKA NRW, 2024; LKA Hessen, 2023).

Diese Einschränkungen führen dazu, dass eine differenzierte Aussage über die Kriminalitätsbelastung von „Menschen mit Migrationshintergrund" im Vergleich zu „Ausländern" oder „Deutschen" auf Bundesebene kaum möglich ist. Studien, die gezielt Jugendliche mit und ohne Migrationshintergrund befragen, liefern daher ergänzende Hinweise (Baier & Kudlacek, 2019).

Dunkelfeldforschung und Anzeigeverhalten

Die PKS bildet, wie jede amtliche Statistik, gesellschaftliche Prozesse und Wahrnehmungen ab, aber nicht die ‚wahre' Kriminalitätsbelastung. Viele Delikte werden nicht angezeigt. Gerade im Bereich von häuslicher Gewalt, sexuellen Übergriffen oder Delikten innerhalb von Minderheitenmilieus bleibt das Dunkelfeld groß (Enzmann et al., 2004; SCCJR, o. J.).

Ein weiterer Einflussfaktor ist das *Anzeigeverhalten der Opfer*: Studien zeigen, dass als ‚fremd' wahrgenommene Tatverdächtige überdurchschnittlich oft angezeigt werden, während innerdeutsche Konflikte seltener zur Anzeige gebracht werden (Hestermann, 2020). Auch „racial profiling" (Cremer, 2013) – die gezielte Kontrolle und Erfassung von Minderheiten – kann die Überrepräsentation von Ausländern in der PKS verstärken.

Sondereffekte durch Fluchtmigration und Pandemiejahre

Die Jahre ab 2015 waren durch massive Fluchtmigration aus Syrien, Afghanistan und anderen Krisenregionen geprägt – darunter auch nach Deutschland. Viele Geflüchtete lebten zunächst in Sammelunterkünften unter schwierigen Bedingungen. Dies beeinflusste sowohl das soziale Konfliktpotenzial als auch die statistische Erfassung: Auseinandersetzungen in Unterkünften wurden oft angezeigt und mit besonderem polizeilichem Nachdruck verfolgt (Walburg, 2020). Ab 2020 veränderte die COVID-19-Pandemie die Kriminalitätslandschaft massiv: Kontakte und Konflikte nahmen ab, zahlreiche Delikte (insbesondere im öffentlichen Raum) gingen temporär stark zurück (Bundeskriminalamt, 2015–2024).

Ehrkultur, Geschlecht und Gewalt

Ein zentrales Thema der Gewaltdebatte ist die *Ehrkultur*, welche in Kap. 2 begrifflich eingeordnet wurde. Darunter versteht man ein Werte- und Normsystem, in dem Ehre, Ansehen und der Ruf der Familie zentrale Rollen spielen. Die Verletzung der Ehre – sei es durch beleidigendes Verhalten, angebliche Respektlosigkeit oder abweichendes Verhalten von weiblichen Familienmitgliedern – kann in diesen Milieus zu erheblichem Druck, sozialer Ausgrenzung oder sogar Gewalt führen (Agel, 2013; Toprak, 2012; Oberwittler & Kasselt, 2011).

Geschlecht ist ein weiterer entscheidender Faktor: Männer, insbesondere Jugendliche und junge Erwachsene, sind bei allen schweren Gewalt- und Eigentumsdelikten massiv überrepräsentiert – unabhängig von Herkunft, sozialem Milieu oder Nationalität (Baier & Kudlacek, 2019; SCCJR, o. J.). Dies verweist auf die Notwendigkeit, patriarchale und toxische Männlichkeitsnormen als transkulturelles Phänomen zu analysieren.

Alle genannten methodischen Aspekte bedeuten, dass Kriminalitätsstatistiken soziale Realität abbilden können, sind aber immer auch Ausdruck von Kontrollpraxis, gesellschaftlicher Aufmerksamkeit und Definitionsmacht. Insbesondere bei Vergleichen zwischen Gruppen müssen soziale, demografische und strukturelle Unterschiede stets mitreflektiert werden. Eine differenzierte Ursachenanalyse erfordert deshalb den Einbezug von Dunkelfeldforschung, Bevölkerungsdaten und sozialwissenschaftlichen Studien – gerade im Kontext von Migration und Männlichkeit.

6.1.2 Gesamttendenzen und Hauptbefunde 2015 bis 2024

Die polizeilich registrierte Gewaltkriminalität in Deutschland zeigte in den Jahren 2015 bis 2024 mehrere ausgeprägte Schwankungen, die durch demografische, gesellschaftliche und politische Veränderungen beeinflusst waren. Nach einem kontinuierlichen Rückgang der Gewaltdelikte zwischen 2005 und 2014 – von ca. 213.000 auf ca. 181.000 Fälle (− 15 %) – war das Jahr 2015 durch ein niedriges Ausgangsniveau gekennzeichnet (Bundeskriminalamt, 2014). Mit der starken Fluchtmigration und den gesellschaftlichen Dynamiken ab Herbst 2015 stiegen die registrierten Gewaltdelikte jedoch deutlich an: 2016 wurden 193.542 Fälle registriert (+ 6,7 % gegenüber 2015). Wissenschaftliche Analysen führen diesen Anstieg vor allem auf Konflikte in Flüchtlingsunterkünften zurück. Viele junge Männer lebten auf engem Raum unter prekären Bedingungen, was zu häufigen Streitigkeiten und Übergriffen führte (Walburg, 2020). Eine Auswertung des Innenministeriums Baden-Württemberg ergab, dass im Jahr 2016 rund 68 % der Körperverletzungsdelikte mit tatverdächtigen Asylbewerbern oder Flüchtlingen innerhalb von Asylunterkünften begangen wurden (Innenministerium Baden-Württemberg, 2017). Dies zeigt das enorme Gewaltpotenzial, das auf Basis stark herausfordernder Lebensbedingungen in Sammelunterkünften entstehen kann – etwa durch Enge, fehlende Privatsphäre, Perspektivlosigkeit und interkulturelle Spannungen.

Nach diesem Zwischenhoch sank die Gewaltkriminalität bis 2019 erneut: Mit etwa 181.000 registrierten Gewaltdelikten war das Niveau wieder so niedrig wie 2015. Der Rückgang wird unter anderem mit verbesserten Integrationsmaßnahmen, Deeskalation in den Unterkünften und einer Entspannung der Gesamtsituation erklärt (Bundeskriminalamt, 2015–2024). Die COVID-19-Pandemie ab 2020 führte zu einem außergewöhnlichen Einbruch vieler Deliktzahlen. Kontaktbeschränkungen und Lockdowns reduzierten Konflikte im öffentlichen Raum massiv. Im Jahr 2021 war die Gewaltkriminalität auf einem historischen Tiefstand (Bundeskriminalamt, 2015–2024). Ab 2022 änderte sich der Trend erneut: Mit der Aufhebung der Pandemie-Maßnahmen wurde ein sogenannter „Nachholeffekt" beobachtet. Die Gewaltkriminalität stieg stark an, insbesondere unter Jugendlichen und jungen Männern. In 2024 erreichten die Fallzahlen mit 217.277 registrierten Gewaltdelikten ein Rekordhoch seit 2007 (+ 1,5 % zum Vorjahr). Dabei ist zu beachten, dass auch die Bevölkerung insgesamt wuchs – insbesondere der Anteil der Menschen mit ausländischer Staatsbürgerschaft oder Migrationsgeschichte (Statistisches Bundesamt, 2024).

Numerisch stellen deutsche Staatsangehörige weiterhin die Mehrheit der Tatverdächtigen, doch Ausländer sind in Relation zu ihrem Bevölkerungsanteil deutlich überrepräsentiert. So lag der Anteil nichtdeutscher Tatverdächtiger bei Gewaltkriminalität 2015 bei etwa 27,6 %, 2016 stieg er auf 30,5 % und 2024 auf etwa 39 bis 40 % (Bundeskriminalamt, 2015–2024). Dies ist besonders bemerkenswert, da der Ausländeranteil an der Wohnbevölkerung 2022 nur bei etwa 13 bis 14 % lag (Statistisches Bundesamt, 2024).

Im nächsten Schritt verdeutlicht Abb. 6.1 den prozentualen Anteil nichtdeutscher Tatverdächtiger an allen Gewalttatverdächtigen in den Jahren 2015 bis 2024. Die Kurve macht drei Kerntendenzen sichtbar:

1. Langfristiger Anstieg – von rund 28 % (2015) auf knapp 42 % (2024) wächst die Quote insgesamt um mehr als ein Drittel.
2. Migrationsbedingte Spitze 2016 – unmittelbar nach der starken Fluchtmigration steigt der Anteil über 30 %.
3. Pandemie-Knick und „Nachholeffekt" – nach einer leichten Stabilisierung 2019/20 fällt der Wert 2021 minimal ab, um nach Aufhebung der Corona-Beschränkungen sprunghaft anzuziehen und 2024 sein bisheriges Hoch zu erreichen.

Damit visualisiert die Grafik prägnant, wie demografische Veränderungen, Kontrollintensität und gesellschaftliche Krisen das Hellfeld beeinflussen – ohne alleinige Rückschlüsse auf die tatsächliche Gewaltneigung spezifischer Gruppen zuzulassen.

Abb. 6.1 Anteil nichtdeutscher Tatverdächtiger an allen Tatverdächtigen (PKS 2015–2024). (Eigene Darstellung in Anlehnung an Bundeskriminalstatistik 2024)

Gründe für die Überrepräsentation

- Die PKS zählt alle Personen ohne deutschen Pass, also auch Touristen, Durchreisende und Kriminaltouristen, die nicht dauerhaft in Deutschland leben (Bundeskriminalamt, 2015–2024).
- Studien zeigen, dass als ‚fremd' wahrgenommene Täter von Opfern überproportional häufig angezeigt werden. Bei Jugendgewalt lag z. B. die Anzeigequote für nichtdeutsche Tatverdächtige doppelt so hoch wie bei deutschen (Hestermann, 2020).
- Minderheiten und sichtbare Migranten werden häufiger polizeilich kontrolliert („racial profiling"), was ihre Präsenz im Hellfeld erhöht (Walburg, 2020).
- Rund 20 % der nichtdeutschen Tatverdächtigen haben keinen Wohnsitz in Deutschland bzw. sich nur kurzzeitig oder irregulär im Bundesgebiet aufhalten (etwa Transit-Reisende, Saisonarbeitskräfte, Touristen oder unerlaubt Eingereiste) und deshalb nicht in den Melderegistern erfasst sind – insbesondere bei Delikten wie Raub, Diebstahl oder Körperverletzung im öffentlichen Raum (Bundeskriminalamt, 2015–2024).

Unabhängig von diesen Verzerrungen bestätigen auch Dunkelfeldstudien eine tendenziell erhöhte Gewaltneigung bei Jugendlichen mit Migrationshintergrund – allerdings unter Berücksichtigung der sozialen Lage. Eine niedersächsische Jugendstudie fand heraus: 10,8 % der befragten Migrantenjugendlichen berichteten, im Vorjahr mindestens eine Gewalttat begangen zu haben, gegenüber 6,0 % der deutschen Jugendlichen (Baier & Kudlacek, 2019). Allerdings: Bei erfolgreicher Integration gleichen sich die Unterschiede zwischen den Gruppen an; in der dritten Generation von Zuwandererfamilien liegt die Gewaltquote auf dem Niveau der Mehrheitsgesellschaft.

Städtische Ballungsräume und soziale Brennpunkte weisen generell eine höhere Kriminalitätsbelastung auf – für Menschen *mit und ohne* Migrationshintergrund. In Städten wie Frankfurt a. M. oder Berlin machen nichtdeutsche Tatverdächtige bei Körperverletzungs- oder Raubdelikten oft 40 bis 50 % aus (LKA Berlin, 2022; LKA Frankfurt, 2019). In diesen Regionen ist der Anteil von Menschen mit Zuwanderungsgeschichte in der Bevölkerung jedoch ebenfalls überdurchschnittlich hoch. Zudem weisen diese Bezirke oft kumulierte Risikofaktoren auf wie Armut, Arbeitslosigkeit, beengte Wohnverhältnisse und geringere Polizeipräsenz.

Die folgende Tab. 6.1 fasst die Entwicklung der polizeilich registrierten Gewaltkriminalität von 2015 bis 2024 kompakt zusammen. Sie verknüpft die absoluten Fallzahlen mit der jeweiligen Jahresveränderung, stellt den Anteil nichtdeutscher Tatverdächtiger der Gewaltkriminalität gegenüber und setzt diese Quote ins Verhältnis zum Ausländeranteil an der Wohnbevölkerung. So werden die markanten Ausschläge – etwa der migrationsbedingte Anstieg 2015/16, der pandemiebedingte Tiefstand 2020/21 und der anschließende „Nachholeffekt" – auf einen Blick sichtbar und lassen sich zugleich demografisch einordnen.

Tab. 6.1 Gewaltkriminalität und Ausländerkennziffern (2015–2024)

Jahr	Fälle Gewaltkriminalität	Veränderung zum Vorjahr	Anteil nicht-deutscher-Tatverdächtiger	Ausländeranteil an Wohnbevölkerung
2015	181.396	–	27,6 %	10,5 %
2016	193.542	+ 6,7 %	30,5 %	11,2 %
2017	188.946	− 2,4 %	30,4 %	11,7 %
2018	185.377	− 1,9 %	30,5 %	12,2 %
2019	181.054	− 2,3 %	34,6 %	12,5 %
2020	176.672	− 2,4 %	33,7 %	12,7 %
2021	164.646	− 6,8 %	33,8 %	13,1 %
2022	197.002	+ 19,7 %	37,4 %	14,6 %
2023	214.099	+ 8,7 %	41,1 %	15,3 %
2024	217.277	+ 1,5 %	41,8 %	16,8 %

6.1.3 Spezifika: Zuwanderungsphasen, Fluchtmigration und regionale Unterschiede

Die Kriminalitätsentwicklung in Deutschland seit 2015 ist eng mit der Dynamik verschiedener Migrationsphasen und mit spezifischen Herausforderungen der Fluchtmigration verbunden. Besonders die Jahre 2015 und 2016, in denen mehr als eine Million Menschen Schutz in Deutschland suchten, gelten als Zäsur – nicht nur gesellschaftlich und politisch, sondern auch in der Kriminalstatistik (Bundeskriminalamt, 2015–2024; Walburg, 2020).

Unmittelbar nach dem massiven Zuzug in den Jahren 2015 und 2016 verzeichnete die PKS einen deutlichen, aber temporären Anstieg von Gewaltkriminalität – vor allem in Deliktgruppen, bei denen junge Männer besonders häufig vertreten sind, etwa Körperverletzung, Raub und (in geringerem Maße) Tötungsdelikte. Eine genaue Analyse zeigt jedoch, dass dieser Anstieg maßgeblich auf Konflikte in Gemeinschaftsunterkünften, beengte Lebensbedingungen, Frustration über den aufenthaltsrechtlichen Status und fehlende Beschäftigungsmöglichkeiten zurückzuführen war (LKA Baden-Württemberg, 2018).

Gerade bei neu angekommenen Flüchtlingen und Asylsuchenden traten viele Fälle von Gewalt untereinander auf. Hier wirkten Stress, Perspektivlosigkeit und Gruppenkonflikte als ‚Konfliktcocktail‘ (LKA Baden-Württemberg, 2018). Mit der schrittweisen Integration, Dezentralisierung der Unterbringung und der Öffnung zu Bildung und Arbeitsmarkt gingen sowohl die Zahl als auch die Schwere der registrierten Delikte ab 2018 deutlich zurück (Bundeskriminalamt, 2015–2024; Walburg, 2020). Dies verweist auf den hohen Einfluss der Lebenslage und sozialen Integration auf das Kriminalitätsrisiko – weniger auf kulturelle Dispositionen oder „Importkriminalität" (Baier & Kudlacek, 2019; SCCJR, o. J.).

Es zeigen sich klare Unterschiede zwischen verschiedenen Migrantengruppen und Migrationsphasen:

- *Neu zugewanderte junge Männer* (besonders aus Krisenregionen) weisen ein deutlich höheres Risiko für Gewaltdelikte auf als Migranten der zweiten oder dritten Generation oder als Einheimische (Marie & Pinotti, 2024).
- Je länger Zuwanderer in Deutschland leben und je erfolgreicher Integration gelingt, desto stärker gleichen sich ihre Delinquenzraten denen der Mehrheitsgesellschaft an (Baier & Kudlacek, 2019; Walburg, 2020).
- Besonders auffällig ist, dass Jugendliche der dritten Generation kaum noch erhöhte Gewaltraten zeigen, wenn sie in stabile soziale Netze eingebunden sind (Baier & Kudlacek, 2019).

Diese Entwicklungen sind auch auf *regionale Besonderheiten* zurückzuführen: In Ballungsräumen mit starker Zuwanderung, sozialer Segregation und hoher Arbeitslosigkeit ist das Risiko für Jugendgewalt allgemein erhöht – unabhängig von der Herkunft.

Die Kriminalitätsraten variieren erheblich zwischen Bundesländern und zwischen Städten und ländlichen Regionen. In Großstädten wie Berlin, Frankfurt a. M. oder Köln ist der Anteil nichtdeutscher Tatverdächtiger besonders hoch, was zum einen an der Zusammensetzung der Bevölkerung, zum anderen an urbanen Risikofaktoren liegt (LKA Berlin, 2022; LKA Frankfurt, 2019). In bestimmten Brennpunktquartieren – oft durch hohe Arbeitslosigkeit, Segregation und mangelnde soziale Infrastruktur gekennzeichnet – kumulieren die typischen Risikofaktoren für Gewaltkriminalität.

Gleichzeitig ist festzustellen, dass die meisten Gewalttaten von Zuwanderern und Migranten sich *innerhalb ihrer Communities* oder gegen andere Menschen mit Migrationshintergrund ereignen, seltener gegen die Mehrheitsgesellschaft (Pfeiffer et al., 2018). In den Jahren 2016 und 2017 etwa waren mehr als 70 % der Opfer von Tötungsdelikten mit „Flüchtlingsbeteiligung" selbst Zuwanderer oder Angehörige der Community (Pfeiffer et al., 2018; Bundeskriminalamt, 2015–2024).

Die Corona-Pandemie (2020–2021) führte zu einem Rückgang fast aller Delikte im öffentlichen Raum – auch bei Migranten und Geflüchteten. Die sogenannten „Nachholeffekte" nach Wegfall der Einschränkungen betrafen aber sowohl Jugendliche mit als auch ohne Migrationshintergrund. Die Trends in der Gewaltkriminalität stiegen nach 2021 parallel in beiden Gruppen an (Bundeskriminalamt, 2015–2024).

Die Analyse der Zuwanderungsphasen und Fluchtmigration zeigt, dass Anstiege in der Kriminalstatistik *meist temporär* und *sozial erklärbar* sind. Entscheidend sind die sozialen Startbedingungen, die Dauer des Aufenthalts, der Zugang zu Bildung und Arbeit sowie eine unterstützende Integrationspolitik (Baier & Kudlacek, 2019).

6.1.4 Perspektiven einer differenzierten Erfassung des Migrationshintergrunds

Eine der zentralen Herausforderungen der deutschen Kriminalstatistik bleibt die *unzureichende Differenzierung zwischen „Ausländern" und „Menschen mit Migrationshintergrund"* unter den Tatverdächtigen. Während die PKS für alle Bundesländer den Passstatus erfasst, bleibt der tatsächliche soziale, kulturelle oder familiäre Hintergrund im Dunkeln (Alipour & Adema, 2025; Walburg, 2020). Dennoch ermöglichen ergänzende Analysen – insbesondere Landesstatistiken und Dunkelfeldstudien – differenzierte Einblicke in Delinquenzmuster.

Einige Bundesländer wie Nordrhein-Westfalen, Hessen oder Niedersachsen weisen in ihren Landes-PKS explizite Gruppen wie „Zuwanderer" (d. h. Asylbewerber, Schutzberechtigte, Geduldete) aus und erfassen darüber hinaus „Deutsche mit Migrationshintergrund" (LKA NRW, 2024; LKA Hessen, 2023). Diese Daten zeigen:

- Ein erheblicher Anteil der deutschen Tatverdächtigen dürfte Migrationshintergrund haben – insbesondere in Großstädten und jüngeren Altersgruppen.
- Die Delinquenzraten unter anerkannten und langjährig in Deutschland lebenden Migranten gleichen sich im Zeitverlauf den Raten der Mehrheitsbevölkerung an (Baier & Kudlacek, 2019).

Befunde aus Dunkelfeldstudien
Studien wie die niedersächsische Jugendbefragung belegen:

- Jugendliche mit Migrationshintergrund begehen häufiger Gewaltdelikte als Jugendliche ohne Migrationshintergrund (10,8 % vs. 6,0 %), doch sind die Unterschiede bei Berücksichtigung von Sozialstatus und Integration erheblich geringer (Baier & Kudlacek, 2019).
- Entscheidend ist der Zugang zu sozialen Ressourcen: Wer aus einem armen, bildungsfernen und prekären Milieu stammt, hat ein erhöhtes Kriminalitätsrisiko – unabhängig vom Herkunftsland.

Die Auswertung der Daten legt nahe, dass nicht Migration selbst, sondern *Integrationsdefizite* (fehlende Sprache, Perspektivlosigkeit, soziale Ausgrenzung) und die Konzentration multipler Risiken (Armut, Bildung, instabile Familien) Delinquenz begünstigen (SCCJR, o. J.; Walburg, 2020). In gelingend integrierten Familien gleichen sich die Delinquenzraten an; in der dritten Generation von Migranten verschwinden die Unterschiede im Gewalthandeln nahezu (Baier & Kudlacek, 2019). Das zeigt, dass Kriminalität kein ethnisches oder kulturelles ist, sondern ein sozialstrukturelles Problem. Für die Ursachenanalyse und für Präventionskonzepte ist es deshalb zentral, Menschen mit Migrationshintergrund nicht als homogene Risikogruppe zu betrachten, sondern die *soziale Lage, Integrationsgeschichte und individuellen Ressourcen* in den Mittelpunkt zu stellen (Marie & Pinotti, 2024). Je genauer die Statistik in Zukunft differenzieren kann, desto besser lassen sich gezielte und faire Präventions- und Integrationsstrategien entwickeln.

Bundesweite PKS-Daten für 2015 bis 2024 verdeutlichen die Bedeutung einer solchen Differenzierung: Während der Anteil *nichtdeutscher* Tatverdächtiger von 27,6 % (2015) auf 41,8 % (2024, vorläufig) stieg, erhöhte sich der *Ausländeranteil an der Wohnbevölkerung* im selben Zeitraum nur von 10,5 % auf 16,8 %. Die scheinbare Überrepräsentation lässt sich zum Großteil auf Alters- und Regions-effekte zurückführen (eigene Berechnung auf Basis PKS & Destatis).

Die Auswertung von Alipour und Adema (2025) zeigt, dass die scheinbar höhe-re Kriminalitätsbelastung in Kreisen mit vielen Ausländerinnen im Wesentlichen ein Statistikartefakt ist. Zwar ergibt sich im unverzerrten Querschnitt zunächst ein positiver Zusammenhang – ein Prozentpunkt mehr Ausländeranteil geht mit rund 0,4 % mehr registrierten Straftaten einher –, doch verschwindet dieser Effekt vollständig, sobald die Autoren für Alters- und Geschlechterstruktur, Arbeitslosen-quote, Urbanität und weitere ortsspezifische Rahmenbedingungen kontrollieren. In den anschließenden Fixed-Effects-Modellen vergleichen sie jede der 400 Land- und Stadtkreise lediglich mit sich selbst über die Jahre 2018 bis 2023. Das Ergeb-nis ist ein „Null-Befund": Weder Veränderungen im Ausländer- noch im Schutzsu-chendenanteil lassen die lokale Kriminalitätsrate steigen – weder insgesamt noch bei Gewalt-, Sexual- oder Eigentumsdelikten. Teilweise deutet sich sogar ein leich-ter Rückgang von Diebstahl an, wenn der Zuwandereranteil wächst. Die Über-repräsentation ausländischer Tatverdächtiger in der Polizeilichen Kriminalstatistik erklärt sich demnach vor allem dadurch, dass Migrantinnen häufiger jung, männ-lich und in städtischen Hochkriminalitätsgebieten konzentriert sind; polizeiliche Kontroll- und Anzeigeprozesse verstärken dieses Bild zusätzlich. Anstatt Migra-tion als Sicherheitsrisiko zu framen, plädieren die Autor:innen deshalb für präven-tive Maßnahmen, die an Wohnraum, Arbeitsmarktintegration und jugend- sowie stadtteilspezifische Sozialpolitik anknüpfen. Eine transparentere Datenlage mit an-onymisierten Mikrodaten könnte künftige Fehlinterpretationen weiter reduzieren und den politischen Diskurs versachlichen.

6.2   Gewalt von Jugendlichen mit Migrationshinter-grund oder Ausländerstatus

6.2.1   Alters- und Geschlechterstruktur: Wer begeht Gewalt?

Wenn über Gewaltkriminalität im Kontext von Migration gesprochen wird, steht oft die Figur des *jungen Mannes mit Migrationshintergrund* im Fokus der öffentli-chen Debatte. Doch wie sieht die Realität aus?

Die Polizeiliche Kriminalstatistik (PKS) zeigt seit Jahrzehnten einen klaren Zusammenhang zwischen Alter, Geschlecht und Kriminalitätsbelastung: Die Hauptgruppe unter den Tatverdächtigen ist männlich, jung und häufig im Über-gang zwischen Jugend und Erwachsenenalter (Baier & Kudlacek, 2019; Bundeskriminalamt, 2015–2024). Das gilt unabhängig von Nationalität oder Herkunft. Statistisch betrachtet machen männliche Jugendliche und junge Erwachsene den Großteil aller Gewaltstraftäter aus: In den Jahren 2022 und 2023 waren bei schweren Gewaltdelikten knapp 90 % der Tatverdächtigen männlich, die höchste Quote lag bei den 18- bis 25-Jährigen (Bundeskriminalamt, 2015–2024). In den letzten Jahren fiel insbesondere eine Zunahme jugendlicher Tatverdächtiger auf: Nach dem pandemiebedingten Rückgang stieg die Zahl der unter 21-Jährigen unter den Gewalt-Tatverdächtigen ab 2022 deutlich an, bei Deutschen ebenso wie bei Migranten oder Ausländern (Mediendienst Integration, 2025). Ein besonders augenfälliges Bild zeigt sich, wenn man den Migrationshintergrund betrachtet. Die PKS kann zwar auf Bundesebene nicht explizit zwischen „deutschen Jugendlichen mit Migrationshintergrund" und „ausländischen Jugendlichen" differenzieren, doch Landesdaten und Dunkelfeldstudien helfen weiter: Jugendliche mit Migrationshintergrund sind unter den Tatverdächtigen überrepräsentiert, besonders im Bereich der Gewaltdelikte.

Junge Männer mit und ohne deutschen Pass, aber mit Migrationsgeschichte, sind im Verhältnis zu ihrem Bevölkerungsanteil überproportional an Gewalt beteiligt. Die Ursachen hierfür liegen, wie in den Folgeabschnitten gezeigt wird, primär in sozialen und milieuspezifischen Faktoren und nicht in der Herkunft an sich.

6.2.2 Trends und Veränderungen 2015–2024: Anstieg, Rückgang, Nachholeffekte

Die Entwicklung der Jugendgewalt in Deutschland verläuft, wie die allgemeine Gewaltkriminalität, keineswegs linear. Zwischen 2015 und 2019 wurde ein Rückgang der erfassten jugendlichen Gewalt-Tatverdächtigen beobachtet, trotz der starken Fluchtmigration ab 2015 und 2016 (Bundeskriminalamt, 2015–2024). Viele neu zugewanderte Jugendliche wurden zunächst im familiären Rahmen oder durch die Enge der Gemeinschaftsunterkünfte auffällig; der größte Teil der von ihnen verübten Delikte betraf aber nicht die deutsche Mehrheitsgesellschaft, sondern Konflikte mit anderen Migranten (Pfeiffer et al., 2018). Mit der Pandemie und den damit verbundenen Kontaktbeschränkungen ging die Jugendgewalt in 2020/2021 noch einmal stark zurück. Nach dem Ende der Pandemie-Maßnahmen stiegen die Fallzahlen jedoch schlagartig an – teils deutlich stärker als im Erwachsenenbereich. Laut PKS 2023 lag die Zahl jugendlicher Tatverdächtiger bei Gewaltdelikten erstmals seit zehn Jahren wieder spürbar höher als zuvor, wobei sowohl deutsche Jugendliche als auch Jugendliche mit Migrationshintergrund und junge Ausländer betroffen waren (Bundeskriminalamt, 2015–2024).

Abb. 6.2 Entwicklung Gewaltkriminalität 2010–2024. (Eigene Darstellung in Anlehnung an Bundeskriminalstatistik 2024)

Um die folgenden Zahlen anschaulich zu machen, verweist Abb. 6.2 direkt auf den Trend der polizeilich erfassten Gewaltkriminalität von 2010 bis 2024: Sie zeigt zunächst einen kontinuierlichen Rückgang bis kurz vor der Pandemie, gefolgt von einem pandemiebedingten Einbruch und einem markanten Nachholeffekt mit neuem Höchststand in den Jahren 2022 bis 2024.

Auffallend ist, dass die Anteile jugendlicher Tatverdächtiger mit Ausländerstatus in den Pandemiejahren nicht überproportional gestiegen sind, sondern der Trend parallel zum gesamtgesellschaftlichen Anstieg verlief (Bundeskriminalamt, 2015–2024).

6.2.3 Gewaltarten, Gruppen- und Ehrkonflikte

Gewalt unter Jugendlichen äußert sich in vielfältigen Deliktformen – von Körperverletzung über Raub bis hin zu Sexualdelikten und in selteneren Fällen Tötungsdelikten. Besonders auffällig in den letzten Jahren ist die Zunahme von Gruppengewalt und Delikten, die mit Ehrkonflikten oder Machtdemonstrationen in Verbindung gebracht werden. Die Mehrheit der von Jugendlichen begangenen Gewalttaten ist gefährliche oder schwere Körperverletzung. Hier zeigt sich, dass besonders in

Ballungsräumen und sozialen Brennpunkten ein erheblicher Anteil der Tatverdächtigen einen Migrationshintergrund hat – sowohl mit als auch ohne deutschen Pass. So lag etwa in Frankfurt a. M. und Berlin der Anteil nichtdeutscher Tatverdächtiger an schweren Körperverletzungen im Jahr 2019 bei ca. 40 % (LKA Berlin, 2022; LKA Frankfurt, 2019).

Raubdelikte, insbesondere Straßenraub, sind ein weiterer Bereich, in dem junge Männer mit Migrationshintergrund und Ausländerstatus überproportional vertreten sind. Laut Landesstatistiken sind an Straßenrauben in Großstädten bis zu 40 bis 50 % der Tatverdächtigen nichtdeutsch (LKA Berlin, 2022). In den letzten Jahren rückten zudem sogenannte Messerangriffe in den Fokus: Nach einem coronabedingten Rückgang im Jahr 2021 stieg die Zahl der registrierten Messerdelikte in NRW 2022 wieder an und legte 2023 noch einmal deutlich zu; 2022 hatten rund 44 % der ermittelten Tatverdächtigen keinen deutschen Pass (LKA NRW, 2024).

Ein Phänomen, das in den letzten Jahren verstärkt Aufmerksamkeit erlangt hat, ist die Gewalt im Zusammenhang mit Gruppenloyalität und Ehrkonflikten. In migrantisch geprägten Communities – wie auch in traditionellen deutschen Milieus – spielen Gruppenzwang, Loyalitätsdruck und das Bedürfnis nach Respekt und Status eine große Rolle für das Gewalthandeln Jugendlicher (Baier & Kudlacek, 2019; Oberwittler & Kasselt, 2011). Insbesondere Ehrkonflikte („Du hast meine Ehre beleidigt.") können in bestimmten Milieus eine Eskalation von Gewalt auslösen. In einigen Familien- oder Herkunftskulturen ist das Konzept *Ehre* weiterhin eng mit Männlichkeit und Gruppenzugehörigkeit verknüpft – Beleidigungen, Kränkungen oder auch Gerüchte können als Rechtfertigung für Gewalt dienen (Agel, 2013; Toprak, 2012). Dies zeigt sich nicht nur bei dramatischen Ehrenmorden, sondern viel häufiger im Alltag von Jungen und jungen Männern, die nach Anerkennung suchen und Konflikte gewaltsam austragen.

Die Analyse der Gewaltkriminalität unter Jugendlichen mit Migrationshintergrund und Ausländerstatus ergibt ein vielschichtiges Bild:

Die statistische Überrepräsentation erklärt sich weder aus biologischer Disposition noch aus kulturellen Aspekten im engeren Sinne, sondern in erster Linie durch soziale Risikofaktoren: Armut, Bildungsmangel, fehlende Perspektiven und – bei einigen Gruppen – durch patriarchale Ehr- und Männlichkeitsnormen, die Gewalt als Konfliktlösung legitimieren (Baier & Kudlacek, 2019).

Erfolgreiche Integration und das Erleben von Teilhabe führen nachweislich dazu, dass sich die Unterschiede im Gewaltverhalten auflösen (Baier & Kudlacek, 2019). Präventions- und Integrationsarbeit, die genau an diesen sozialen und normativen Faktoren ansetzt, ist der Schlüssel zur Reduzierung von Jugendgewalt – unabhängig von Pass oder Herkunft.

6.3   Sozioökonomische Risikolagen und Delinquenz

In der öffentlichen Debatte um Migration und Kriminalität wird oft suggeriert, die Herkunft an sich sei ausschlaggebend für ein erhöhtes Risiko, straffällig zu werden. Die sozialwissenschaftliche Forschung widerspricht jedoch dieser monokausalen Sichtweise. Vielmehr zeigt ein breiter internationaler Forschungsstand: Es sind in erster Linie sozioökonomische Risikolagen, also die konkreten Lebens- und Umweltbedingungen, die das Entstehen und die Ausprägung von Delinquenz begünstigen oder hemmen (SCCJR, o. J.; Baier & Kudlacek, 2019). Migration kann dann zu einem Risikofaktor werden, wenn sie mit Armut, Segregation, Unsicherheit und fehlenden Teilhabechancen einhergeht.

Soziale Benachteiligung, Armut und Kriminalitätsrisiko
Menschen in prekären Lebenslagen – mit wenig Einkommen, unsicheren Wohnverhältnissen und geringer (formaler) Bildung – sind in besonderem Maße gefährdet, straffällig zu werden. Das Risiko steigt weiter, wenn sich diese Faktoren kumulieren, wie es in sogenannten sozialen Brennpunkten oft der Fall ist (Agnew, 1992; Pfeiffer et al., 2018; Statistisches Bundesamt, 2023a, b, c). Kinderarmut in Deutschland hängt stark mit dem Bildungsniveau der Eltern zusammen, das wiederum oft mit einem Migrationshintergrund verbunden ist. Im Jahr 2023 waren laut EU-SILC-Endergebnissen 14 % aller Minderjährigen (unter 18 Jahren) armutsgefährdet. Das Risiko stieg jedoch stark, wenn die Eltern nur einen Haupt- oder Realschulabschluss ohne Berufsqualifikation vorweisen konnten: 36,8 % dieser Kinder galten als armutsgefährdet. Der Mikrozensus belegt gleichzeitig ein großes Qualifikationsgefälle zwischen Bevölkerungsgruppen: 41,8 % der 25- bis 64-Jährigen mit Einwanderungsgeschichte hatten 2023 keinen beruflichen Abschluss, während dieser Anteil bei Menschen ohne Einwanderungsgeschichte bei lediglich 11,8 % lag. Je nach verwendetem Konzept („Migrationshintergrund" vs. „Einwanderungsgeschichte") schwankt der Wert für die zugewanderte Bevölkerung zwischen gut 42 % und rund 46 %; das Verhältnis bleibt aber in allen Berechnungen ähnlich deutlich. Diese Zahlen verdeutlichen, wie eng Armutsrisiko und Bildungsstand miteinander verknüpft sind – und dass fehlende Berufsabschlüsse in Haushalten mit Einwanderungsgeschichte ein zentrales sozioökonomisches Risiko darstellen (Statistisches Bundesamt, 2023a, b, c).
    Soziale Benachteiligung hat zahlreiche Facetten: Sie zeigt sich nicht nur im Einkommen, sondern auch in der Wohnqualität, in fehlenden Freizeitangeboten, in Benachteiligungen im Bildungssystem und im erschwerten Zugang zum Arbeitsmarkt (Marie & Pinotti, 2024). Solche strukturellen Defizite erhöhen die Wahr-

scheinlichkeit, dass Jugendliche sich in Gruppen zusammenschließen, die eigene Regeln aufstellen – nicht selten entsteht so eine abweichende Subkultur, in der Gewalt als Mittel der Selbstbehauptung legitimiert wird (SCCJR, o. J.).

Segregation, ethnische Milieus und Wohnumfeld
Ein weiteres Risiko geht von räumlicher Segregation aus. Dort, wo Migrantinnen und Migranten konzentriert in benachteiligten Quartieren leben, steigt das Kriminalitätsrisiko für alle Bewohner, unabhängig von deren Herkunft (SCCJR, o. J.). In Ballungsräumen wie Berlin, Frankfurt a. M. oder Duisburg sind es oft ganze Viertel, in denen Armut, Perspektivlosigkeit, hoher Migrantenanteil und mangelnde soziale Kontrolle zusammentreffen. Die Forschung spricht hier von einem Milieueffekt: Je mehr Risikofaktoren ein Wohngebiet aufweist, desto wahrscheinlicher ist es, dass dort abweichendes oder gar kriminelles Verhalten zur Normalität wird (SCCJR, o. J.). Das betrifft nicht nur Menschen mit Migrationshintergrund, sondern auch benachteiligte deutsche Familien. Der entscheidende Punkt ist dabei, dass die hohe Gewaltbelastung in manchen Vierteln nicht das Ergebnis einer bestimmten Herkunft ist, sondern die Kumulation sozialer Problemlagen. In Brennpunkten ist auch die Kriminalitätsrate unter einheimischen Jugendlichen deutlich erhöht (Baier & Kudlacek, 2019).

Integrationserfolg, Teilhabe und Kriminalitätsminderung
Der Integrationsgrad ist ein Schlüsselindikator für das Risiko abweichenden Verhaltens. Je früher junge Migrant:innen Zugang zu Bildung, Sprachkenntnissen, sozialer Teilhabe und legalen Aufstiegschancen erhalten, desto geringer ist ihr Risiko, straffällig zu werden (Marie & Pinotti, 2024; SCCJR, o. J.). Integration ist dabei keine Einbahnstraße, sondern ein gesellschaftlicher Prozess, der von Aufnahmebereitschaft, Antidiskriminierung und sozialer Durchlässigkeit abhängt.
Erfolgreiche Integrationspolitik bedeutet demnach:

- frühe Sprachförderung und schulische Unterstützung;
- Chancengleichheit beim Zugang zum Arbeitsmarkt;
- Vernetzung mit positiven Vorbildern und stabilen sozialen Gruppen
- und eine effektive Quartiersarbeit zur Förderung des Gemeinwesens.

Effektive Quartiersarbeit verknüpft dabei drei Bausteine: ein dauerhaft besetztes Stadtteilbüro als niedrigschwellige Anlaufstelle, Streetworker, die Jugendliche vor Ort kennen und einen Nachbarschaftsrat, der Schulen, Vereine und lokale Betriebe einbezieht und über kleine Projektbudgets entscheidet. Ein koordiniertes Quartiersmanagement vernetzt diese Akteure, sorgt für schnelle Lösungen bei Konflikten und stärkt so Vertrauen, Teilhabe und gewaltfreie Handlungsalternativen.

Dort, wo diese Faktoren greifen, gleicht sich das Gewalt- und Delinquenzverhalten von Jugendlichen mit Migrationshintergrund dem der Mehrheitsgesellschaft rasch an (Baier & Kudlacek, 2019).

Das Strain-Modell und die Bedeutung gesellschaftlicher Anerkennung
Kriminologische Strain-Theorien betonen, dass soziale Ungleichheit und ein eingeschränkter Zugang zu institutionell anerkannten Mitteln – etwa Bildungserfolg, legale Erwerbsarbeit, Unternehmertum und die Befolgung rechtlicher Aufstiegswege – Spannungen (strain) erzeugen, die abweichendes oder kriminelles Verhalten wahrscheinlicher machen, sobald diese legalen Optionen für bestimmte Gruppen blockiert sind (Messner, 2010). „Strain" bezeichnet in der Kriminologie eine subjektiv belastende Erfahrung – etwa das Scheitern an wichtigen Zielen, den Verlust positiver Lebensbedingungen oder die Konfrontation mit schädlichen Einflüssen –, die starke negative Emotionen (vor allem Ärger) auslöst und, wenn legale Bewältigungswege fehlen, das Risiko von abweichendem oder kriminellem Verhalten erhöht. Das Strain-Modell (Belastungstheorie), ursprünglich von Robert K. Merton (1938) entwickelt, erklärt abweichendes Verhalten als Folge sozialer Spannungen zwischen kulturell definierten Zielen (z. B. materieller Erfolg) und dem ungleichen Zugang zu legitimen Mitteln, diese zu erreichen (z. B. Bildung, Arbeit). Menschen, die diese Ziele nicht auf legalem Weg erreichen können, erleben „strain" (Spannung, Frustration) (Agnew, 1992). Diese Belastung kann dazu führen, dass sie alternative, oft illegitime Wege wählen – etwa Kriminalität. Merton unterscheidet dabei Anpassungsformen wie Konformität, Innovation, Rückzug oder Rebellion. Spätere Erweiterungen, etwa die General Strain Theory von Robert Agnew (1992), betonen auch individuelle emotionale Reaktionen auf Stressoren wie Ausgrenzung, Misshandlung oder Misserfolg. Hierbei rücken nicht nur ökonomische, sondern auch soziale und psychologische Belastungen ins Zentrum. Entscheidend ist, dass *Strain* als sozial erzeugter Druck verstanden wird, der unter bestimmten Bedingungen zu normabweichendem Verhalten führen kann – besonders wenn Bewältigungsstrategien oder soziale Unterstützung fehlen. Das Modell zeigt damit auf, wie strukturelle Ungleichheit zur Entstehung von Kriminalität beiträgt.

Wer keine Perspektive auf legalen Erfolg sieht, sucht Anerkennung oder Macht oft auf anderen Wegen – etwa durch den Anschluss an gewaltlegitimierende Peergroups oder durch die Aneignung ‚toxischer' Männlichkeitsideale, in denen Stärke und Durchsetzungsvermögen als einzige Erfolgswege erscheinen (Baier & Kudlacek, 2019).

Es ist nicht Migration per se, sondern die sozialstrukturelle Lage, die das Risiko für Delinquenz bestimmt. Maßnahmen gegen Armut, Bildungsdefizite, Segregation und für gesellschaftliche Teilhabe sind daher die wirksamste Form der Kriminalprävention – für Menschen aller Herkunft.

6.4   Psychologische und familiäre Risikofaktoren

Die bisherigen Kapitel zeigten bereits: Gewalt und Delinquenz entstehen nie im ‚luftleeren' Raum. Neben gesellschaftlichen Rahmenbedingungen und sozioökonomischen Faktoren spielen auch *psychologische und familiäre Einflüsse* eine zentrale Rolle bei der Entwicklung delinquenten Verhaltens – insbesondere bei Jugendlichen in der Migrationsgesellschaft. Die Forschung der letzten Jahrzehnte hat ein breites Spektrum individueller und gruppenspezifischer Risiken identifiziert, die das Entstehen von Gewalt begünstigen können (SCCJR, o. J.; Baier & Kudlacek, 2019; Enzmann et al., 2004).

Nicht jede Person, die in Armut lebt oder Diskriminierung erfährt, wird zwangsläufig straffällig. Vielmehr hängt das individuelle Risiko davon ab, wie Menschen mit Belastungen, Frust und Ausgrenzung umgehen – und welche psychischen Ressourcen sie zur Verfügung haben. Kriminologische Theorien sprechen in diesem Zusammenhang vom *Selbstkontroll-Modell*: Wer gelernt hat, Impulse zu kontrollieren, eigene Gefühle zu regulieren und Probleme konstruktiv zu lösen, ist deutlich weniger gefährdet, in Gewalt abzudriften (Hirschi & Gottfredson, 1990).

Wichtige Risikofaktoren auf individueller Ebene sind
- **Geringe Impulskontrolle:** Kinder und Jugendliche, die Schwierigkeiten haben, ihre Emotionen und Aggressionen zu steuern, begehen häufiger Gewalttaten – dies wird oftmals bereits im Grundschulalter sichtbar.
- **Geringe Frustrationstoleranz:** Wer gelernt hat, dass Wut und Enttäuschung schnell und ‚mit der Faust' ausagiert werden dürfen, hat ein erhöhtes Deliktrisiko.
- **Neigung zu sensation-seeking:** Jugendliche, die starke Reize und den ‚Kick' suchen, überschreiten öfter Grenzen.
- **Vorliegen psychischer Erkrankungen oder Traumatisierung:** Viele delinquent gewordene Jugendliche – insbesondere unter Geflüchteten – sind von psychischen Belastungen betroffen, etwa Depressionen, Angststörungen oder posttraumatischer Belastungsstörung (PTBS) nach Gewalterfahrungen in Herkunftsländern oder auf der Flucht (Enzmann et al., 2004).

Besonders bei männlichen Flüchtlingen ist das Risiko für psychische Störungen erhöht, etwa durch Kriegserlebnisse, Verlust von Angehörigen oder Gewalt auf der Flucht (Enzmann et al., 2004; Pfeiffer et al., 2018). Diese unverarbeiteten Traumata können die Hemmschwelle zur Gewalt senken – insbesondere, wenn sie mit Perspektivlosigkeit, Isolation oder fehlenden Unterstützungsangeboten zusammentreffen.

Familiäre Faktoren: Erziehung, Bindung und Vorbild

Die Familie gilt als die zentrale Sozialisationsinstanz für Kinder und Jugendliche – unabhängig von kultureller Herkunft. Das Risiko für Delinquenz und Gewalt steigt insbesondere dann, wenn Familien instabil, überfordert oder selbst von Gewalt geprägt sind (Baier & Kudlacek, 2019; Enzmann et al., 2004; Walburg, 2020).

Kritische familiäre Risikofaktoren sind u. a.

*   **Instabile oder ‚zerrüttete' Familienverhältnisse:** Trennung der Eltern, häufige Umzüge, fehlende Bezugspersonen, alleinerziehende Elternteile oder Pflegeverhältnisse erhöhen die Wahrscheinlichkeit, dass Jugendliche den Halt verlieren.
*   **Autoritäre oder gewaltlegitimierende Erziehung:** Kinder, die körperliche Bestrafung, Demütigung oder rigide Kontrolle erleben, übernehmen solche Muster häufig selbst. Gewalt wird als legitimes Mittel zur Durchsetzung von Ansprüchen internalisiert.
*   **Elterliche Vorbildfunktion:** Besonders Jungen orientieren sich stark an väterlichen (oder männlichen) Vorbildern. Ist der Vater selbst gewalttätig, kriminell oder abwesend, steigt das Risiko für aggressives Verhalten deutlich (Baier & Kudlacek, 2019).
*   **Intergenerationale Gewalt:** Zahlreiche Forschungen belegen den Teufelskreis der Gewalt: Wer in der Kindheit selbst Gewalt erlebt hat, gibt diese Muster häufig als Jugendlicher oder Erwachsener weiter.

Gerade in Familien mit Migrationsgeschichte ist das Risiko erhöht, da Migration häufig zu Rollenunsicherheit, Überforderung, innerfamiliären Konflikten und mangelnder Unterstützung durch das soziale Umfeld führt (Walburg, 2020). Viele Eltern stehen unter ökonomischem, rechtlichem und emotionalem Druck – und übertragen diesen Stress (unbewusst) auf ihre Kinder.

Peergroups, Cliquen und soziale Netzwerke

Ein weiteres zentrales Feld ist der Einfluss von Gleichaltrigen, sogenannten Peers, wie bereits in vorherigen Kapiteln aufgegriffen. Jugendliche, die in Cliquen oder Gruppen organisiert sind, übernehmen schnell deren Normen und Verhaltensmuster – insbesondere, wenn sie sich in Konkurrenz zu anderen Gruppen oder der Mehrheitsgesellschaft sehen (SCCJR, o. J.). Cliquenzwang, Loyalitätsdruck und die Suche nach Anerkennung fördern oft die Herausbildung abweichender Normen, in denen Gewalt als legitimes Mittel zur Statussicherung gilt. Dies gilt besonders für migrantische Jugendliche in prekären Lebenslagen, aber auch für benachteiligte deutsche Jugendliche. Entscheidend ist, dass die Gruppe Orientierung,

Schutz und eine Ersatzfamilie bieten kann – geboten wird dies allerdings oftmals für den Preis von Anpassung an mitunter kriminelle oder gewaltlegitimierende Regeln (Baier & Kudlacek, 2019).

Rolle von Ehre, toxischer Männlichkeit und Status
In manchen Herkunftsfamilien – aber durchaus auch in deutschen Milieus – spielen patriarchale Ehrvorstellungen eine zentrale Rolle. Die Sorge um den Ruf der Familie, die Unantastbarkeit männlicher Autorität und das Ideal von ‚Stärke um jeden Preis' werden in bestimmten Kontexten aktiv weitergegeben (Toprak, 2012; Agel, 2013). Jungen und junge Männer lernen, dass Gewalt zur Verteidigung der Ehre ‚erlaubt' ist oder sogar erwartet wird. Wenn zusätzlich familiäre Anerkennung fehlt oder Abwertungserfahrungen außerhalb der Familie gemacht werden, dient Gewalt oft als Kompensationsmechanismus: Status wird durch Dominanz, Durchsetzungskraft oder Aggression gegenüber anderen erkämpft.

6.5 Zwischen Realität und Stigma – Stereotype, Medienwirkung, politische Instrumentalisierung

Das gesellschaftliche Bild von Migration und Kriminalität ist nicht nur ein Produkt polizeilicher Statistiken, sondern entsteht und verfestigt sich im Wechselspiel von öffentlicher Wahrnehmung, medialer Berichterstattung und politischer Kommunikation. Im Brennpunkt steht dabei immer wieder das Bild des „kriminellen jungen Ausländers" oder „Migrantengewalt" – ein Narrativ, das reale Probleme aufgreift, sie aber oft überzeichnet, vereinfacht oder verzerrt. Die wissenschaftliche Auseinandersetzung mit diesem Spannungsfeld ist ein zentraler Bestandteil einer faktenbasierten Gesellschaftsanalyse (Pfeiffer et al., 2018; Walburg, 2020; Hestermann, 2019).

Stereotype funktionieren wie mentale Abkürzungen. Komplexe Zusammenhänge werden auf scheinbar einfache Muster reduziert: Wer oft genug hört oder liest, dass Ausländer gewalttätiger sind, verinnerlicht diese Assoziation, auch wenn die Ursachen von Gewalt vielschichtiger sind. Solche Generalisierungen sind statistisch nicht haltbar, wie die Kapitel zuvor gezeigt haben. Doch sie wirken – in Köpfen, in Alltagsgesprächen und, nicht zuletzt, in politischen Debatten (Mediendienst Integration, 2025). Insbesondere Medien nehmen hier eine Schlüsselrolle ein. Einzelne, in besonders negativem Sinne ‚spektakuläre' Gewalttaten mit ausländischen Tatverdächtigen, etwa Messerangriffe, Ehrenmorde oder Gruppenübergriffe, erhalten überproportional große Aufmerksamkeit, während die alltägliche, oft innerdeutsche Gewalt oder auch Erfolge gelungener Integration wenig Schlagzeilen machen (Hestermann, 2020). Die Selektivität der Berichterstattung verstärkt bestehende Vorurteile und kann dazu führen, dass viele Menschen die Kriminalitätsbelastung durch Migrant:innen überschätzen.

Medienlogik, Einzelfälle und Dramatisierung

Nicht jede Form der Berichterstattung ist verzerrt oder gar falsch – viele Medien berichten sachlich und differenziert. Dennoch gibt es eine systematische Tendenz: Verbrechen mit migrantischen Tatverdächtigen werden häufiger thematisiert, insbesondere wenn sie in das gesellschaftliche Narrativ einer *Bedrohung von außen* passen (Hestermann, 2020). Politische Akteure greifen solche Fälle oft gezielt auf, um migrationspolitische Forderungen zu untermauern.

Die mediale Fokussierung auf bestimmte Einzelfälle birgt dabei mehrere Risiken:

- **Stigmatisierung ganzer Gruppen:** Aus einzelnen Taten werden vermeintlich ‚typische' Verhaltensweisen konstruiert.
- **Verdrängung sozialer Ursachen:** Soziale Benachteiligung, Armut und Integrationsdefizite rücken in den Hintergrund, wenn Herkunft zum Hauptmerkmal gemacht wird.
- **Einfache Lösungsvorschläge:** Forderungen nach Abschiebung, härteren Strafen oder Grenzschließungen gewinnen an Popularität, obwohl sie das Grundproblem – die sozialen Risikofaktoren – nicht lösen.

Um die Diskrepanz zwischen medialer Dramatisierung und empirischer Evidenz anschaulich zu machen, lohnt sich ein Blick auf die gängigsten Deutungsmuster, die Politik und Presse immer wieder aufgreifen. Die nachstehende Tabelle stellt vier verbreitete Narrative vor, nennt typische Schlagzeilen, mit denen sie transportiert werden und ordnet ihre tatsächliche Relevanz auf Basis kriminalstatistischer Daten kurz ein. So wird sichtbar, wie selektive Einzelfallberichte leicht zu generalisierten Bedrohungsbildern führen können – und warum eine nüchterne Faktengrundlage unverzichtbar bleibt.

Beispiele für politische und mediale Narrative rund um Migration und Kriminalität (Tab. 6.2)

Tab. 6.2 Beispiele für politische und mediale Narrative rund um Migration und Kriminalität

Narrativ	Typische Schlagzeilen	Empirische Einordnung
„Importierte Gewalt"	„Asylbewerber attackiert Passanten"	meist innerhalb der Community, kein Anstieg auf Gesamtbevölkerung
„Clan-Kriminalität"	„Familien-Bande terrorisiert Stadt"	wenige Familien, selten Gewalt gegen Unbeteiligte
„Messerkriminalität"	„Messerattacken durch Migranten"	Anteil nichtdeutscher Tatverdächtiger erhöht, aber auch viele Deutsche sind Täter

Politische Instrumentalisierung und gesellschaftliche Folgen

Die Politisierung von Migration und Kriminalität ist längst zu einem festen Bestandteil öffentlicher Debatten geworden. Rechtspopulistische Parteien und Akteure nutzen das Thema systematisch, um Ängste zu schüren und Wähler:innen zu mobilisieren. Dabei bedienen sie sich gezielt anekdotischer Evidenz und vereinfachen komplexe Zusammenhänge. Gleichzeitig geraten Migrant:innen und ihre Nachkommen durch diese Dynamik immer stärker unter Rechtfertigungsdruck – auch, wenn sie gar nichts mit den Delikten zu tun haben. Das führt zu sozialen Spannungen, Misstrauen und in manchen Fällen auch zu einem Rückzug aus dem gesellschaftlichen Leben (Baier & Kudlacek, 2019; Walburg, 2020). Stigmatisierung erhöht das Risiko, dass Jugendliche aus migrantischen Familien sich von der Mehrheitsgesellschaft abwenden und abweichende Gruppenidentitäten entwickeln (Baier & Kudlacek, 2019). Des Weiteren fördern Diskriminierungserfahrungen wiederum das Gefühl von Ausgrenzung, was einen bekannten Risikofaktor für Gewalt und Delinquenz darstellt.

Es wäre ein Fehler, reale Probleme zu tabuisieren: Ja, es gibt erhöhte Gewaltraten bei bestimmten Gruppen junger Männer mit Migrationshintergrund, vor allem dort, wo Armut, Perspektivlosigkeit und traditionelle Ehrnormen zusammentreffen. Aber: Diese Entwicklung ist erklär- und veränderbar, wie Abschn. 6.3, 6.4 und 6.5 gezeigt haben. Die Herausforderung besteht darin, die Realität differenziert zu sehen, Ursachen offen zu analysieren und Lösungen nicht in Stigmatisierung, sondern in Prävention, Integration und sozialer Teilhabe zu suchen.

Literatur

Agel, C. (2013). *Ehren(mord) in Deutschland: Eine empirische Untersuchung zu Phänomenologie und Ursachen von „Ehrenmorden" sowie deren Erledigung durch die Justiz.* Pabst Science Publishers.

Agnew, R. (1992). Foundation for a general strain theory of crime and delinquency. *Criminology, 30*(1), 47–87. https://doi.org/10.1111/j.1745-9125.1992.tb01093.x

Alipour, J.-V., & Adema, J. A. H. (2025, Februar 18). Steigert Migration die Kriminalität? Ein datenbasierter Blick. *ifo Schnelldienst digital, 6*(3), 1–10. https://www.ifo.de/DocDL/sd-2025-digital-03-adema-alipour-migration-kriminalitaet.pdf. Zugegriffen am 20.06.2025.

Baier, D., & Kudlacek, D. (2019). Gewalt und ethnische Herkunft: Eine Analyse von Erklärungsfaktoren am Beispiel türkischer Jugendlicher. *Kriminologie – Das Online-Journal | Criminology – The Online Journal, 1*(1), 7–27. https://doi.org/10.18716/ojs/krimoj/2019.1.3

Bundeskriminalamt. (2014). Polizeiliche Kriminalstatistik 2014, BKA. https://www.bka.de/DE/AktuelleInformationen/StatistikenLagebilder/PolizeilicheKriminalstatistik/PKS2014/pks2014_node.html. Zugegriffen am 20.06.2025.

Bundeskriminalamt. (2015–2024). *Polizeiliche Kriminalstatistik* (Jahrbücher). BKA/BMI.

Cremer, H. (2013). Racial Profiling – Menschenrechtswidrige Personenkontrollen nach § 22 Abs. 1a BPolG, Deutsches Institut für Menschenrechte. https://www.institut-fuer-menschenrechte.de/fileadmin/Redaktion/Publikationen/Racial_Profiling_Menschen-rechtswidrige_Personenkontrollen_nach_Bundespolizeigesetz.pdf. Zugegriffen am 20.06.2025.

Enzmann, D., Brettfeld, K., & Wetzels, P. (2004). Männlichkeitsnormen und die Kultur der Ehre: Empirische Prüfung eines theoretischen Modells zur Erklärung erhöhter Delinquenzraten jugendlicher Migranten. In *Selbstberichtete Jugenddelinquenz in Europa und darüber hinaus: Ergebnisse des zweiten internationalen Selbstberichtsdelin-quenzstudie*. Universität Hamburg.

Hestermann, T. (2019). *Berichterstattung über Gewaltkriminalität: Wie häufig nennen Medien die Herkunft von Tatverdächtigen?* Mediendienst Integration. https://mediendienst-integration.de/fileadmin/Expertise_Hestermann_Herkunft_von_Tatverdaechtigen_in_den_Medien.pdf. Zugegriffen am 20.06.2025.

Hessisches Ministerium des Innern und für Sport. (2023). Kriminelle Clans zerschlagen: Positionspapier, Hessisches Ministerium des Innern und für Sport. https://innen.hessen.de/sites/innen.hessen.de/files/2023-08/positionspapier_-_kriminelle_clans_zerschlagen.pdf. Zugegriffen am 20.06.2025.

Hestermann, T. (2020). Die Unsichtbaren: Eine Expertise für den Mediendienst Integration, Mediendienst Integration, https://mediendienstintegration.de/fileadmin/Dateien/Exper-tise_Hestermann_Die_Unsichtbaren.pdf. Zugegriffen am 20.06.2025.

Hirschi, T., & Gottfredson, M. (1990). *A general theory of crime*. Stanford University Press. https://doi.org/10.1515/9781503621794

Innenministerium Baden-Württemberg. (2017, November 02). *Behandlung von verhaltensauf-fälligen und tätlich gewordenen Flüchtlingen im Enzkreis* (Antwort auf Kleine Anfrage, Landtag Drucksache 16/2629). Landtag von Baden-Württemberg. https://www.landtag-bw.de/files/live/sites/LTBW/files/dokumente/WP16/Drucksachen/2000/16_2629_D.pdf. Zu-gegriffen am 20.06.2025.

Landeskriminalamt Nordrhein-Westfalen. (2024). Lagebild Clankriminalität NRW 2023, Polizei Nordrhein-Westfalen. https://polizei.nrw/sites/default/files/2024-11/lagebild-clankriminalitat-nrw-2023.pdf. Zugegriffen am 20.06.2025.

Marie, O., & Pinotti, P. (2024). Immigration and crime: An international perspective. *Journal of Economic Perspectives, 38*(1), 181–200. https://doi.org/10.1257/jep.38.1.181

Mediendienst Integration. (2014). Clankriminalität: Polizeiarbeit und Lagebilder (Facts-heet), Mediendienst Integration. https://mediendienstintegration.de/fileadmin/Dateien/Clankriminalitaet_Factsheet_Mediendienst_Integration.pdf. Zugegriffen am 20.06.2025.

Mediendienst Integration. (2025, April 02). Migration und Kriminalität [Online-Factsheet]. Mediendienst Integration. Abgerufen von mediendienst-integration.de. https://mediendienst-integration.de/artikel/migration-und-kriminalitaet.html#:~:text=Stu-die%20den%20Zusammenhang%20zwischen,6] . Zugegriffen am 20.06.2025.

Merton, R. K. (1938) Social Structure and Anomie. *American Sociological Review, 3*(5), 672. https://doi.org/10.2307/2084686

Messner, S. F. (2010). Merton, Robert K.: Social structure and anomie. In F. T. Cullen & P. Wilcox (Hrsg.), *Encyclopedia of criminological theory* (S. 613–620). SAGE Publications. https://doi.org/10.4135/9781412959193.n171

Ministerium des Inneren, für Digitalisierung und Kommunen Baden-Württemberg. (2018). Sicherheitsbericht 2017, Ministerium des Inneren, für Digitalisierung und Kommunen Baden-Württemberg, https://im.baden-wuerttemberg.de/fileadmin/redaktion/mim/intern/dateien/publikationen/20180321_Sicherheitsbericht_2017_Online.pdf. Zugegriffen am 20.06.2025.

Oberwittler, D., & Kasselt, J. (2011). *Ehrenmorde in Deutschland 1996–2005. Eine Untersuchung auf der Basis von Prozessakten. Polizei + Forschung* (Bd. 42). Bundeskriminalamt (BKA), Kriminalistisches Institut.

Pfeiffer, C., Baier, D., & Kliem, S. (2018). *Zur Entwicklung der Gewalt in Deutschland: Schwerpunkte: Jugendliche und Flüchtlinge als Täter und Opfer (KFN-Forschungsbericht)*. Kriminologisches Forschungsinstitut Niedersachsen e.V.

Scottish Centre for Crime and Justice Research. (o.J.). *Theories and causes of crime (Parts 1 & 2) [Online-Factsheet]*. University of Glasgow. https://www.sccjr.ac.uk/resource/theories-and-causes-of-crime/

Statistisches Bundesamt. (2023a). *Sozialberichterstattung – Armutsgefährdung [Online-Publikation]*. Destatis.

Statistisches Bundesamt. (2023b, Juli 26). *Kinder und Jugendliche von Eltern mit niedrigem Bildungsabschluss besonders von Armut bedroht – Armutsgefährdungsquote 2022: 37,6 %* [Pressemitteilung Nr. N045]. https://www.destatis.de/DE/Presse/Pressemitteilungen/2023/07/PD23_N045_63.html. Zugegriffen am 20.06.2025.

Statistisches Bundesamt. (2023c). *Mikrozensus 2022 – Bevölkerung mit Migrationshintergrund: Bildungsabschluss* [Tabellenband]. https://www.destatis.de/DE/Themen/Gesellschaft-Umwelt/Bevoelkerung/Migration-Integration/_inhalt.html. Zugegriffen am 20.06.2025.

Statistisches Bundesamt. (2024, Juli 01). *Jedes siebte Kind in Deutschland armutsgefährdet – Armutsgefährdungsquote von Kindern unter 18 Jahren (2023): 14 %, jedoch 36,8 % bei niedrigem elterlichen Bildungsstand* [Pressemitteilung Nr. N033]. https://www.destatis.de/DE/Presse/Pressemitteilungen/2024/07/PD24_N033_63.html. Zugegriffen am 20.06.2025.

Toprak, A. (2012). *Unsere Ehre ist uns heilig. Muslimische Familien in Deutschland*. Herder Verlag.

Walburg, C. (2020, September 25). *Migration und Kriminalität – Erfahrungen und neuere Entwicklungen*. Aus Politik und Zeitgeschichte, Bundeszentrale für politische Bildung. https://www.bpb.de/politik/innenpolitik/innere-sicherheit/301624/migration-und-kriminalitaet. Zugegriffen am 20.06.2025.

Urbane Prävention und kommunale Verantwortung

Mohamed Zakzak

Zusammenfassung

Gewaltprävention beginnt im Quartier, nicht erst bei Polizeiaktionen. Die Erfahrung zeigt: Wo Jugendzentren, Streetworker-Teams und offene Quartiersräte dauerhaft präsent sind, sinken Gewaltraten spürbar, weil Alltagsprobleme früh erkannt und bearbeitet werden. Prävention wird damit zur kommunalen Grundversorgung: finanzielle Kontinuität, transparente Beteiligung und kultursensible Personalentwicklung schaffen jene Zugehörigkeit, die Statistiken späterer Empörung vorbeugt. Alleinige Abschreckung oder Abschiebung greift zu kurz. Straffällige Jugendliche sind Täter und Spiegel ihres Umfelds zugleich; ihr Verhalten verweist auf Ausgrenzung, Perspektivlosigkeit und toxische Männlichkeitsnormen. Wirksame Strategien kombinieren klare Sanktionen mit Resozialisierung, Mentoring und migrantischen Eigeninitiativen. Stadtteile fungieren als Seismografen gesellschaftlicher Spannung. Ohne verlässliche staatliche Präsenz füllen Banden das entstandene Machtvakuum; Gewalt wird dort soziale Währung. Rückgewinnung gelingt nur über fünf Bausteine: permanente und faire Ordnungskräfte, aufsuchende Sozialarbeit, reale Bildungs- und Jobchancen, konsequente und transparente Rechtsdurchsetzung sowie lückenlose Präventionsketten von Kita bis Jugendhilfe. Die Botschaft lautet: Nicht

M. Zakzak (✉)
Stadt Pforzheim, Pforzheim, Deutschland

Distanz, sondern präsente Verantwortung verändert vernachlässigte Viertel. Urbane Prävention ist deshalb weder Luxus noch Sonderprogramm, sondern Kern demokratischer Stadtentwicklung – sie entscheidet, ob Quartiere Schutzräume und Sprungbrett oder Brutstätten von Gewalt werden.

Schlüsselwörter

Prävention · Resozialisierung · Streetworker · Quartiere · Zugehörigkeit · Verantwortung · Gewalt · Abschiebung

Die Praxis zeigt, wie rasch sich Gewaltdelikte in einem Stadtteil verändern können, sobald verlässliche Strukturen greifen: ein Jugendzentrum mit klarem Auftrag, Streetworker, die Namen kennen und ein Quartiersrat, der Entscheidungen offen diskutiert. Solche Bausteine sind weder spektakulär noch teuer, bewirken aber Stimmungswechsel, weil sie Alltagsprobleme ernst nehmen, bevor diese eskalieren. Die folgenden Abschnitte fassen erprobte Instrumente zusammen, die aus Nachmittagen im Vereinsraum, nächtlichen Streifgängen mit der Polizei und Runden im Sozialausschuss hervorgegangen sind. Sie rücken Ressourcen der Quartiere in den Vordergrund und machen deutlich, dass Prävention kein Sonderprogramm ist, sondern kommunale Grundversorgung bedeutet. Wer systemisch denkt, erkennt schnell: Finanzielle Kontinuität, transparente Beteiligung und kultursensible Personalentwicklung schaffen die Bedingungen, unter denen junge Menschen Zugehörigkeit erleben können. Dort, wo diese Bedingungen fehlen, entstehen die Statistiken, die später für Empörung sorgen. Die folgenden Seiten laden ein, Stadt- und Landkreisstrukturen so zu nutzen, dass sie Schutzraum und Sprungbrett zugleich werden.

7.1   Durchgreifen statt abschieben, Prävention und Resozialisierung als gesellschaftliche Verantwortung

Sicherheit ist ein Grundbedürfnis, doch für viele bleibt sie fragil. Ob in der U-Bahn, auf dem Schulhof oder auf dem Heimweg – ein latentes Unbehagen begleitet den Alltag. Die Angst vor Gewalt betrifft alle sozialen Gruppen, unabhängig von Herkunft, Religion oder Geschichte.

Diese Unsicherheit ist kein Produkt irrationaler Furcht, sondern spiegelt erlebte Realität wider. Berichte über Schlägereien, Raub und Einschüchterungen prägen das öffentliche Klima. Häufig stehen junge Männer im Fokus – oft mit Migrationsbiografie. Das belastet sowohl die Opfer als auch jene, die sich trotz gelungener Integration immer wieder rechtfertigen müssen.

Hinter der Gewalt liegen komplexe Lebenslagen (Vgl. Kap. 5): Ausgrenzung, Armut, geringe Zukunftsaussichten. In manchen Milieus gilt Gewalt als einzig gangbarer Weg zur Anerkennung; Empathie wird als Schwäche interpretiert. Verstärkt wird dieses Muster durch toxische Männlichkeit, die Härte, Dominanz und Unnachgiebigkeit fordert und von Familie, Medien und Peergroups fortgeschrieben wird. Gewalt wird so zur sozialen Währung.

Die Jugendlichen sind Täter und zugleich Produkte ihres Umfelds. Ihr Verhalten weist auf Defizite in Anerkennung, Alternativen und emotionaler Bildung hin. Das entbindet sie nicht von Verantwortung, verlangt aber einen differenzierten Blick, wenn wir dauerhafte Lösungen anstreben wollen.

Abschreckung allein genügt nicht. Ein handlungsfähiger Staat setzt klare Grenzen, benötigt aber ebenso Entwicklungsräume. Programme müssen vermitteln, dass Anerkennung auch ohne Gewalt möglich ist und gewaltfreie Vorbilder sichtbar machen.

Deutschland verfügt bereits über wirksame Ansätze: Mentoring Programme, in denen Jugendliche individuell begleitet werden; Initiativen migrantischer Communities, die Verantwortung übernehmen; Einrichtungen, in denen Vertrauen entsteht, wo zuvor Misstrauen herrschte. Diese Projekte zeigen, dass Veränderungen möglich sind, wenn gesellschaftliche Verantwortung konkret gelebt wird.

Trotzdem dominiert in der öffentlichen Debatte oft der Ruf nach Abschiebung, sobald straffällige junge Männer mit Migrationshintergrund auftreten. Abschiebung verlagert das Problem lediglich und verhindert Auseinandersetzung.

Ein demokratischer Rechtsstaat muss konsequent, aber gerecht handeln: gleiche Regeln und Maßstäbe für alle. Nicht Herkunft oder Aufenthaltsstatus entscheiden über die Sanktion, sondern die Tat. Während bei deutschen Staatsangehörigen häufig über Therapie und Resozialisierung gesprochen wird, lautet die zentrale Frage bei Nicht Deutschen oft: „Können wir ihn abschieben?". Diese Asymmetrie untergräbt den Gleichheitsgrundsatz und erschwert den Weg zur Veränderung.

Resozialisierung ist Ausdruck des Glaubens an Lern und Entwicklungsfähigkeit, denn sie bekämpft Ursachen, nicht nur Symptome. Erfahrungsberichte zeigen: Klare Konsequenzen, verbunden mit Zuwendung, eröffnen Wendepunkte. Jugendliche, die ernst genommen werden, in ihrer Wut, Orientierungslosigkeit und ihrem Veränderungswillen erleben häufig zum ersten Mal echte Wertschätzung.

Abschiebung hingegen verlagert Risiken: Rückkehr in kriminelle Netzwerke, Abtauchen, Radikalisierung. Die Gesellschaft entzieht sich ihrer Verantwortung, wenn sie Probleme exportiert.

Zugleich gilt: Nicht jede Person lässt sich resozialisieren. Doch auch in diesen Fällen müssen Eingliederungshilfen und Sicherungsmaßnahmen im eigenen Rechtsraum umgesetzt werden. Absolute Sicherheit existiert nicht; nachhaltige Prävention und systematische Wiedereingliederung bieten mehr Schutz als symbolische Abschiebungen.

Die Frage, wohin man deutsche Staatsbürger abschieben würde, verdeutlicht die Absurdität der Debatte: Herkunft darf weder Strafmaß noch Mitmenschlichkeit bestimmen. Maßstab bleibt die Rechtsstaatlichkeit – für alle.

7.2   Die Stadt als Bühne – Radikalisierung, Kriminalität, Gewalt und der Ruf nach Prävention

Die Auseinandersetzung mit Radikalisierung, Kriminalität und Gewalt beginnt nicht auf geopolitischer Ebene, nicht mit militärischer Aufrüstung oder digitaler Überwachung. Sie beginnt im unmittelbaren Lebensumfeld der Menschen: in unseren Quartieren, Straßenzügen und Nachbarschaften. Dort entscheidet sich, ob junge Menschen ein Zugehörigkeitsgefühl entwickeln, ein Bewusstsein für Verantwortung, oder ob sie sich entfremden, den Staat als Gegner begreifen und Gewalt als legitimes Ausdrucksmittel erleben.

Stadtteile sind Seismografen gesellschaftlicher Entwicklung. Sie zeigen, ob sozialer Zusammenhalt gelingt oder ob sich Strukturen der Ausgrenzung, des Misstrauens und der Gewalt verfestigen. Wo Perspektivlosigkeit herrscht, der Staat sich zurückzieht und Parallelwelten das Geschehen dominieren, entstehen Machtvakuum und Gewalt als soziale Währung (Vgl. Kap. 6) – hier beginnt Radikalisierung, nicht plötzlich, sondern schleichend. Es sind Prozesse der Entkopplung von gesellschaftlicher Teilhabe, die sich in Desillusionierung, Ohnmacht und aggressiven Gegenidentitäten manifestieren.

Radikalisierung ist selten ein spontaner Prozess. Sie ist das Ergebnis kumulativer Erfahrungen von Marginalisierung, Ablehnung, Perspektivlosigkeit und systemischem Versagen. Junge Menschen, die sich von der Gesellschaft im Stich gelassen fühlen, sind anfälliger für einfache Antworten, für autoritäre Strukturen, für klare Feindbilder. Wer nie Anerkennung erfahren hat, sucht sie in Gruppierungen, die Zugehörigkeit versprechen – seien sie religiös-fundamentalistisch, politisch-extrem oder kriminell organisiert.

Prävention muss daher im Lokalen ansetzen: mitten in der Gesellschaft. Sie braucht Sichtbarkeit, Verbindlichkeit und dauerhafte Strukturen. Es geht um eine Stadt oder ländliche Räume, die Sicherheit und Zugehörigkeit gleichermaßen vermitteln. Präventive Strategien umfassen die präsente Polizei ebenso wie Schulsozialarbeit, Gemeinwesenarbeit, Jugendhilfe, Streetwork und quartiersbezogene Netzwerke. All diese Akteure leisten leise, aber wirksame Arbeit an den Schnittstellen von Alltag und Ausnahmezustand. Prävention heißt, die Mechanismen zu erkennen, bevor sich Gewalt Bahn bricht. Sie heißt auch, die Lebensrealität der Menschen ernst zu nehmen, denen mit Phrasen nicht geholfen ist.

Wo diese Strukturen fehlen oder vernachlässigt wurden, zeigt sich heute das Ergebnis: Gewalt, Kriminalität und ideologische Anfälligkeit breiten sich aus. In solchen Räumen rächt sich die Unterlassung aktiver Sozial- und Sicherheitspolitik. Die Rückeroberung dieser Räume ist deshalb nicht nur eine sicherheitspolitische Notwendigkeit, sondern auch ein moralischer Imperativ demokratischer Gesellschaften.

7.2.1 Strukturelle Herausforderungen in benachteiligten Stadtteilen

Ein Kind, das in einem Stadtteil aufwächst, in dem Drogenhandel den Alltag bestimmt, Polizei als Feindbild gilt und Gewalt zur Norm wird, entwickelt kaum Vertrauen in demokratische Strukturen. Solche Viertel bieten kriminellen und extremistischen Gruppierungen ideale Bedingungen. Sie besetzen den Raum, den der Rückzug des Rechtsstaats hinterlässt. Das Vertrauen in staatliche Institutionen wird nicht durch Symbolpolitik oder punktuelle Einsätze zurückgewonnen, sondern durch kontinuierliche, zugewandte und glaubwürdige Präsenz.

Die Folgen sind tiefgreifend: Junge Menschen erleben staatliche Institutionen nicht als verlässlich, sondern als abwesend. Die Straße wird zur prägenden Instanz sozialer Normierung. Wer sich den Regeln von Banden und Clans nicht unterwirft, riskiert Ausgrenzung oder Gewalt. In diesen Milieus gilt nicht das Gesetz, sondern das Prinzip der Einschüchterung, der Kontrolle, der Machtdemonstration. Wer Schwäche zeigt, verliert und wer abweicht, wird stigmatisiert. Das Recht des Stärkeren ersetzt den Rechtsstaat und Gewalt wird zur anerkannten Sprache sozialer Positionierung.

Die Konsequenz ist eine schleichende Entkopplung des gesellschaftlichen Wertekonsenses. Gewalt wird nicht als Regelbruch, sondern als Handlungsspielraum verstanden. Wer dazugehören will, muss mitspielen. Diese Dynamik trifft insbesondere Kinder und Jugendliche aus sozioökonomisch benachteiligten Familien, die keine Alternativen erleben. Bildungseinrichtungen, Vereine, kulturelle Orte, Sport und Jugendarbeit fehlen oder sind strukturell zu schwach, um gegen diese Straßenkultur anzukommen. Viele Jugendliche haben keinen Zugang zu einem positiven Rollenbild (Vgl. Kap. 4), das nicht auf Dominanz, Aggression oder Abgrenzung basiert.

7.2.2 Elemente einer präventiven Stadtteilarbeit

Gewaltprävention im Quartier beginnt nicht bei einzelnen „Problemjugendlichen", sondern bei den Voraussetzungen, die ein Stadtteil ihnen bietet: Wo staatliche Strukturen löchrig, Bildungswege versperrt und Zukunftsperspektiven unklar sind, gedeihen Radikalisierung und Gewalt. Eine präventive Stadtteilarbeit setzt daher am gesamten Sozialraum an – sie verknüpft Sicherheit, Teilhabe und Förderung zu einem integrierten Handlungskonzept, das in fünf aufeinander – abgestimmten Bausteinen greifbar wird.

1. **Staatliche Präsenz strukturieren:** Polizei, Ordnungsamt, Schulsozialarbeit und Quartiersmanagement müssen präsent sein. Die Stadt als Institution muss im Alltag erfahrbar sein. In ‚Brennpunktvierteln' braucht es Präventionsteams, die lokale Netzwerke aufbauen, Vertrauen schaffen und Eskalationen vorbeugen. Diese Teams müssen interdisziplinär arbeiten, in der Lage sein, sowohl pädagogisch als auch sicherheitspolitisch zu handeln und dauerhaft finanziert sein. Es geht nicht um Ausnahmezustand, sondern um Normalität mit Haltung. Eine Alltagspräsenz, die nicht überwacht, sondern begleitet, kann nachhaltiger wirken als punktuelle Interventionen.

2. **Aufsuchende Sozialarbeit verankern:** Sozialarbeit muss aktiv in die Lebenswelten der Bürger vordringen. Sozialarbeit muss in Treppenhäusern, Parks, Cafés, Shisha-Bars und digitalen Räumen wie Instagram, TikTok oder YouTube ansprechbar sein. Interkulturell kompetente Fachkräfte mit eigenen Migrations- oder Gewalterfahrungen können authentisch Brücken bauen. Entscheidend ist: Die Jugendlichen müssen sich gesehen fühlen – als Menschen mit individuellen Geschichten und eigenen Potenzialen. Nur dann entsteht Bindung und nur dann kann Einfluss genommen werden. Partizipation ist kein freiwilliges Extra, sondern die entscheidende Voraussetzung, damit Angebote überhaupt greifen. Erst wenn Jugendliche in Planung, Entscheidungsfindung und Bewertung einbezogen sind, entwickeln sie Eigenverantwortung, übernehmen Mitgestaltung und tragen die Maßnahmen auch dann mit, wenn die Fachkräfte nicht mehr präsent sind

3. **Bildung und Teilhabe sichern:** Wer keine anerkannte Rolle in der Gesellschaft findet, sucht sich andere Zugehörigkeiten. Es braucht realistische, niedrigschwellige Angebote: Ausbildungsformate, Übergangsmanagement, Job-Coaching. Betriebe, Schulen, Jugendzentren und Kommunen müssen kooperieren, um Chancen zu schaffen. Perspektiven entstehen dort, wo Scheitern erlaubt ist, aber nicht folgenlos bleibt. Die soziale Aufstiegserzählung muss glaubhaft werden – gerade in den Quartieren, wo sie bisher nicht stattfindet. Mentoring, Sprachbildung, Berufsorientierung, digitale Kompetenzen und psychosoziale Begleitung sind hier zentrale Elemente. Auch kreative Bildungsformen wie Theater, Film oder Sportprojekte können Räume für Ausdruck und Selbstwirksamkeit öffnen.

4. **Klare Regeln und konsequente Umsetzung:** Regeln müssen gelten – und zwar für alle. Das erfordert Konsequenz, aber auch Fairness. Der Staat muss Recht durchsetzen, ohne sich in Repression zu verlieren. Respekt und Transparenz sind zentrale Voraussetzungen für die Akzeptanz staatlichen Handelns. Das bedeutet auch: kulturelle Kompetenz in Polizei und Justiz, Beschwerdemechanismen und nachvollziehbare Kommunikation. Regeln werden eher befolgt, wenn diejenigen, die ihnen unterliegen, Vertrauen in die Instanz haben, die sie festgelegt und durchsetzt. Dabei geht es nicht um die Aushebelung von Normen, sondern um ihre Vermittlung auf Augenhöhe und mit Nachvollziehbarkeit. Eine gerechte Gesellschaft zeigt sich gerade in ihrer Reaktion auf Regelverstöße.

5. **Strukturell präventiv denken:** Gewalt hat Ursachen: Diese sind vor allem Armut, Ausgrenzung, fehlende Anerkennung (Vgl. Kap. 5). Prävention beginnt in der Kita, führt über Schule, Jugendhilfe und Familienarbeit. Präventionsketten müssen abgestimmt und dauerhaft verankert werden. Dafür braucht es Koordination, Monitoring und Qualitätssicherung. Prävention darf kein Vorhaben bleiben, sie muss Teil kommunaler Daseinsvorsorge sein und entschieden in Umsetzung gebracht werden. Es geht darum, Lebensverhältnisse zu stabilisieren, bevor sich kriminelle Karrieren verfestigen. Dazu gehören auch psychosoziale Hilfen, Therapieangebote, aufsuchende Elternarbeit, Programme zur Gewaltfreiheit und verbindliche Kooperation zwischen Jugendamt, Schule, Polizei und freien Trägern.

Die Rückgewinnung ‚verlorener Stadtteile' ist kein kurzfristiges Projekt und keine rein sicherheitspolitische Aufgabe. Sie ist ein langwieriger, komplexer Prozess gesellschaftlicher Heilung. Sie verlangt Geduld, Ressourcen, politische Weitsicht und die Bereitschaft, nicht aufzugeben. Wer es ernst meint mit dem Schutz vor Gewalt, darf nicht stärker abschotten, sondern muss versuchen, tiefgehender zu verstehen. Nicht Distanz, sondern präsente Verantwortung ist der Weg zurück in eine gemeinsame Stadtgesellschaft. Es ist eine Frage der politischen Kultur, ob wir resignieren oder gestalten. Jeder vernachlässigte Stadtteil ist ein Spiegel dessen, was wir kollektiv zu wenig beachtet haben. Die Antwort darauf kann nur eine aktive, menschennahe, gerechte und langfristig gedachte Stadtentwicklungspolitik sein.

Männlichkeit, Vorbilder und persönliche Transformation

Mohamed Zakzak

Zusammenfassung

Junge Männer aus armuts-, diskriminierungs- und ehrgeprägten Milieus landen nicht zwangsläufig in Gewaltstatistiken; sie geraten dorthin, wenn äußere Risiken und starre Männlichkeitsbilder aufeinanderprallen. Dieses Kapitel zeigt, wie sich innere Dynamiken – Angst vor Entwertung, Ehr- und Loyalitätsdruck, doppelte Zugehörigkeitskrisen, patriarchale Erwartungen und Sprachlosigkeit – zu Eskalationsketten verdichten. Prävention greift deshalb dreistufig: breite Sensibilisierung in Schule und Jugendarbeit, zielgerichtete Gruppenarbeit für Gefährdete und intensive Einzel- sowie Familienbegleitung bei manifesten Gewaltmustern. Entscheidend ist eine Haltung, die Vertrauen, klare Grenzen und Fehlerfreundlichkeit verbindet. Wirkung entfaltet sich, wenn Anerkennung im Alltag spürbar wird: durch verlässliche Mentor:innen, kulturell anschlussfähige Ausdrucksformen, echte Teilhabe in Jugendräten oder Vereinen und politische Repräsentanz auf kommunaler Ebene. Anti-Gewalt-Trainings setzen auf provokative Fragen, Rollenspiele und Restorative-Justice-Elemente, um Ehre neu zu deuten und alternative Konfliktstrategien einzuüben. Resozialisierung gelingt, wenn Bindung, identitätsstärkende Arbeit und realistische Zukunftsperspektiven – Ausbildung, Wohnraum, Jobgarantie – zusammenwirken und von Justiz, Wirtschaft und Kommune gemeinsam getragen werden. So verwandeln sich riskante Biografien in Ressourcen für eine vielfältige, sichere Gesellschaft.

M. Zakzak (✉)
Stadt Pforzheim, Pforzheim, Deutschland

Schlüsselwörter

Bindung · Anerkennung · Vorbilder · Ehre · Männlichkeitsbilder · Teilhabe · Resozialisierung · Perspektive

Wer die Zahlen in Kap. 6 aufmerksam gelesen hat, erkennt schnell ein Muster: Wo Armut, Segregation, Diskriminierung und patriarchale Ehrnormen zusammentreffen, steigt das Risiko, dass junge Männer mit Migrationsbiografie in Polizeistatistiken auftauchen. Kap. 7 zeigte anschließend, wie Kommunen, Schulen, Jugendzentren oder Wohnungsbaugesellschaften diesen Druck systemisch mindern können – durch verlässliche Infrastruktur und frühe Prävention. Aber Statistiken sind kein Schicksal und Strukturprogramme allein verändern noch keine Selbstbilder. Entscheidend ist, wie die betroffenen Jugendlichen ihre Rolle als Sohn, Bruder, Freund oder Bürger neu verhandeln. Genau an dieser Schnittstelle setzt das vorliegende Kapitel an.

Hier geht es um die innere Arbeit, die aus bloßen Risikoindikatoren gelebte Perspektiven macht. Im Zentrum stehen drei Fragen: Wie kann ein junger Mann Stärke zeigen, ohne Härte zu inszenieren? Welche Vorbilder (Vgl. Kap. 4) braucht er, um Zugehörigkeit zu einer Gesellschaft zu empfinden, die ihm oft nur Defizite spiegelt? Und welche sozialen Netze verhindern, dass frisch erlernte Kompetenzen beim ersten Loyalitätskonflikt wieder in Gewalt umschlagen? Die Antworten stammen nicht aus idealistischen Lehrbüchern, sondern aus Anti-Gewalt-Trainings in Schulkellern und Haftanstalten, aus Mentoringpatenschaften, die nachts per Chat erreichbar sind und aus Familienforen, in denen Imame, Jugendpastorinnen und Streetworker gemeinsam moderieren. Diese Praxisberichte zeigen, dass eine kurze Ermutigung im richtigen Moment genauso mächtig sein kann wie eine millionenschwere Quartierssanierung – sofern beides Hand in Hand geht. Diese Berichte machen deutlich, warum politische Repräsentanz auf Bundes- oder Stadtebene Jugendlichen tatsächlich Orientierung bietet und weshalb digitale Reminder (z. B. durch eine SMS) für Gerichtstermine oft den Unterschied zwischen Rückfall und Neustart markieren. Vor allem aber verdeutlichen sie, dass ‚toxische Männlichkeit' (Vgl. Kap. 3) selten eine bewusste Entscheidung ist, sondern meist ein Platzhalter für unerfüllte Bedürfnisse nach Respekt, Schutz und sozialer Verortung.

Indem dieses Kapitel die Brücke von den makroskopischen Befunden aus Kap. 6 zu den strukturellen Hebeln aus Kap. 7 schlägt, lädt es zum Perspektivwechsel ein: weg vom defizitorientierten Blick auf vermeintliche Problemgruppen hin zum Verständnis der Ressourcen, die in Loyalität, Durchhaltevermögen und Mut bereits angelegt sind. Wenn diese Qualitäten in einen Dialog über Verantwortung, Vorbilder und echte Teilhabe überführt werden, entstehen Lebensläufe, die in keiner Kriminalstatistik mehr auftauchen müssen – und genau dort beginnt der gesellschaftliche Gewinn.

8.1   Ausgangslage und Blickwinkel

Kap. 3 hat bereits geklärt, worin toxische Männlichkeit besteht: ein Set starrer Rollenvorgaben, das Härte, Dominanz und Gefühllosigkeit zur alleinigen Leitwährung von ‚Stärke' erklärt. An dieser Stelle interessiert uns nun nicht mehr die Begriffsklärung, sondern wir nehmen in den Blick, *wie* sich solche Normen in der Lebenswelt junger Männer mit Migrationsbiografie konkret entfalten – und was das für die Praxis bedeutet.

Erfahrungen aus beinahe zwei Jahrzehnten Begleitung zeigen drei wiederkehrende Muster:

- **Erwartungsdruck im Alltag:** Toxische Leitbilder begegnen Jugendlichen selten als abstrakte Theorie, sondern als ständige Aufforderung: „Zeig keine Angst!", „Verteidige deine Ehre!", „Reagiere sofort auf Respektlosigkeit." Das formt eine Fassade, die nach außen Stärke demonstrieren soll und innerlich jede Unsicherheit sanktioniert.
- **Verzahnung mit sozialer Marginalisierung:** Wo Armut, Schulabbrüche, rassistische Erfahrungen oder unsichere Aufenthaltsstatus hinzukommen, wird Gewalt zum scheinbar schnellsten Weg, Status zu sichern. Die geballte Faust ersetzt die lange, oft blockierte Route über Bildung, soziale Anerkennung und berufliche Perspektiven.
- **Angst vor Entwertung als Grundspannung:** Unter der Härte liegt meist kein Machtwille, sondern die Furcht, in allen relevanten Arenen – Familie, Peergroup, Mehrheitsgesellschaft – entwertet zu werden. In dieser Gemengelage erscheint Gewalt weniger als moralische Entscheidung denn als reflexhafte Überlebenstechnik.

Für die pädagogische Arbeit heißt das: Entscheidend ist nicht, *ob* toxische Männlichkeit existiert, sondern *welche Dynamiken* sie antreibt und an welchen Stellen wir diese Kettenreaktion wirksam unterbrechen. Die folgenden Abschnitte bündeln diese Dynamiken in fünf Eskalationsmechanismen, zeigen sie am Fallbeispiel „Omar" und leiten daraus dialogische Einstiege sowie Interventionspfade ab, auf die Abschn. 8.2 ff. systematisch aufbauen.

8.1.1 Fünf Eskalationsmechanismen

Jede Begegnung mit gewaltauffälligen Jugendlichen zeigt, dass toxische Männlichkeitsnormen selten isoliert wirken. Sie verflechten sich mit sozialen, kulturellen und biografischen Belastungen zu einem Geflecht aus Erwartungs- und Rechtfertigungsmustern, das Gewalt fast zwangsläufig nahelegt. Im Praxisalltag kristallisieren sich fünf ‚typische' Mechanismen heraus.

1. Angst vor Entwertung und Minderwertigkeit
Unter fast jeder harten Fassade steckt ein stiller Satz: *„Ich will nicht der sein, über den man lacht."* Viele Jungen – Samir war ein Beispiel dafür – haben früh gelernt, dass sichtbare Schwäche Spott oder Ausgrenzung nach sich zieht. Misslingt die Schule, fehlt berufliche Perspektive oder erfahren sie Rassismus, entsteht eine permanente Kränkung, die in ‚Dichtmachen' oder ‚Zuschlagen' mündet. Gewalt wird so zum Puffer gegen die Angst, wertlos zu sein. Wer präventiv arbeiten will, muss zuerst diese innere Abwertung adressieren: Anerkennung zeigen, Ressourcen spiegeln, Erfolgserlebnisse ermöglichen, bevor kognitive Einsichten überhaupt eine Chance haben.

2. Ehr- und Loyalitätsdruck
Im sozialen Nahraum vieler Klient:innen gilt nicht das Strafgesetzbuch, sondern das ungeschriebene ‚Ehrrecht': Beleidigung der Schwester, Verletzung des eigenen Rufs – darauf folgt Gegenschlag. Rabia formulierte es schlicht: *„ Wenn ich nicht reagiere, bin ich niemand."* Ehre fungiert als gemeinsame Währung in Gruppen (Vgl. Kap. 2), die anderweitig kaum Statusoptionen besitzen. Pädagogische Gegenstrategien müssen deshalb Ehre *neu framen* – etwa als Verantwortung füreinander, nicht als Dominanz übereinander – und gleichzeitig Alternativen zur Gesichtswahrung anbieten (Mediation, Wiedergutmachung, öffentliche Anerkennung für deeskalierendes Verhalten).

3. Doppelte Zugehörigkeitskrise
Zwischen der Herkunftsfamilie, die ‚Tradition' einfordert und einer Mehrheitsgesellschaft, die Integration verlangt, geraten viele junge Männer in einen Loyalitätsspagat. Für Omars Clique galt der Vorwurf, „zu deutsch" zu sein, beinahe als Schimpfwort, während sie draußen als Fremde markiert wurden. Diese permanente Zwischenposition erzeugt Identitätsstress und begünstigt die Etablierung von Gruppen, die eindeutige Zugehörigkeit versprechen – seien es peerbasierte Gewaltcliquen oder extremistische Szenen. Präventiv wirkt hier jede Erfahrung, die *gleichzeitige Zugehörigkeit zu beiden Räumen* erlaubt: zweisprachige Mentor:in-

nen, sichtbare Vorbilder mit ähnlicher Biografie oder Begegnungsformate, in denen Mehrheits- und Herkunftskultur kooperieren statt konkurrieren.

4. Patriarchaler Erwartungsdruck

Die Botschaft, ein Mann habe zu führen, zu schützen und niemals ‚nachzugeben', wird nicht nur in muslimisch-geprägten Milieus, sondern auch in konservativen deutschen Kontexten vermittelt. Besondere Brisanz entsteht, wenn ungesicherte Aufenthaltsrechte, prekäre Finanzen oder drohender Schulabbruch jede andere Form der Selbstbestätigung blockieren. Dann wird die Kontrolle über Schwestern, Freundin oder jüngere Brüder zum Restbestand der eigenen Handlungsmacht. Praxis heißt hier: patriarchale Maximen nicht frontal angreifen, sondern *Rollenalternativen* anbieten, in denen Fürsorge, Verantwortungsübernahme oder Erwerb von Fachkompetenz denselben Status verleihen wie physische Dominanz.

5. Gewalt als Ersatzsprache

Viele Klienten berichten, dass in Konfliktmomenten die Worte ausgehen: Deutsch ist nicht Muttersprache, in der Herkunftsfamilie wurde Streit körperlich beendet und in der Peergroup sind Schläge wirksamer als Argumente. Gewalt funktioniert damit als universell verstandenes Statement: *„Ich bin da. Ich lasse mir nichts gefallen."* Die pädagogische Antwort lautet: Kommunikation trainieren, aber nicht nur in Form ‚klassischer' Ich-Botschaften. Effektiver sind *körpernahe Einstiege* (Boxen mit klaren Regeln, Rap-Lyrics umschreiben, szenisches Spiel), in denen Jugendliche zuerst körperliche Impulse wahrnehmen lernen und dann Schritt für Schritt verbalisieren, was zuvor in Fäusten steckte.

Die fünf Mechanismen wirken kaum je isoliert; sie verschränken sich vielmehr zu einer Art Zahnradsystem, in dem jede Drehung die nächste beschleunigt. Minderwertigkeitsängste befeuern den Ehr- und Loyalitätsdruck (Vgl. Kap. 3): Wer fürchtet, kaum Anerkennung zu bekommen, klammert sich erst recht an das Versprechen, durch ‚unerschütterliche Ehre' Respekt zu erzwingen. Kommt dazu ein patriarchales Skript, das Männern alleinige Verantwortung für Familienimage und Schutz zuschreibt, steigen Ausschlussängste weiter; schon ein beiläufiger Spruch gegen die Schwester wird zur existenziellen Bedrohung des eigenen Status. Fehlen dann noch sprachliche Ausdrucks- oder Konfliktlösungsroutinen, bleibt als einzig schnell wirksames Ventil die Faust. Gewalt ‚spricht' für sich, verschafft sofortige Sichtbarkeit und bestätigt gleichzeitig das toxische Rollenmuster, das künftig jede weitere Beleidigung noch wahrscheinlicher macht. Dieses Ineinandergreifen erklärt, warum Einzelmaßnahmen oft verpuffen. Ein Empathie-Training in der Schule kann Achtsamkeit fördern, stößt jedoch an Grenzen, wenn der Jugendliche nachmittags in einem Umfeld landet, in dem jede Form von Weichheit Spott auslöst. Umgekehrt kann ein Polizeieinsatz eine brennende Situation entschärfen, hinterlässt aber Resignation, wenn danach niemand hilft, alternative Handlungsoptionen aufzubauen. Deshalb braucht es ein *gestuftes Präventionsdesign*:

- **Breite Sensibilisierung:** Programme in Schulen, Jugendzentren und Social Media-Formaten, die früh Rollenvielfalt vermitteln, Empathie stärken und Herabsetzungsmuster sichtbar machen. Sie bilden das Fundament, auf dem spätere Spezialisierung aufbauen kann.
- **Zielgerichtete Stärkung:** passgenaue Gruppenangebote für Jugendliche mit klaren Risikoindikatoren (Armut, schulisches Scheitern, gewaltakzeptierendes Umfeld). Hier geht es um konkrete Schutzräume, Mentoring, Sprach- und Kompetenztrainings sowie das Re-Framing von Ehre und Männlichkeit.
- **Intensive Einzelarbeit:** angezeigt, wenn Gewaltmuster bereits etabliert sind oder Radikalisierungsanzeichen vorliegen. In dieser Phase halten verlässliche Bezugspersonen den Kontakt auch durch Rückschläge hindurch, arbeiten an biografischen Brüchen, schaffen positive Zugehörigkeitserfahrungen und stellen zugleich klare Grenzen gegenüber menschenverachtenden Haltungen.

Nur weil diese Ebenen parallel greifen, entsteht ein Puffer, der die Zahnräder entkoppelt: Emotionale Anerkennung reduziert Minderwertigkeitsängste, reflektierte Vorbilder schwächen Ehrzwänge und gezielte Sprach- sowie Konflikttrainings eröffnen Alternativen zu Gewalt. Wie ein solches abgestuftes Vorgehen konkret aussehen kann, entfalten die folgenden Abschnitte zunächst an breit angelegten Präventionsmodellen, dann an zielgerichteten Gruppensettings und schließlich an intensiver Einzel- und Familienarbeit.

8.1.2 Fallvignette „Omar"

Omar kam mit 13 Jahren als unbegleiteter Flüchtling nach Deutschland, lebte erst in einer Sammelunterkunft, später bei einem Onkel. Als wir uns zum ersten Mal trafen, da war er knapp 17 Jahre alt, wirkte er abgeklärt und gleichzeitig gereizt: Arme verschränkt, Blick starr, jede Frage wurde mit knappen Worten pariert.

Schon nach wenigen Minuten wurden alle fünf Eskalationsmechanismen sichtbar.

- **Angst vor Entwertung:** In der Berufsschule wurde er wegen seines Akzents oft korrigiert; Klassenkameraden machten Witze darüber, dass er „nie bestehen" würde.

- **Ehr- und Loyalitätsdruck:** In WhatsApp-Chats seiner Clique kursierten Regeln wie „Keiner von uns lässt Beleidigungen stehen."; wer nicht sofort zurückschlug, verlor Status.
- **Doppelte Zugehörigkeitskrise:** Zuhause galt er dem Onkel als „zu westlich", während Mitschüler ihn auf Partys „den Araber" nannten.
- **Patriarchaler Druck:** Als ältester Sohn musste er laut Familie die Ehre der Mutter verteidigen, seit der Vater verschollen war.
- **Gewalt als Ersatzsprache:** Bei Auseinandersetzungen schwieg er erst, nutzt dann seine Fäuste; er könne „nicht diskutieren, wenn's schnell gehen muss", sagte er später.

In der dritten Sitzung stellte ich ihm – nach langem Schweigen – nur eine Frage:

„Wann hast du dich zuletzt sicher gefühlt, ohne kämpfen zu müssen?".

Die Antwort kam nicht sofort. Omar senkte den Kopf; ein fast unmerkliches Zucken lief durch seine Schultern. Nach einer langen Pause flüsterte er: „Vielleicht mit zwölf, bevor ich fliehen musste." Dieser Satz war der erste Riss in seiner beinahe betonierten Fassade. In den folgenden Wochen sprach er über Nächte in der Unterkunft, über den Druck, kein Versager zu sein, über die Angst, die Familie im Stich zu lassen. Das Setting blieb konfrontativ, aber der Fokus verschob sich: Statt dem Paradigma ‚Gewalt ist falsch' diskutierten wir, was Stärke ohne Gewalt bedeuten könnte – etwa Verantwortung für den jüngeren Cousin zu übernehmen, Konflikte in der Klasse mit einem Vertrauenslehrer zu klären oder sich im Fußballverein als Mannschaftssprecher zu melden. Der Prozess ist nicht abgeschlossen; Omar hat Rückfälle, ringt weiter mit seinem Status in der Clique. Doch die Szene im Beratungsraum markierte einen Wendepunkt: Aus der Pflicht, jederzeit Härte zu beweisen, wurde die Möglichkeit, Sicherheit auch anders zu erleben. Genau solche Mikrobewegungen, unscheinbar, jedoch innerlich bisweilen tektonisch, sind die Startpunkte, an denen die mehrschichtige Prävention der nächsten Kapitel ansetzt.

8.1.3 Fragen, die Risse erzeugen

Erste Öffnungen entstehen selten durch lange Vorträge, sondern durch kurze, präzise Fragen, die an der richtigen Stelle irritieren, ohne zu entwerten. Solche Fragen verzichten auf moralische Vorhaltungen – sie lenken den Blick von äußeren Feindbildern auf innere Beweggründe und legen so den Grundstein für Veränderung. Die direkt anschließende Tab. 8.1 („Fragekategorien zur gewaltpräventiven Selbstrefle-

Tab. 8.1 Fragekatalog zur Gewaltprävention

Kategorie	Beispielfrage	Warum sie wirkt
Identität & Sicherheit	*„Wann – und bei wem – fühlst du dich wirklich sicher?"*	Entkoppelt Stärke von Gewalt, weil sie positive Gegenbeispiele aufruft
Ehre & Status	*„Wem nützt es, wenn du jetzt zuschlägst … wem schadet es langfristig?"*	Verbindet inneren Ehr-Impuls mit Konsequenz-Denken, ohne Ehre pauschal abzuwerten
Verletzlichkeit zulassen	*„Was würde passieren, wenn der andere deine Angst sehen dürfte?"*	Testet die vermeintliche Unmöglichkeit, Schwäche zu zeigen; eröffnet alternative Reaktionen
Biografischer Anker	*„Wer hat dir beigebracht, dass Tränen verboten sind?"*	Lenkt die Aufmerksamkeit auf erlernte Regeln statt auf unveränderliche ‚Natur'
Perspektivwechsel	*„Wie sähe dieselbe Szene aus den Augen deiner Schwester/deines kleinen Bruders aus?"*	Fördert Empathie ohne moralische Belehrung; macht Beobachterperspektive statt Täterblick erfahrbar
Langzeitblick	*„In zehn Jahren: Woran sollen deine Kinder erkennen, dass du stark bist?"*	Hebt den Zeithorizont; hält dazu an, kurzfristige Gewaltgewinne gegen langfristige Rollenbilder abzuwägen
Ressourcenfokus	*„In welcher Situation hast du deine Stärke schon genutzt, ohne jemanden zu verletzen?"*	Aktiviert gelungene Erfahrungen, die als Modell für zukünftiges Handeln dienen können
Entscheidungsfreiheit	*„Wann hast du zuletzt gemerkt, dass du NICHT reagieren musstest – und es trotzdem geschafft?"*	Betont Selbstwirksamkeit statt Gruppenzwang

xion") illustriert dies exemplarisch: Sie ordnet typische Impulsfragen sechs Kategorien zu und erläutert kurz, weshalb jede Kategorie gerade bei gewaltgeneigten Jugendlichen nachhaltige Wirkung entfalten kann.

Fragekategorien zur gewaltpräventiven Selbstreflexion
Hinter diesen Fragestellungen stehen die **nachfolgenden Leitbilder:**

1. **Offene Formulierung:** Keine Frage nach „Warum hast du…?", die Abwehr erzeugen könnte, sondern die Formulierung „Was passiert, wenn…?" verwenden.
2. **Erfahrungssprache statt Theorie:** Die Jugendlichen bleiben Expert:innen ihrer eigenen Realität.

3. **Zeit lassen:** Stille nach der Frage lässt Raum für die eigene Einordnung und schafft die Möglichkeit, dass in der Innenwelt der Jugendlichen etwas in Bewegung gerät.

4. **Sichtbarmachen, nicht überzeugen:** Fragen sollen innere Widersprüche hör- und fühlbar machen; Einsichten wachsen dann im eigenen Tempo.

In der Praxis notiere ich mir selten mehr als drei solcher Fragen pro Sitzung. Entscheidend ist nicht die Anzahl der Fragen, sondern die Platzierung in einem *passenden Moment*: ein leises Zögern, ein unruhiger Blick, ein kurzer Scherz, der eigentlich Schutzbehauptung ist. Trifft die Frage den Nerv, bewirkt sie Mikro-Risse im Beton der Selbstinszenierung und schafft Zugänge, durch die anschließend gezielte Präventions- und Interventionsangebote andocken können.

8.1.4 Vom Riss zur Intervention – wie Fachkräfte das Zahnradsystem ausbremsen

Sobald ein erster Riss in der Fassade entsteht, wahrnehmbar durch einen Moment des Zögerns, eine unerwartete Frage, ein schambesetzter Blick, öffnet sich ein kurzer Möglichkeitenhorizont. In diesen Tagen oder manchmal nur Stunden lässt sich die stetige Drehung der Gewalt-Zahnräder verlangsamen. Vier ineinandergreifende Interventionsschrauben haben sich in der Praxis als besonders wirkungsvoll erwiesen, weil jede von ihnen gleichzeitig mehrere Mechanismen adressiert.

1. Soziale Resonanz erhöhen
Minderwertigkeitsängste verlieren an Macht, wenn Jugendliche sie für sich spüren: „Ich werde gesehen – und zwar nicht nur, wenn ich laut bin." Lehrkräfte, Streetworker oder Peer-Mentorinnen *können dafür einfache, aber eindrucksvolle Settings schaffen*. Ein Stärken-Feedback in der Klasse – drei Mitschülerinnen teilen öffentlich mit, worauf sie an der betroffenen Person verlässlich zählen – entzieht dem Mythos der rein körperlichen Stärke den Boden. Sichtbare Resonanz ist dabei entscheidend: Je mehr Ohren das Kompliment erreicht, desto tiefer gräbt es sich in die eigene Identität ein.

2. Ehrkodex umdeuten
Der Druck, jederzeit für Ehre oder Loyalität einzustehen, ist kein naturgegebenes Gesetz, sondern eine kollektiv ausgehandelte Erzählung. Wird diese Erzählung glaubwürdig neu erzählt, ändert sich der Kurs. Besonders effektiv ist die Zusammenarbeit zwischen Gemeinwesenarbeit, Moscheegemeinde oder Jugend-Pastoral:

Wenn ein Imam in einer Freitagspredigt betont, dass wahre Ehre darin liege, Schwächere zu schützen statt sie zu dominieren, wirkt das stärker als jede ‚Moralpredigt' von Personen, zu denen keine Verbindung besteht. Anschließende Dialogrunden mit Eltern, beispielsweise mit Vätern, die ihren Söhnen das alte Skript weitergeben, verankern die neue Deutung im familiären Alltag.

3. Sprachbrücken bauen
Oftmals gilt: Da, wo Worte fehlen, springt die Faust ein. Deshalb brauchen gefährdete Jungen Räume, in denen sie mit Symbolen, Geschichten und Klang experimentieren können. Rap-Workshops, Poetry-Slams oder Theaterprojekte übersetzen innere Konflikte in erzählbare Form. Die Jugendliche schreiben beispielsweise einen Song über eine Beleidigungsszene – und finden im Refrain eine Lösung, die ohne Gewalt auskommt. Wenn sie den Track auf dem Stadtteilfest performen, wird der alternative Konfliktmodus öffentlich gefeiert und damit ein Stück normalisiert.

4. Statusaufwertung ohne Gewalt
Gewalt liefert in vielen Cliquen unmittelbares Prestige. Um dieses kurzfristige Ansehen ersetzen zu können, müssen reale Alternativen geboten werden, die ebenfalls für alle sichtbar sind. Sport- oder Kulturvereine vergeben kleine Ämter: Junior-Schiedsrichter im Futsal, Co-Coach im Boxclub, Social Media-Beauftragter im Jugendzentrum. Wer fair pfeift oder Verantwortung übernimmt, erhält eine Vereinsjacke, wird Teil einer Instagram-Story oder bekommt eine Aufwandsentschädigung. Dies können Symbole sein, die im Umfeld genauso hoch gehandelt werden wie der alte Ruf des ‚Härtesten'.

Gemeinsam bilden diese vier Stellschrauben einen regelrechten Bremsklotz für das Gewalt-Getriebe. *Resonanz* schwächt die Angst, nicht wichtig (genug) zu sein; eine *neue Ehrenerzählung* verschiebt die Zielrichtung von Rache hin zu Fürsorge; *Sprachbrücken* ersetzen den körperlichen Kurzschluss durch eine erlernbare Konflikt-Grammatik; und *gewaltfreie Statusoptionen* machen das frisch gewonnene Selbstbild sozial haltbar. Wichtig ist, dass jeder Schritt *öffentlich sichtbar* wird. Ein Zertifikat, ein gemeinsames Foto, ein Applaus auf der Vereinsversammlung – all das verleiht der neuen Rolle Gewicht und sorgt dafür, dass Rückfälle nicht mehr folgenlos bleiben. Sichtbarkeit erzeugt sozialen Druck in die *andere* Richtung: Wer zurück in alte Muster gleiten will, riskiert nun den Verlust seines neu gewonnenen Ansehens.

8.1.5 Ein Kompass für die Praxis: Haltung, Beziehung, Verbindlichkeit

Eine wirksame Praxis beginnt nicht mit Methoden, sondern mit Haltung. Jugendliche spüren in Sekunden, ob Erwachsene bleiben, wenn es schwierig wird, oder ob sie nur ein ‚Konzept' abspulen. Deshalb steht das Vertrauen, gewachsen aus Pünktlichkeit, eingehaltenen Zusagen, Verbindlichkeit und ehrlichem Interesse, vor jeder Methodik. Erst wenn diese Verlässlichkeit erlebt wird, öffnen sich Spielräume für sensible Fragen und für das Ringen um neue Verhaltensmuster.

Gelingende Beziehung balanciert Schutz und Anspruch. Wer ausschließlich behütet, riskiert Opferhaltung; wer nur konfrontiert, provoziert Trotz. Ich sichere zu, dass niemand sein Gesicht verliert, wenn er stolpert, betone aber ebenso deutlich, dass Würde nicht auf Kosten anderer wachsen darf. Aus diesem doppelten Blick entsteht eine Atmosphäre, in der Fehltritte analysiert statt etikettiert werden, Rückfälle werden zur Trainingsetappe und nicht zu einer endgültigen Diagnose.

Ein dritter Leitfaden lautet, Stärken *sichtbar und wirksam* zu machen. Minderwertigkeitsempfinden schwinden spürbar, wenn Humor, Ausdauer oder Sprachbegabung in Rollen münden, die Verantwortung tragen: der Junior-Coach, der Hausaufgaben-Tutor, der Social Media-Beauftragte des Jugendzentrums. Solche Aufgaben verschieben den Status weg vom ‚harten Typen' hin zum anerkannten Gestalter und ersetzen das Prestige körperlicher Dominanz durch öffentlich wahrnehmbare Kompetenz. Dabei braucht es kulturelle Sensibilität ohne Relativismus, denn Herkunft erklärt Verletzlichkeit, rechtfertigt jedoch nicht die Gewalt. In meiner gelebten Praxis verhandle Normen dialogisch: „Dein Vater deutet Ehre so, dein Onkel anders, der Imam bringt noch eine weitere Lesart ein: Welche Lesart passt zu dem Mann, der du werden möchtest?". So entsteht Wertschätzung bei zugleich klarer Grenzsetzung und Fehlerfreundlichkeit ergänzt diese Haltung. Jede erneute Auseinandersetzung wird zum Lernfenster: Was hat diesmal gefehlt? Waren es Zeit, Sprache oder ein Verbündeter? Die Frage verlagert den Fokus von Schuld auf Steuerungsfähigkeit und lässt Jugendliche erleben, dass Selbstkontrolle trainierbar ist. Authentizität verleiht all dem Glaubwürdigkeit. Wer offen von eigenen Brüchen spricht, etwa von Migrationskonflikt, einer Behinderung, Lernschwierigkeiten, demonstriert, dass Würde nicht an Perfektion hängt, sondern am Umgang mit Schwäche. Diese Selbstoffenbarung wirkt leise, aber stark. Sie lädt Jugendliche ein, ihre Masken ebenfalls abzulegen. Schließlich wird jede noch so kleine Einsicht öffentlich verankert: durch ein Zertifikat, ein gemeinsames Foto, eine kurze Ansprache im Verein. Sichtbarkeit macht Commitment offenkundig und liefert der Peergroup eine neue Geschichte, die sie weitererzählen kann.

Die nachfolgende Tab. 8.2 bündelt zentrale Leitprinzipien der gewaltpräventiven Jugendarbeit und zeigt – in drei Spalten gegliedert – welche Kernbotschaften Fachkräfte Jugendlichen vermitteln und wie sich diese Prinzipien in der Praxis konkret umsetzen lassen.

Leitprinzipien der gewaltpräventiven Jugendarbeit

Tab. 8.2 Leitprinzipien der gewaltpräventiven Jugendarbeit

Leitprinzip	Kernbotschaft an Jugendliche	Praktische Umsetzung (Beispiele)
Beziehung *vor* Methode	„Ich bleibe, auch wenn es schwierig wird"	Pünktlichkeit, eingehaltene Zusagen, aktives Zuhören
Schutz *und* Anspruch	„Du behältst dein Gesicht – aber Gewalt bleibt tabu"	Doppelte Botschaft in Gesprächen, klare Regeln plus konstruktive Fehleranalyse
Stärken sichtbar machen	„Deine Fähigkeiten bringen Status, ohne, dass du Gewalt anwenden musst"	Junior-Coach, Tutor:innen-Rolle, Social Media-Aufgaben
Kulturelle Sensibilität	„Herkunft erklärt, rechtfertigt aber keine Grenzverletzung"	Dialog über verschiedene Ehren-Lesarten; Normen gemeinsam aushandeln
Fehlerfreundlichkeit	„Rückfälle sind Lernschritte, keine Etiketten"	Reflexionsschleifen („Was fehlte diesmal?"), Trainingsplan für Selbstkontrolle
Authentizität	„Würde hängt am Umgang mit Schwäche, nicht an Perfektion"	Selbstoffenbarung von Fachkräften (eigene Brüche, Migration, Behinderung)
Öffentliche Verbindlichkeit	„Neue Rollen werden sichtbar und anerkannt"	Zertifikat, Foto, Kurzauftritt im Verein/in Schule

8.2 Prävention in der Praxis – Ebenen und Grundsätze

Prävention beginnt dort, wo die Mechanismen der Gewalt sichtbar werden – also noch bevor eine Faust fliegt oder ein Messer gezogen wird. Die Muster, die im vorangegangenen Abschnitt erkennbar wurden, verlangen nach Antworten, die mehreren Realitäten zugleich gerecht werden: dem Schulhof, auf dem abfällige Kommentare rasch zur Rangelei werden; der Clique, in der Loyalität über Recht und Unrecht entscheidet; und dem einzelnen Jugendlichen, der zwischen Stolz und Scham nach seiner Rolle sucht. Eine Lösung, die nur an einem dieser Schauplätze ansetzt, greift zu kurz. Wir brauchen ein gestuftes Vorgehen, das breite Sensibilisierung, gezielte Unterstützung gefährdeter Gruppen und intensive Einzelarbeit in ein gemeinsames Handlungskonzept überführt.

Ebenso entscheidend wie der Ort des Eingreifens ist die Haltung derjenigen, die handeln. Prävention bleibt wirkungslos, wenn sie nicht auf glaubwürdigen Beziehungen, Kultursensibilität und Fehlerfreundlichkeit aufbaut. Fachkräfte, die Präsenz zeigen, klare Grenzen benennen und zugleich Entwicklungsräume öffnen, legen das Fundament, auf dem junge Menschen sich erproben können, ohne ihr Gesicht zu verlieren. Die folgenden beiden Abschnitte entfalten dieses Doppelprinzip. Zunächst werden die drei Präventionsebenen, breit, zielgerichtet, individuell, als strategischer Rahmen beschrieben; im Anschluss verdichten fünf pädagogische Grundsätze den Erfahrungsschatz aus nahezu zwei Jahrzehnten Praxis zu einem verlässlichen Kompass. So entsteht ein Werkzeugkasten, der Orientierung bietet, ohne starre Rezepte zu verordnen und der jene Spielräume öffnet, in denen Veränderung tatsächlich wachsen kann.

8.2.1 Frühe Prävention für delinquent gewordene Migranten: Ursachen sehen, Chancen schaffen

Spricht man in Deutschland über Jugendgewalt, wandert der Blick reflexhaft zu arabisch-, türkisch- oder muslimisch geprägten Jugendlichen. Schlagworte wie „Clan-Kriminalität", „Respektlosigkeit" und „Integrationsversagen" dominieren die Debatte, während die Frage nach den Ursachen – und erst recht nach tragfähigen Lösungen – verblasst. Dieses Kapitel lädt zu einem Perspektivwechsel ein: weg vom moralischen Überflug, hin zu einer Haltung auf Augenhöhe, die verstehen will, um wirksam handeln zu können. Prävention, das zeigt jede Erfahrung, muss so früh wie möglich ansetzen.

Delinquenz ist keine Frage der Herkunft, sondern der verfügbaren Chancen. Die überproportional hohe Zahl straffällig gewordener junger Männer mit Migrationsbiografie erklärt sich nicht durch Kultur, sondern durch soziale Ausgrenzung, Bildungsbenachteiligung und fehlende Anerkennung. Wer schon in der Grundschule spürt, dass sein Name fremd klingt, wer im Unterricht abgehängt, auf dem Arbeitsmarkt aussortiert und in der Öffentlichkeit ständig kontrolliert wird, bekommt früh die Botschaft: „Du gehörst nicht dazu." Bleiben gleichzeitig familiäre Bindung, emotionale Nähe und offene Zukunftsperspektiven aus, wirkt die Rolle des ‚starken, unantastbaren Mannes' wie ein Rettungsanker: Wer keine Schwäche zeigt, wer ‚für die Jungs' einsteht und zuschlägt, wenn die Ehre angekratzt wird, findet einen Platz und eine Sprache der Macht, sobald alle anderen Sprachen versagen. Der Ruf nach der ‚harten Hand' greift hier zu kurz. Sätze wie „Die brauchen Strafen, keine Sozialpädagogik" klingen entschlossen, erzeugen aber lediglich Gehorsam – keine Einsicht. Jahrzehnte des repressiven Kurses haben eher Stigmata verfestigt als Zukunftswege eröffnet.

Was nötig ist, ist eine konsequent konfrontative und zugleich respektvolle Prävention. Sie baut Vertrauen auf, benennt klar Grenzen und eröffnet Identitätsräume abseits von Gewalt. Wer Prävention ernst nimmt, beginnt früh, stellt die richtigen Fragen und versteht, dass Strafe allein selten ein Gegenmittel ist. Erst wenn Jugendliche erleben, dass ihre Chancen real sind und ihre Stimmen zählen, verliert der Weg in die Gewalt an Attraktivität.

Wer frühe Gewalt verhindern will, muss früher ansetzen: in den Grundschulen, in den Familien, in Sport- und Jugendvereinen – überall dort, wo Jungen beginnen, ihren Platz in der Welt zu suchen und Rollenvorbilder zu beobachten.

Wir sollten…

- …*Jungen emotional stärken*, noch bevor sie lernen, Wut und Ohnmacht in Gewalt zu übersetzen.
- …*mit ihnen über Männlichkeit sprechen*, ehe sich das Bild des unantastbaren Kämpfers verfestigt.
- …*Räume eröffnen*, in denen Schwäche gezeigt werden darf, ohne Spott zu riskieren.
- …*ihre Würde schützen*, damit sie ihre Ehre nicht mit der Faust verteidigen müssen.

Das verlangt interkulturelle Schulsozialarbeit, sichtbare männliche Vorbilder mit Migrationsgeschichte, engagierte Lehrkräfte und Sozialarbeiter:innen mit Haltung und Herz. Es verlangt auch Selbstkritik: Ja, wir haben Signale überhört, Jugendliche alleingelassen und zu häufig von der Herkunft auf das Verhalten geschlossen – statt umgekehrt.

Delinquente Jugendliche sind nicht die Ursache, sondern das *Symptom*. Hinter fast jeder Tat stehen Geschichten, die selten jemand hören will: Armut, familiäre Gewalt, Schulversagen, frühe Kriminalisierung, alltägliche Diskriminierung. Ihre

Handlungen bleiben verwerflich – doch wer die Biografien kennt, versteht ihre Logik. Gewalt darf nicht entschuldigt werden, aber sie muss *verlernt* werden. Das gelingt nur, wenn wir Jugendliche nicht allein als Täter, sondern als Menschen mit Potenzial sehen. Prävention ist keine Milde, sondern gesellschaftliche Aufgabe. Wir brauchen Strukturen, die verhindern, dass junge Menschen überhaupt in die Spirale von Ausgrenzung und Gewalt geraten. Wir müssen ihnen zuhören, bevor sie sich Gehör mit Aggression verschaffen und wir müssen Alternativen aufzeigen, die realistisch, erreichbar und glaubwürdig sind. Dabei geht es um das Zutrauen, dass sie mehr sind als ihre Tat und dazugehören dürfen – nicht erst nach vollendeter Anpassung, sondern weil sie Teil unserer Gemeinschaft sind.

Konkret fordere ich

* **Frühzeitige, geschlechtssensible Präventionsarbeit** an Schulen, besonders in sozialen Brennpunkten.
* **Langfristige, kultursensible Trainingsprogramme** für Jungen mit Migrationsbiografie – professionell begleitet und nicht von Projektlaufzeiten abhängig.
* **Mehr männliche Fachkräfte mit Migrationserfahrung** als Vorbilder in Schule, Jugendhilfe und Freizeitpädagogik.
* **Systematische Auseinandersetzung mit Männlichkeitsbildern** in Jugendhilfe, Unterricht und Fachkräfteausbildung.
* **Einen Paradigmenwechsel**: von Reaktion zu Prävention, von Strafe zu Perspektive, von reiner Kontrolle zu tragfähigen Beziehungen.

Ich habe von zu vielen Biografien erfahren, die sich mit rechtzeitiger Unterstützung anders hätten entwickeln können. Es sind einfach zu viele Jungen, die nur auf eine reale Chance warteten, ihr *anderes Ich* zeigen zu können. Es ist höchste Zeit, ihnen diese Chance entschlossen und verlässlich zu bieten.

8.2.2 Drei Präventionsebenen: breit, zielgerichtet, individuell

Aus meiner 18-jährigen Tätigkeit in der sozialen Arbeit – insbesondere im Bereich Gewaltprävention bei Jugendlichen mit Migrationsgeschichte – lassen sich drei zentrale Ebenen des praktischen Handelns unterscheiden: breit angelegte, zielgerichtete und intensive individuelle Prävention. Jede dieser Ebenen folgt eigenen Prinzipien, methodischen Schwerpunkten und Anforderungen. Gemeinsam bilden sie ein ganzheitliches Präventionsverständnis, das auf Nachhaltigkeit, Beziehungsarbeit und kulturelle Sensibilität setzt.

A. Breite Prävention – Bewusstsein schaffen, Haltung entwickeln Diese Form richtet sich an breite Zielgruppen – häufig im schulischen oder offenen pädagogischen Kontext. Ziel ist es, junge Menschen möglichst frühzeitig für Themen wie Macht, Ausgrenzung, Zugehörigkeit, Rollenbilder, Diskriminierung, Gewaltmechanismen und Gruppendruck zu sensibilisieren. Es geht nicht um Belehrung, sondern um Anstoß zur Selbstreflexion.

In Workshops, Projekttagen oder Unterrichtseinheiten arbeite ich mit lebensnahen Beispielen und einfachen, aber tiefwirkenden Fragen: „Was macht es mit einem Menschen, nie gesehen oder gehört zu werden?" oder „Was lernt ein Junge, der erfährt, dass Tränen Schwäche bedeuten?". In der Arbeit mit Schulklassen entstehen durch solche Fragen oft intensive Gespräche. Die Reaktionen reichen von Nachdenklichkeit über Betroffenheit bis hin zu einem vorsichtigen Teilen eigener Erfahrungen. Diese Arbeit ist präventiv, weil sie *vor* der Entstehung von Gewaltpotenzial ansetzt – nämlich bei inneren Überzeugungen, Wahrnehmungen und Rollenbildern. Ich versuche, Jugendlichen einen Spiegel vorzuhalten, in dem sie sich selbst erkennen können – nicht mit dem Zeigefinger, sondern mit Respekt und Vertrauen. Ein wesentliches Ziel besteht darin, Empathie zu fördern. In Rollenspielen, Dialogübungen oder szenischem Spiel entsteht oft eine neue Perspektive: Die Sicht des vermeintlichen Opfers, die Einsamkeit des Täters, die Gruppendynamik, die Mitläufer formt. Diese Methoden sind besonders wirkungsvoll, weil sie emotional berühren und Handlungsspielräume erfahrbar machen.

B. Zielgerichtete Prävention – gezielt stärken, individuell begleiten Diese Ebene betrifft Jugendliche, die bereits deutliche Belastungen oder Risikoindikatoren aufweisen – etwa durch familiäre Gewalt, kulturelle Repression, soziale Benachteiligung oder bereits erfolgte Delinquenz. Hier arbeite ich gezielter, persönlicher, mit mehr Zeit und spezifischer Methodik. Ziel ist es, diese Jugendlichen zu stärken, ihnen Schutzräume zu geben und alternative Wege aufzuzeigen.

Ein eindrückliches Beispiel ist Aylin. Sie wuchs in einem streng kontrollierten Umfeld auf, in dem weibliche Selbstbestimmung als Tabu galt. Ihre Teilnahme an einem Theaterprojekt war für sie ein heimlicher, fast verbotener Akt. Und doch war es genau dieser kreative Raum, der ihr erstmals eine eigene Stimme gab. Auf der Bühne konnte sie etwas ausdrücken, was im Alltag nicht gesagt werden durfte.

Zielgerichtete Prävention bedeutet in solchen Fällen, jungen Menschen Handlungsspielräume zu eröffnen, ohne sie dabei unnötigen Risiken auszusetzen. Es geht darum, Rückhalt zu organisieren, Vertrauenspersonen zu finden und Schutzsysteme zu stärken. Gleichzeitig ist es wichtig, Eltern, Schulen und soziale Netzwerke einzubeziehen – nicht um Kontrolle auszuüben, sondern um tragfähige Veränderung zu ermöglichen.

In der Arbeit mit jungen Männern aus gewaltgeprägten Milieus konzentriert sich die zielgerichtete Prävention oft auf den Aufbau alternativer Männlichkeitsbilder: Stärke nicht durch Gewalt zeigen, sondern durch Verantwortung; Respekt nicht erzwingen, sondern verdienen; Konflikte nicht mit Fäusten, sondern mit Sprache lösen.

C. Individuelle Prävention – intensive Arbeit mit radikalisierten Jugendlichen Diese Form ist die aufwendigste, aber oft auch die notwendigste. Sie betrifft Jugendliche, bei denen bereits klare Anzeichen von Radikalisierung oder gewaltaffinem Denken erkennbar sind – sei es religiös begründet, politisch motiviert oder sozial entwurzelt.

Bilal war einer dieser Jugendlichen. Als wir uns begegneten, war sein Weltbild verhärtet und er formulierte das Dogma: „Der Westen zerstört unsere Kultur." In ihm arbeiteten kollektive Kränkungen, persönliche Enttäuschungen und eine tiefe Abwehrhaltung. Für ihn war ich ein Teil des Systems, das er ablehnte. Genau hier beginnt die eigentliche Herausforderung: präsent bleiben, auch wenn Ablehnung spürbar ist. In den Gesprächen mit Bilal stellte ich immer wieder Fragen. Keine provokativen, sondern existenzielle: „Was bedeutet für dich Ehre?", „Was macht Gewalt mit dir selbst?", „Wie willst du in zehn Jahren leben?". Diese Fragen wirkten nicht sofort, aber sie setzten etwas in Bewegung. Als Bilal begann, über Widersprüche in seinem Denken zu stolpern, war das ein erster Schritt. Solche Prozesse brauchen Zeit. Sie brauchen eine Beziehung, in der nicht bewertet, sondern zugehört wird. Es braucht eine Beziehung, in der Veränderung nicht eingefordert, sondern eingeladen wird. Diese Prozesse brauchen zudem klare Grenzen: Radikale Inhalte müssen benannt werden, menschenverachtenden Aussagen muss widersprochen werden – aber ohne den Kontakt abzubrechen.

Widerstände ernst nehmen – Prävention ist kein Konsensprojekt Präventionsarbeit bewegt sich oft im Spannungsfeld zwischen Aufklärung und Widerstand. Besonders dort, wo traditionelle Werte infrage gestellt werden, reagieren Menschen mit Abwehr. Nicht aus bösem Willen, sondern aus Angst vor Kontrollverlust, vor Identitätsverlust, vor Entwurzelung. Wenn ich versuche, jungen Frauen Mut für die Selbstbestimmung zu machen, sagen manche Eltern: „Sie bringen unsere Tochter gegen uns auf." Wenn ich mit Jungen über gewaltfreie Konfliktlösung spreche, höre ich: „Dann wird er zum Schwächling." Und wenn ich Gewalt in der Familie thematisiere, entsteht häufig sofort das Gefühl: „Sie wollen unsere Kultur schlechtreden." Diese Reaktionen sind verständlich – und gerade deshalb ist es wichtig, ihnen Raum zu geben. Prävention bedeutet nicht, von außen Maßstäbe zu setzen. Sie bedeutet, den Dialog auf Augenhöhe zu suchen, respektvoll und mit der Fähigkeit vorzugehen, Strukturen kritisch zu hinterfragen, ohne den Respekt vor den Menschen zu verlieren.

8.2.3 Pädagogischer Kompass: Haltung, Beziehung, Fehlerfreundlichkeit

Aus Trainings, Klassenräumen, Jugendzentren und Familienhilfe weiß ich: Konzepte tragen nur so weit wie die Haltung dahinter. Die folgenden Prinzipien sind keine Checkliste zum Abhaken – sie sind ein Kompass, der in widersprüchlichen Situationen Orientierung gibt und Methoden erst wirksam macht:

1. **Beziehung als Fundament:** Vertrauen ist kein Selbstläufer. Es entsteht durch Verlässlichkeit, Echtheit, Fehlerfreundlichkeit und Zeit.
2. **Kulturelle Sensibilität ohne Relativismus:** Die Herkunft ist Teil der Identität, aber sie darf kein Vorwand für Gewalt sein. Das auszubalancieren, ist eine der größten Herausforderungen pädagogischer Praxis.
3. **Stärken sichtbar machen:** Wer immer nur hört, was er falsch macht, verliert Motivation. Wer merkt, was er kann, entwickelt Mut.
4. **Prozesse statt Lösungen:** Prävention setzt vor akuten Krisen an und begleitet den gesamten Entwicklungsverlauf. Sie dient nicht der nachträglichen Schadensbegrenzung, sondern stellt eine kontinuierliche, wissenschaftlich fundierte Förderung dar, die Kompetenzaufbau, Beziehungsklärung und Rückfallprophylaxe einschließt. Dabei werden auch Rückschritte als regulärer Bestandteil von Veränderungsprozessen verstanden und systematisch aufgearbeitet, anstatt lediglich punktuell interveniert zu werden.
5. **Haltung vor Methode:** Fachwissen ist notwendig. Aber entscheidend ist: Was denke ich über die Menschen, mit denen ich arbeite? Traue ich ihnen Entwicklung zu? Bin ich bereit, mich auch irritieren zu lassen – also mich selbst infrage zu stellen und von ihren Perspektiven überraschen zu lassen – statt nur meine Sichtweise zu erklären?

Gewaltprävention ist damit weniger Instrument als Haltung: dialogisch, dynamisch, spannungsreich. Wer mit jungen Menschen zu Gewalt, toxische Männlichkeit, Ehre und Zugehörigkeit arbeitet, betritt sensible Felder. Dort braucht es keine Held:innen, die alles wissen oder lösen wollen, sondern Menschen, die zuhören, begleiten, widersprechen – und bleiben. Ich bin überzeugt, dass jeder Mensch fähig zur Veränderung ist, wenn man ihm zuhört, ihm etwas zutraut und ihm Brücken baut. Bedeutsam ist dabei die Bereitschaft, diesen Weg gemeinsam zu gehen – auch dann, wenn er steinig wird.

Wenn ich heute über toxische Männlichkeit bei jungen Migranten spreche, dann tue ich das nicht als distanzierter Beobachter oder reiner Theoretiker. Ich spreche aus einer langjährigen Praxis, die von intensiven Erfahrungen, Lernprozessen und auch vielen Auseinandersetzungen geprägt ist. Ich habe über viele Jahre hinweg mit Jugendlichen gearbeitet, deren Lebenswelt von patriarchalen Ehrvorstellungen, Gruppendruck, Gewaltverhalten, aber auch von starker Loyalität und innerer Zerrissenheit geprägt ist. Ich habe viele Konzepte gelesen, Fortbildungen besucht, Ansätze ausprobiert – von interkultureller Pädagogik bis hin zu konfrontativer Sozialarbeit. Aber am Ende war es nicht das Gelesene, sondern das Gelebte, das mir die tiefsten Einblicke gegeben hat. Was ich heute weitergeben kann, sind keine Wundermittel. Aber es sind Erfahrungen, die Wirkung zeigen – wenn man ihnen Zeit gibt und bereit ist, sich ehrlich einzulassen.

Beziehung als Fundament: der Mensch vor der Methode
Bevor irgendeine Maßnahme greift, bevor man über Konzepte spricht, braucht es eines: Beziehung. Eine authentische, tragfähige Beziehung zu den Jugendlichen ist der Schlüssel. Das klingt vielleicht banal, ist aber die tiefste Wahrheit meiner Arbeit. Junge Männer mit toxischen Männlichkeitsbildern tragen häufig tiefe Unsicherheiten in sich, die sie mit einer harten, dominanten Fassade zu überdecken versuchen. Wer es schafft, diese Fassade nicht zu zerstören, sondern mit Geduld zu durchdringen, kann viel bewegen.

Ich habe erlebt, wie verschlossene, aggressive Jugendliche langsam weicher wurden, wenn sie spürten, dass da jemand ist, der ihnen zuhört, sie ernst nimmt – und gleichzeitig Grenzen setzt. Es geht nicht um ‚nett sein‘, sondern um klare, ehrliche, menschliche Haltung, die nicht belehrend, nicht moralisch, sondern respektvoll konfrontativ ist.

Vereine, Verantwortung und Gemeinschaft: die unterschätzte Kraft des Alltags
Viele pädagogische Programme übersehen die Kraft des Alltags. Ich habe gemerkt, dass Orte wie Sportvereine, Jugendhäuser oder Nachbarschaftsinitiativen keine reinen Freizeitangebote sind. Sie sind Bildungsorte. Hier wird ‚nicht nur‘ Fußball gespielt oder gekocht, hier werden Rollen verhandelt, Hierarchien aufgebaut, hier wird Respekt erfahren oder eingefordert.

Wenn wir diese Orte pädagogisch begleiten, können sie zu echten Lernräumen werden. Ich habe mit Jugendlichen Projekte umgesetzt, bei denen sie Turniere organisiert, Jüngere trainiert oder Veranstaltungen mitgestaltet haben. In diesen Momenten übernehmen sie Verantwortung, erfahren Anerkennung durch Kompetenz. Genau dieser Umstand ist entscheidend: Toxische Männlichkeit basiert oft auf dem Gefühl, nur über Stärke, Kontrolle oder Aggression gesehen zu werden. Wenn wir alternative Wege der Anerkennung aufzeigen können, entstehen neue Handlungsspielräume.

Kulturarbeit als Spiegel der inneren Welt

Besonders wirksam war in meiner Arbeit immer wieder der Zugang über kulturelle Ausdrucksformen. Theater, Rap, Kurzfilm, Graffiti – das sind keine ‚Spielereien‘, sondern tiefe Ausdrucksformen innerer Realität(en). Ich habe Jugendliche gesehen, die auf der Bühne zum ersten Mal offen über Gewalt, Ehre, Vaterfiguren oder Angst gesprochen haben – nicht im direkten Gespräch, sondern verkörpert durch eine Rolle. Diese Form der Reflexion ist oft stärker als jedes Gruppengespräch. Sie erlaubt Distanz, schafft aber gleichzeitig Tiefe. In einem Theaterprojekt zur Frage „Was ist ein Mann?" wurden mehr Themen aufgeworfen als in einem ganzen Schuljahr Sozialkunde. Rap-Texte waren voller Widersprüche – da standen Härte und Verletzlichkeit nebeneinander. Solche Projekte brauchen Begleitung – aber sie öffnen Räume, die viele Jugendliche sonst nie betreten würden.

Konfrontation mit Respekt – Provokation, die nicht verletzt

Ich habe früh gelernt, dass junge Männer mit einem stark ausgeprägten Ehrgefühl nicht durch Appelle oder Bitten erreicht werden. Sie brauchen Klarheit – und manchmal auch Reibung. Ich arbeite gern mit provokativen Fragen, mit herausfordernden Hypothesen: „Wenn du deine Schwester beschützt, warum schlägst du dann deine Freundin?"; „Du sagst, ein Mann darf nicht schwach sein – aber warum weinst du nachts allein?"; „Wer genau bist du, wenn keiner zusieht?".

Diese Fragen sollen nicht entlarven, sondern ins Denken und Fühlen bringen. Sie sind unbequem, aber notwendig. Wichtig ist dabei: Die Beziehung zwischen der fragenden Person und dem Jugendlichen bzw. jungen Mann muss stimmen. Wer ohne bestehende Bindung in eine (vermeintlich) provokante Kommunikation eintritt, verletzt. Wer aus Respekt provoziert, bewegt.

Familie und Herkunftskultur als Teil der Lösung – nicht nur des Problems

In vielen Fällen wurde die Herkunftskultur der Jugendlichen nur als Problemrahmen betrachtet: patriarchal, rückständig, gewaltbereit, doch das ist zu kurz gedacht. Ich habe viele Familien kennengelernt, die selbst nach Orientierung suchen, die aufbrechen wollen – aber nicht wissen, wie. In vielen Diskussionen wird die Herkunftskultur der Jugendlichen oft einseitig als Problemrahmen beschrieben – patriarchal, rückständig, gewaltbereit. Doch diese Sichtweise greift zu kurz. Viele Familien, die ich kennengelernt habe, wollen nicht in alten Mustern verharren – sie suchen nach Wegen, sich stärker an demokratischen, gleichberechtigten und gewaltfreien Werten zu orientieren. Sie möchten ihren Kindern ein besseres Leben ermöglichen, sich in der Gesellschaft zurechtfinden und dazugehören – ohne dabei ihre Wurzeln zu verlieren. Was ihnen oft fehlt, ist ein sicherer Rahmen, um sich mit diesen Fragen auseinanderzusetzen: Räume des Dialogs, in denen man zuhören, fragen, zweifeln und wachsen darf. Wenn Eltern sich mit ihren Ängsten und Werten ernst genommen fühlen, kann genau dort Veränderung beginnen. Denn wer Unterstützung spürt und Vertrauen erlebt, ist auch bereit, neue Wege zu gehen. Wenn Eltern sich ernst genommen fühlen, auch mit ihren Ängsten und Werten, entsteht Veränderungspotenzial.

Ich habe Hausbesuche gemacht, Gespräche mit Vätern geführt, mit Müttern geweint, Brüder in Konflikte eingebunden – all das war oft mühsam, manchmal auch vergeblich, aber nie umsonst. Denn toxische Männlichkeit entsteht nicht im ‚luftleeren' Raum. Sie wächst in Familiendynamiken, in sozialen Zuschreibungen, in kulturellen Narrativen. Wer sie verändern will, muss dort ansetzen.

Alltagssituationen als Lernfeld – vom Kochen bis zur Konfliktklärung
Wenn ein Junge sich weigert, beim Kochen zu helfen, „weil das Frauensache ist", ist das kein Nebensatz, sondern es ist eine pädagogische Chance. Wenn einer sich vor der Gruppe rechtfertigt, warum er nicht zurückgeschlagen hat, ist das der Moment für ein Gespräch über Ehre, Gewalt und Alternativen. Wer diese Alltagssituationen nutzt, wirkt nachhaltiger als mit jedem theoretischen Ansatz.

Nach all den Jahren in der Arbeit mit jungen Männern, mit Gruppen, Familien, Kolleginnen und Kollegen und Institutionen bin ich überzeugt: Toxischer Männlichkeit kann man mit Haltung, Konsequenz und Mitgefühl begegnen. Man muss Räume schaffen, in denen alternative Männlichkeitsbilder gelebt werden dürfen. Man muss bereit sein, Konflikte auszuhalten. Und man muss den Jugendlichen zutrauen, sich zu verändern – auch wenn sie es selbst noch nicht glauben. Was ich weitergeben kann, ist kein Lehrbuchwissen. Es ist ein Erfahrungsschatz, der auf Nähe, Ehrlichkeit und vielen Versuchen beruht. Es ist der Mut, Dinge zu hinterfragen – bei den Jugendlichen, aber auch bei mir selbst.

8.3   Vorbilder, Anerkennung und Teilhabe

Wenn man Jugendlichen zuhört, die in den vorherigen Kapiteln meist als „Fälle" oder „Fälle in der Statistik" auftauchen, stößt man immer wieder auf dieselbe Erfahrungslücke: Sie erkennen sich in den großen Debatten nicht wieder, weil niemand ihre positiven Fähigkeiten benennt. Kap. 6 hat gezeigt, dass soziale Abwertung und strukturelle Benachteiligung statistisch eng mit Gewalt zusammenhängen; in 8.1 und 8.2 wurde erläutert, wie toxische Rollenmuster daraus Kraft ziehen. Doch Zahlen oder Mechanismen allein verändern noch keine Biografien. Was den entscheidenden Unterschied macht, sind erlebte Momente der Zugehörigkeit – Situationen, in denen ein junger Mensch spürt: „Ich werde gesehen, ich werde gebraucht, ich darf hier mitreden."

Solche Momente entstehen selten im Klassenzimmer oder im Gerichtssaal, sondern in Zwischenräumen: auf der Couch im Jugendzentrum, während eines gemeinsamen Schreibworkshops, auf dem Rückweg vom Fußballplatz oder im improvisierten Tonstudio in einem Keller. Dort verschiebt sich das Koordinatensystem, in dem Würde und Stärke bislang nur über Härte oder Ehrverteidigung messbar schienen. Ein kurzer, ernst gemeinter Satz, wie „Das hast du gut erklärt" oder „Dein Beat klingt nach Kino", kann eine Schlaufe aus Minderwertigkeit durchschneiden, die sich Jahre lang zugezogen hat. Wird diese Anerkennung nicht vereinzelt, sondern regelmäßig erfahrbar, beginnt sich Selbstbild in kleinen, aber dauerhaften Schritten zu verändern. Doch Anerkennung bleibt fragil, solange sie ausschließlich von einzelnen engagierten Pädagoginnen abhängt. Sie braucht vor allem zwei weitere Säulen. Erstens braucht sie Vorbilder, die die gewonnene Selbstachtung in greifbare Zukunftsbilder übersetzen: ein älterer Bruder, der trotz Hauptschulabschluss eine Ausbildung absolviert; eine Jugendhausmitarbeiterin, die zeigt, dass Fürsorge und Durchsetzungsvermögen kein Widerspruch sind; ein Rapper, der über Rassismus spricht, ohne Gewalt zu verherrlichen. Zweitens braucht sie Teilhabestrukturen, die es Jugendlichen ermöglichen, nicht nur Konsumenten, sondern Koproduzenten ihrer Lebenswelt zu sein. Wenn sie Bühnen, Sitzungsräume und Sportfelder selbst mitgestalten, verankert sich das Gefühl „Ich zähle hier" weit tiefer als jede motivierend gemeinte Ansprache.

Dieses Kapitel bildet somit die Brücke zwischen der Analyse toxischer Mechanismen und den politischen Forderungen, die später folgen. Es zeigt, warum Anerkennung, Vorbilderfahrung und Teilhabe nicht drei beliebige Bausteine sind, sondern ein ineinandergreifendes System bilden: Anerkennung entschärft die innere Not, Vorbilder bieten Orientierung, Teilhabe schafft den gesellschaftlichen Boden, auf dem das Neue sicher wachsen kann. Die zwei Unterkapitel, die jetzt folgen, entfalten diesen Dreiklang zunächst auf der persönlichen Ebene (8.3.1) und anschließend im institutionellen Rahmen der Jugendarbeit (8.3.2).

8.3.1 Anerkennung stiften – Identität ermöglichen

Wenn ein 16-jähriger mit tief ins Gesicht gezogener Kapuze zum ersten Mal den Gruppenraum betritt, bringt er nicht nur seine Jacke mit, sondern ein ganzes Bündel unausgesprochener Fragen: „Wer bin ich hier? Sieht man mich oder nur meinen Pass? Darf ich zeigen, was mir wichtig ist – oder muss ich es verstecken?". In den Gesprächen, Trainings und Workshops der letzten Jahre tauchten genau diese Fragen in immer neuen Variationen auf. Sie sind der rote Faden, der Identitätszweifel und aggressive Abwehrgesten miteinander verbindet. Wer sich dauerhaft missverstanden oder abgewertet fühlt, greift irgendwann zu härteren Mitteln, um überhaupt beachtet zu werden.

Die Jugendlichen, um die es hier geht, wachsen fast alle zwischen zwei Welten auf. Zu Hause sollen sie die Traditionen der Herkunftsfamilie bewahren, draußen sollen sie sich an die Mehrheitsgesellschaft anpassen. Jeder Schritt, den sie in die eine Richtung machen, scheint den nächsten in die andere Richtung zu erzwingen. Das Ergebnis ist eine Art kultureller Muskelkater. Man spürt ständig, dass etwas zerrt und weiß doch nicht genau, was eigentlich so wehtut. In dieser Spannung entsteht die Versuchung, sich in starre Kollektividentitäten zu retten, die da lauten können: „wir Türken", „wir Araber", „wir Muslime". Solche Selbstbeschreibungen sind einerseits Schutzschilde gegen Abwertung – sie schließen Reihen, geben Stolz, stiften Ordnung. Andererseits engen sie ein. Wer sich ausschließlich über die Gruppe definiert, verliert das Recht, eigene Töne anzustimmen. Genau hier beginnt die Arbeit an Anerkennung. Sie ist weder Belobigung noch Lobpreis, sondern eine Haltung, die zwei Signale gleichzeitig sendet: „Du gehörst dazu." und „Du darfst eigenständig sein." Das klingt simpel, verlangt in der Praxis jedoch eine hohe Kunst des Gleichgewichts. Übersetzt in Alltagssituationen bedeutet es, einen jungen Mann ernst zu nehmen, wenn er den Koran zitiert und ihn genauso ernst zu nehmen, wenn er seine Liebe zu Dancehall oder Anime gesteht. Anerkennung heißt nicht, alles gutzuheißen, sondern Widersprüche nebeneinander stehen zu lassen, bis der Jugendliche selbst beginnt, sie zu sortieren.

Ein Beispiel: Mahmoud kam mit 15 Jahren in die offene Gruppe, saß anfangs schweigend am Rand und wich jeder Frage aus. Erst als es um Musik ging, glitt ein Lächeln über sein Gesicht; er erzählte von einem syrischen Rapper, der in seinen Songs Kriegserfahrungen verarbeitet. Ich ließ mir die Tracks vorspielen, stellte Rückfragen zu Textzeilen, in denen es um Verlust und Rache ging. Wichtiger als das Thema Rap war dabei die Botschaft: „Deine Kultur, deine Gefühle, deine Geschichte haben hier Platz." Drei Wochen später brachte Mahmoud eigene Zeilen mit. Sie handelten von Wut, aber auch von Müdigkeit. Zum ersten Mal hörte die Gruppe die andere Seite der Fassade und Mahmoud erlebte, dass man ihm zuhört, ohne ihn zu pathologisieren. Diese Erfahrung wirkte wie ein Türöffner. Erst, wenn man sich ausgesprochen hat, ohne ausgelacht zu werden, kann man aushandeln, welche Teile des eigenen Weltbilds man bewahren und welche man überdenken will. Anerkennung ist aber nur dann nachhaltig, wenn sie von glaubwürdigen Vorbildern unterfüttert wird. Ein Bewährungshelfer, der selbst arabische Wurzeln hat und offen über die Hürden seiner Schullaufbahn spricht, bietet mehr Identifikationsfläche als zehn Hochglanzkampagnen über Diversität. Dasselbe gilt für Lehrerinnen, Ausbildungsleiter oder Polizistinnen, die nicht bei jeder Meinungsverschiedenheit mit Ordnungsrufen reagieren, sondern konfliktfähige Souveränität vorleben. Sie zeigen, dass Stärke sich auch leise, aber bestimmt ausdrücken lässt – was einen Kontrast zu den lautstarken Selbstinszenierungen bildet, die in manchen Peergroups als einzig gangbare Option gelten.

Der dritte Pfeiler neben *Anerkennung* und *Vorbild* ist *echte Teilhabe*. Solange Jugendliche ständig angehört, aber nie um Rat gefragt werden, bleibt der Anerkennungsmoment oberflächlich. Im Jugendhaus der Oststadt entstand deshalb ein Jugendrat, dem gleichberechtigt Sitz und Stimme im Trägervorstand eingeräumt wurden. Schon die erste Sitzung machte deutlich, wie wenig Erwachsene oft über jugendliche Lebenswelten wissen. Die Ratsmitglieder verlangten mehr Steckdosen und WLAN im Probenraum, aber auch eine feste Abmachung zum Umgang mit homophoben Sprüchen. Plötzlich wurde sichtbar, dass Teilhabe konkreter ist als jede Willkommensfloskel – und dass Regeln, die von Jugendlichen selbst mitgestaltet wurden, eine ganz andere Chance haben, auf dem Bolzplatz oder in der WhatsApp-Gruppe tatsächlich beachtet zu werden.

Damit Anerkennung zur Identitätsstütze und nicht zum Strohfeuer wird, muss sie auf vielen Ebenen zugleich verankert sein: im Wortschatz der Lehrkräfte, im Budget städtischer Jugendarbeit, in den Gesichtern lokaler Vorbilder, im Spielplan des Vierteltheaters, in den Auswahlkriterien von Stipendien. Gestreut über so viele Kontaktpunkte, beginnt sie das Bild zu korrigieren, das die Statistik aus Kap. 6 zeichnet: hohe Gewaltraten dort, wo Wertschätzung rar ist. Umgekehrt heißt das: Je öfter ein junger Mensch spürt, dass er etwas beitragen kann, desto unwahrscheinlicher wird die Abkehr in Gewalt. Anerkennung ersetzt keine strukturelle Reform – doch ohne sie greifen alle Reformen ins Leere.

8.3.2 Jugendarbeit als Schlüssel – Vorbilder, Räume und verbindliche Präsenz

Wer eine Jugendgruppe an einem langen Winterabend erlebt, spürt schnell, warum offene Jugendarbeit mehr ist als Freizeitbeschäftigung. Sie ist der konkrete Ort, an dem die theoretische Forderung nach Anerkennung in erfahrbare Realität übersetzt wird. Zwischen Billardtisch, Tonstudio und Theke trifft ein Junge, dem in der Schule „Integrationsdefizit" attestiert wurde, auf eine Sozialpädagogin, die seinen Namen kennt und ihn zuerst fragt, wie der Mathetest lief, bevor sie ihn wegen der Hausaufgaben mahnt. Diese scheinbar beiläufige Szene bündelt drei Faktoren, die Forschung und Praxis immer wieder als entscheidend belegen: kontinuierliche Beziehung, niedrigschwellige Teilhabe und glaubwürdige Vorbilder.

Kontinuierliche Beziehung entsteht, wenn Fachkräfte nicht projektweise auftauchen und wieder verschwinden, sondern verlässlich Teil des Sozialraums sind. In der Oststadt hatte das Team ein Notfallhandy, das 24 h klingeln durfte – nicht, weil man rund um die Uhr erreichbar sein möchte, sondern um das Signal zu senden: „Wenn du ins Schleudern gerätst, gibt es einen sicheren Anker." Genau diese Verlässlichkeit zählt, wenn die Alternative das schnelle Telefon der Clique ist, das Bereitschaft signalisiert, aber selten Lösungen anbietet. Studien wie die große Metaanalyse von Raposa et al. (2019) zeigen, dass Mentoringprogramme dort am wirkungsvollsten sind, wo die Dauer der Beziehung zwölf Monate überschreitet. In der offenen Jugendarbeit, die Kindern ab zehn und jungen Erwachsenen bis Mitte zwanzig offensteht, ist ein solcher Zeithorizont keine Ausnahme, sondern Standard – sofern die Finanzierung gesichert ist.

Niedrigschwellige Teilhabe meint mehr als eine offene Tür und gratis WLAN. Sie beinhaltet Entscheidungskompetenz. Im Jugendhaus Oststadt führte ein Jugendrat jede praxisrelevante Frage mit: Sollen wir das Dachgeschoss zum Fitnessraum umbauen? Brauchen wir strengere Regeln für den Musikraum? Erwachsene hatten Vetorecht bei Sicherheitsfragen, sonst galt: eine Stimme ist eine Stimme. Die Botschaft war eindeutig: „Du bist nicht Gast, sondern Mitgestalter." Für viele migrantische Jugendliche, die sich zwischen Schule, Ausländerbehörde und gelegentlichen Polizeikontrollen vorwiegend als Objekt institutioneller Maßnahmen erleben, ist das ein ungewohnter Perspektivwechsel. Aber gerade er übt die demokratische Muskelgruppe, die Gewalt ersetzt: verhandeln, Kompromisse schließen, Verantwortung tragen.

Glaubwürdige Vorbilder schließlich entstehen dort, wo junge Menschen Erwachsene erleben, die ihre eigenen Rollenerwartungen reflektieren. Ein Streetworker, der über die Grenze seines Geduldsfadens spricht, statt nur Gelassenheit vorzuspielen, macht Authentizität erlebbar. Eine Pädagogin, die offenlegt, dass sie selbst mit ihrer türkischen Mutter ringt, wenn es um Berufswahl geht, zeigt, dass Kulturverhandlungen nicht mit dem Erwachsenwerden enden. Diese kleine Verschiebung hin zu einer dialogischen Partnerschaft öffnet Räume, in denen Jugendliche ihrerseits Ambivalenzen artikulieren dürfen, ohne sofort den Gesichtsverlust befürchten zu müssen. Dass solche Prinzipien nicht bloß guten Willen, sondern messbare Effekte erzeugen, illustriert Ahmed (Abschn. 5.5) fünf Jahre nach seinem Gewaltvergehen. Ahmed, damals Hauptakteur, arbeitet inzwischen in der Frühschicht eines Paketlogistikers. Während der Covid 19-Pandemie galt sein Job als „systemrelevant" – ein Wort, das auf keiner Haftstrafe steht, aber in ihm unvermuteten Stolz auslöste. Auf dem Weg zur Arbeit läuft er oft am Jugendhaus vorbei und schaut auf einen Backstein, den die Gruppe gemeinsam mit seiner kurzen Botschaft in die Mauer eingelassen hat: *„Du musst kein harter Typ sein, um gesehen zu werden."* Das Zitat entstand nach einer Diskussionsrunde über Respekt, in der Ahmed zugeben konnte, dass er Angst hat, als „weich" zu gelten, wenn er einmal *nicht* mitzieht. Heute erzählt er, es handle sich um seine persönliche „Stopp-Taste": Jedes Mal, wenn Wut hochkochen würde, erinnere er sich an jenen Abend, an die Gruppe, an das erste Mal, dass jemand den Satz aussprach.

Tab. 8.3 Partizipative Bausteine der gewaltpräventiven Jugendarbeit

Baustein	Praktische Umsetzung	Kaskadeneffekt
offene Tür, klare Regeln	verlässliche Öffnungszeiten, gemeinsam erarbeitete Hausordnung, respektvoller Umgangston	vermittelt Berechenbarkeit und Mitsprache
Peer-Mentoring	Jugendliche, die schon länger dabei sind, begrüßen Neue, erklären Regeln, begleiten Projekte	verringert Schwellenangst, stärkt Selbstwirksamkeit
Partizipationsgremien	Jugendrat mit Abstimmungsrecht über Räume, Budget für Workshops	trainiert demokratische Aushandlung, Ownership
kulturell anschlussfähige Angebote	Rap-Studio, Breakdance-Kurs, Fastenbrechen im Haus	zeigt Wertschätzung für Herkunftskulturen, ohne Parallelräume zu zementieren
Reflexionsmodule	wöchentliche „Starker Freitag"-Runde: Emotion und Männlichkeit	ersetzt Gewalt durch Sprache, legitimiert Verletzlichkeit

Die Pädagogik dahinter ist kein Geheimrezept, sondern ein konsequentes Zusammenspiel von Haltung und Struktur. Im Blick auf das nächste Schaubild lohnt ein kurzer Orientierungssatz: Tab. 8.3 fasst fünf erprobte, partizipative Bausteine der gewaltpräventiven Jugendarbeit zusammen, beschreibt ihre praktische Umsetzung und den jeweils erwarteten Kaskadeneffekt auf Teilhabe, Selbstwirksamkeit und Konfliktkultur.

Partizipative Bausteine der gewaltpräventiven Jugendarbeit

Weil Jugendarbeit Beziehungskapital anhäuft, wird sie oft unterschätzt: Ihre Erfolge lassen sich nicht in Quartalsreports pressen, sondern zeigen sich in Biografien, die nicht abstürzen. Doch jeder nicht verübte Übergriff, jeder vermiedene Hafttag spart öffentliche Gelder und individuelles Leid. Eine Kommune, die das versteht, stellt die Sockelfinanzierung der Häuser sicher und vernetzt sie mit Schule, Polizei und moscheenahen Vereinen, sodass Informationsketten genauso verlässlich sind wie die Betreuung der Jugendlichen selbst.

Am Ende verdichtet sich die Logik: Wo sich junge Männer ohne Angst vor Gesichtsverlust ausprobieren können, braucht es weniger brutale Showdowns. Wo Erwachsene präsent bleiben, statt zu delegieren, wachsen stabile Rollenmodelle. Und wo Teilhabe nicht Rhetorik bleibt, sondern handfeste Mitsprache wird, verliert toxische Männlichkeit ihren Nimbus als einziges Rezept für Anerkennung und Respekt. Jugendarbeit ist damit kein ‚Nice-to-have', sondern das Scharnier zwischen der Statistik aus Kap. 6 und dem gesellschaftlichen Zusammenhalt, von dem alle profitieren.

8.4 Politische Repräsentanz und gesellschaftliche Bindung

Wer junge Männer zu verantwortlichem Handeln befähigen will, darf nicht bei Trainingsräumen und Mentoringprogrammen stehen-bleiben. Prävention braucht ein politisches Fundament und damit den verlässlichen Nachweis, dass diese Gesellschaft ihre Stimmen ernst nimmt. Solange Teilhabe ein Privileg weniger bleibt, wirken pädagogische Impulse wie Inseln im Alltag: Im Workshop lernen die Jugendlichen, Konflikte auszudrücken, doch vor der Rathaustür prallt ihre Meinung weiterhin ab. Genau an dieser Bruchstelle greift das Zusammenspiel von Männlichkeitsdruck und Ohnmachtserfahrung. Wer sich strukturell übersehen fühlt, greift leichter zu den Mitteln, die in seiner Peergroup Respekt versprechen: Härte, Dominanz, notfalls Gewalt. Deshalb ist politische Repräsentanz keine höfliche Zugabe, sondern ein Kernelement nachhaltiger Gewaltprävention. Beteiligung übersetzt das pädagogische „Du bist wichtig!" in ein gesellschaftliches „Wir verlassen uns auf dich." Erst wenn junge Menschen aus Einwandererfamilien erleben, dass ihr Alltag in Stadtrat, Bezirksbeirat oder Schulkonferenz wirklich Gewicht hat, verschieben sich die inneren Maßstäbe von Macht. Sichtbar vertretene Vorbilder – Lehrer:innen mit kurdischen Wurzeln, Stadträte mit arabischen Familiennamen, Polizist:innen aus den gleichen Hochhäusern wie die Jugendlichen – weiten den Horizont dessen, was erreichbar erscheint. Politische Teilhabe wirkt dabei auf mehreren Ebenen zugleich. Sie stiftet Anerkennung, weil aus passiven Adressaten handelnde Bürger:innen werden. Sie überträgt Verantwortung, weil jede Stimme Folgen hat und jede Entscheidung Mitgestaltenden zugerechnet wird. Sie schafft Sichtbarkeit, indem bisher marginalisierte Lebensrealitäten Eingang in Debatten finden. Und sie stärkt das demokratische Immunsystem. Wer früh erfährt, dass Regeln veränderbar und Ämter zugänglich sind, ist weniger anfällig für radikale Heilsversprechen, die Zugehörigkeit an Gewalt oder Feindbilder knüpfen.

Die folgenden Abschnitte zeigen, wie dieser Gedanke praktisch werden kann. Zunächst wird aufgezeigt, welche Hebel der Mitbestimmung das Gefühl von Ohnmacht auflösen und in aktives Engagement überführen. Anschließend folgt ein kommunales Beispiel, das belegt, welche Dynamik schon ein einzelnes mandatiertes Vorbild auslösen kann. Abschließend weiten wir den Blick auf strukturelle Reformen – vom lokalen Wahlrecht bis zur Frage, warum Spitzenämter mit vielfältigen Biografien besetzt sein sollten. Gemeinsam machen diese Bausteine deutlich, dass Politische Repräsentanz keine bloße Ergänzung zur Gewaltprävention ist, sondern ihr tragendes Fundament.

8.4.1 Ohnmacht verstehen: wie politische Leerstellen Gewalt begünstigen

Viele der jungen Männer, mit denen ich arbeite, haben eines gemeinsam: Ein Teil ihres biografischen Gepäcks ist das Gefühl, trotz Alltagspräsenz politisch unsichtbar zu sein. Sie leben hier, zahlen mit Schülerjobs oder Ausbildungsgehältern in die Systeme ein, doch wenn es um Entscheidungen über ihre Schulen, Stadtteile oder künftigen Arbeitswege geht, stehen sie zumeist am Rand. In Gesprächen klingt das so: *„Man redet immer über uns, aber nie mit uns."* Diese Diskrepanz zwischen gelebter Zugehörigkeit und realem Mitspracherecht hinterlässt Spuren – Spuren, die man weder in Notenlisten noch in Migrationsstatistiken direkt ablesen kann, die aber in jeder Anti-Gewalt-Sitzung spürbar werden.

Vom Stimmenmangel zur Lautstärke der Straße
Ohnmacht ist selten still. Wer den Eindruck hat, seine legitime Stimme finde im demokratischen Prozess kein Echo, sucht oft nach anderen Resonanzkörpern. In manchen Vierteln sind das Cliquen, die Respekt über Härte regeln; in anderen Fällen religiöse oder politische Gruppierungen, deren Weltbild einfache Kategorien anbietet: *wir* gegen *sie*, Stärke gegen Schwäche. Gewalt – ob körperlich oder symbolisch – wird in dieser Logik zur Ersatzsprache. Sie garantiert Sichtbarkeit, schafft kurzfristigen Status und simuliert Kontrolle, wo echte Mitsprache fehlt. Das erklärt, warum die Inszenierung von Stärke in Videos, Rap-Texten oder Straßenszenen so verführerisch ist. Sie repariert ein beschädigtes Selbstbild, indem sie Macht verspricht, ohne den Umweg institutioneller Teilhabe gehen zu müssen. Wer dagegen lernbiografisch erfährt, dass demokratische Wege offenstehen, entwickelt langfristig andere Beweismuster für seinen Wert – etwa in Form von Engagement in der Schülervertretung, das Einbringen eigener Themen in den Jugendrat oder die Übernahme eines Trainerpostens im Verein.

Familiärer Druck als Verstärker
Hinzu kommt der Erwartungsspagat in vielen Migrationsfamilien. Väter, die in ihrem Herkunftsland als Ernährer und Autorität galten, erleben sich hier oft am Rand des Arbeitsmarktes. Ihre Söhne sollen kompensieren, was ihnen selbst verwehrt blieb – finanzieller Erfolg, gesellschaftlicher Status, Anerkennung. Gleichzeitig fehlt den Jungen ein politisches Raster, in dem sie diese Erwartungen konstruktiv verarbeiten könnten. Scheitern sie in der Schule oder auf dem Lehrstellenmarkt, trifft sie nicht nur persönliche Enttäuschung, sondern auch das implizite Urteil: *Du hast die Familie im Stich gelassen.*

Harte Rollenskripte verstärken den Druck: Ein ‚richtiger' Mann zeigt keine Schwäche, schuldet der Familie Erfolg und verteidigt deren Ruf mit allen Mitteln. Wo Teilhabeangebote fehlen, entsteht ein enger Tunnel: Entweder Dominanz in der Peergroup oder De-Klassierung zum ‚Versager'. Gewalt und Machtdemonstrationen werden so zu scheinbar nahe liegenden Auswegen aus der empfundenen Ohnmacht. Sie lösen den Konflikt zwar nicht wirklich, verschaffen aber sofort das Gefühl, die angekratzte Selbstachtung wenigstens für einen Moment zu reparieren.

Demokratie als Gegenentwurf zur Gewaltlogik
Politische Beteiligung setzt an der Wurzel dieser Dynamik an. Wer erfährt, dass seine Stimme wirkt – sei es beim kommunalen Bürgerhaushalt, im Jugendbeirat oder durch das Recht, eine Petition zu starten – verhandelt Zugehörigkeit nicht mehr über körperliche Dominanz. Stattdessen lernt er, Einfluss auf Regeln auszuüben, Konflikte sprachlich auszutragen und Verantwortung für getroffene Entscheidungen zu übernehmen. Jede gelungene Abstimmung oder angenommene Initiative beweist: Anerkennung lässt sich auch ohne Machtdemonstration gewinnen, Status auch ohne Einschüchterung erlangen und Respekt auch ohne Fäuste erfahren.

Vom Einzelnen zur Struktur
Diese Erfahrung darf jedoch nicht dem Zufall überlassen bleiben. In Quartieren mit hoher Armuts- und Migrationsdichte braucht es Programme, die demokratische Lernräume systematisch öffnen:

- **Schüler- und Jugendräte**, deren Beschlüsse verbindlich an die Kommune rückgemeldet werden.
- **Parlamentarische Patenschaften**, in denen Abgeordnete Jugendliche aus benachteiligten Vierteln durch den politischen Alltag begleiten.
- *Mikro-Budgets*, über die Stadtteilgruppen eigenständig verfügen können, um Spielplatzsanierungen, Workshops oder Sportturniere zu finanzieren.

Solche Initiativen schaffen greifbare Erfolgserlebnisse: Eine renovierte Bolzplatzbande erinnert täglich daran, dass kollektives Engagement Wirkung zeigt. Gleichzeitig eröffnen sie einen Dialog mit Institutionen, der wechselseitig lernt: Verwaltung erlebt, dass Jugendliche konstruktive Partner sein können; Jugendliche erfahren, dass Verwaltungen auf ihre Impulse reagieren.

Gewaltprävention endet nicht im Trainingsraum. Sie muss bis in Ratssäle, Parteistuben und Rathausflure reichen. Politische Leerstelle füllt sich zu schnell mit Ersatzidentitäten, die Härte belohnen. Füllen wir sie dagegen mit echter Mitsprache, verschiebt sich das Machtmodell in Richtung Verantwortung. Die Botschaft lautet dann: *Dein Platz ist hier – nicht, weil du laut wirst, sondern weil du mitentscheidest.* So wird politische Partizipation zum wirksamsten Antidot gegen das Gift der Ohnmacht, das toxische Männlichkeitsmuster nährt.

8.4.2 Repräsentation schaffen – Wahlrecht, Vorbilder und sichtbare Brücken

Politische Teilhabe endet nicht damit, jungen Menschen zuzuhören; sie beginnt erst, wenn Strukturen ihren Stimmen tatsächlich Raum geben. Ein Schlüssel dafür ist das Wahlrecht. Millionen *dauerhaft* hier lebende Menschen ohne deutschen Pass arbeiten, bezahlen seit Jahren Steuern, erziehen Kinder – bleiben aber von zentralen Entscheidungen ausgeschlossen. Dieses Demokratiedefizit signalisiert: Deine Erfahrung zählt im Alltag, aber nicht im Parlament. Wird das kommunale und – perspektivisch – auch das landes- oder bundesweite Wahlrecht geöffnet, verschiebt sich diese Botschaft radikal. Mitreden wird zur Norm, nicht zum Privileg. Eine solche Öffnung verändert das politische Feld unmittelbar. Parteien müssen fortan Programme formulieren, die migrationsgeprägte Lebensrealitäten ernst nehmen; sie müssen Kandidierende aufstellen, die Herkunfts- wie Mehrheitsgesellschaft zugleich ansprechen. Wahlkampfstände verlagern sich von der Fußgängerzone am Samstagvormittag auch in die Hinterhöfe der Hochhaussiedlung oder auf die Gebetswiese vor der Moschee. Dort werden Themen diskutiert, die bisher selten auf einer Agenda standen: diskriminierungsfreie Wohnungsvergabe, faire Zugänge zu Ausbildungsplätzen, ein glaubwürdiger Schutz vor rassistischer Gewalt.

Mit dem Wahlrecht wächst nicht nur formale Macht, sondern symbolische Sichtbarkeit. Ein Jugendlicher, der den Wahlbrief seiner Mutter mit ausfüllt oder am Sonntag den Vater zur Urne begleitet, erlebt sich selbst als Teil eines größeren Projekts namens Demokratie. Dieses Erleben dämpft das Bedürfnis, Zugehörigkeit ausschließlich in der Peergroup zu suchen; es knüpft die eigene Würde an Gemeinwohl statt an Reviergrenzen. Doch Repräsentation wird nicht allein durch Gesetzestexte hergestellt. Sie wird greifbar, sobald Vorbilder öffentliche Räume besetzen. Als der junge Stadtrat mit türkischer Familiengeschichte in Pforzheim sein Mandat antrat, passierte mehr als eine Mandatsverschiebung. Gemeinderatssitzungen wurden plötzlich von Stimmen besucht, die dort zuvor nicht auftauchten: ältere Frauen in Kopftuch und Jugendliche in Hoodies, die nach der Schule kurz reinschauten, um ihren Vertreter sprechen zu hören. Pflichttermine verwandelten sich in Dialogforen; ein gemeinsames Fastenbrechen während des Ramadans führte Mandatsträger:innen, Vereinsvertreterinnen und Nachbarschaft an einen Tisch und machte Politik buchstäblich schmeck- und hörbar. Solche Begegnungen lösen zweierlei aus. Sie senken symbolische Schwellen: Wer sehen kann, wie Ratsmitglieder deutsch-türkisch parlieren, für Anträge kämpfen und Kompromisse aushandeln, begreift Politik als erlernbares Handwerk statt als undurchschaubares Geflecht von Ritualen. Gleichzeitig wachsen wechselseitige Erwartungen. Die Community registriert, dass ihr Engagement Wirkung zeigt; der Rat erkennt, dass belastbare Entscheidungen ohne diese Stimmen an Legitimation verlieren. Repräsentative Vorbilder wirken jedoch nur, wenn sie von institutioneller Offenheit flankiert werden. Transparente Listenaufstellungen, Mentoringprogramme für Nachwuchspolitiker:innen ohne Parteifamilie, kultursensible Sitzungsformate und niederschwellige Bürgerhaushalte schaffen die Infrastruktur, in der Einzelbeispiele nicht verpuffen. Schulen, Medien und Verwaltungen können diesen Prozess beschleunigen, indem sie Erfolgsgeschichten konsequent sichtbar machen: die Schulleiterin, deren Eltern als Gastarbeiter kamen; den Feuerwehrhauptmann, der mit zwölf Jahren ohne Deutschkenntnisse ankam; die Ministerin, die früher selbst Übersetzungsbriefe bei Elternabenden schrieb. Solche Biografien brechen das Narrativ, politische Spitzenpositionen seien exklusiv reserviert.

Repräsentation, Wahlrecht und symbolische Brücken greifen ineinander wie Zahnräder. Gesetzliche Teilhabe legitimiert migrantische Stimmen, sichtbare Vorbilder machen diese Teilhabe erfahrbar und gelebter Austausch vor Ort füllt sie mit Alltagssinn. Wenn alle drei Ebenen zusammenwirken, verliert das alte Handlungsmuster – Ohnmacht kompensieren, indem man Härte zur Schau stellt – an Attraktivität. An seine Stelle tritt ein neues Selbstbild: Mitgestalter statt Randfigur, Verantwortungsträger statt nur Betroffener. Die Demokratie gewinnt dabei doppelt. Sie wird gerechter, weil sie mehr Menschen einbindet und sie wird widerstandsfähiger, weil Zugehörigkeit an aktive Mitwirkung geknüpft ist. Gewalt wird so nicht nur ästhetisch unattraktiv, sondern auch ökonomisch sinnlos: Warum riskieren, zuzuschlagen, wenn man die Regeln mitschreiben kann?

8.4.3 Das Beispiel Pforzheim: Brücken in der Praxis

Vor einigen Jahren durfte ich in Pforzheim ein Erlebnis machen, das all das bestätigte, was ich zuvor über politische Teilhabe geschrieben hatte. Seitdem ein Stadtrat mit türkischer Biografie dem Gemeinderat angehörte, veränderte sich das gesellschaftliche Miteinander spürbar – nicht nur symbolisch, sondern ganz konkret.

Ich beobachtete damals, wie Menschen aus der türkischstämmigen Community ihn gezielt ansprachen. Sie berichteten von Sorgen und Diskriminierungserfahrungen, aber auch von Ideen, Wünschen und ihrer Bereitschaft, sich einzubringen. Plötzlich gab es jemanden, der sie verstand – sprachlich wie kulturell –, der ihre Realität kannte und zugleich den Weg in die politische Arena gefunden hatte. Besonders beeindruckte mich, dass dieser Stadtrat nicht nur repräsentierte, sondern aktiv vermittelte. Er baute Brücken zwischen den etablierten politischen Strukturen und den migrantischen Vereinen der Stadt, initiierte Gespräche, förderte Vertrauen und öffnete Räume, die zuvor als verschlossen galten. Aus vorsichtiger Distanz wurde Begegnung, aus Misstrauen Dialog. Ein eindrückliches Beispiel war das gemeinsame Fastenbrechen während des Ramadans jenes Jahres. Zum ersten Mal nahmen mehrere Gemeinderatsmitglieder, darunter langjährige *Kommunalpolitikerinnen, an einer solchen Veranstaltung teil. Menschen, die seit Jahrzehnten die Stadtpolitik geprägt hatten, saßen mit Familien, Jugendlichen und Vereinsvertreterinnen aus der muslimischen Community an einem Tisch.* Es wurde gemeinsam gegessen, gelacht, diskutiert – und vor allem einander zugehört. Dieser Abend war mehr als eine interkulturelle Geste; er verkörperte gelebte Demokratie. Politik fand nicht *über*, sondern *mit* den Menschen statt – ohne Alibipräsenz, mit echtem Interesse, gegenseitiger Anerkennung und echter Teilhabe. Ich war selbst anwesend und spürte, was politisches Vertrauen bewirken kann. Der Stadtrat hatte nicht nur eingeladen, sondern ermutigt und persönlich vermittelt; seine Kolleg:innen kamen – viele zum ersten Mal in diesen Kontext – und machten sich buchstäblich wie sinnbildlich auf den Weg.

Solche Erfahrungen zeigen, was politische Repräsentanz bewirken kann: Brücken bauen, Zugehörigkeit ermöglichen, Vertrauen stärken. Zu häufig berichten die Medien ausschließlich über Spannungen und Integrationsdefizite. Kritische Berichterstattung ist wichtig, doch gelingende Geschichten verdienen ebenso Aufmerksamkeit – sie belegen, dass politische Teilhabe kein abstraktes Konzept ist, sondern konkrete Wirkung entfalten kann.

Solche Erfahrungen zeigen, dass Repräsentanz weit mehr ist als eine Diversitätsquote. Sie löst eine Kette von Vertrauenshandlungen aus, in der sich der Resonanzraum der Wut in einen Zulieferbetrieb politischer Ideen verwandelt, Konflikte früher erkannt werden und kreative Ressourcen aufblühen. Wenn Bürgerinnen und Bürger erleben, dass ihr Alltag im kommunalen Machtgefüge vorkommt, entsteht eine demokratische Kultur, die nicht auf Herkunft, sondern auf Mitverantwortung basiert: ein „Wir", das Stärke ohne Gewalt und Einfluss ohne Dominanz vorlebt. Genau diese Beispiele gehören stärker in den öffentlichen Diskurs, denn sie zeigen das Potenzial eines gelebten Miteinanders. Vielfalt wird nicht nur zugelassen, sondern politisch ermöglicht und Jugendliche sehen im Handeln des Rates ein glaubwürdiges Vorbild. Eine solche Entwicklung ist kein ‚nice-to-have', sondern die Zukunft, die wir brauchen.

8.5 Resozialisierung und Anti-Gewalt-Training: Ausstiegspfade für junge Gewalttäter

Über eine Dekade kriminalstatistischer Auswertungen zeigt denselben Brennpunkt: ein kleiner Kreis männlicher Jugendlicher, häufig mit Migrationsgeschichte, ballt mehrere Risikolagen in sich – fehlender Schulabschluss, ökonomische Not, instabile Familienbindungen, patriarchale Ehrnormen (vgl. Kap. 2 und 6). Wo diese Faktoren zusammentreffen, steigt die Gewaltquote sprunghaft; wo Sprache, Ausbildung und soziale Einbettung greifen, sinkt sie ebenso deutlich. Resozialisierung muss also genau dort ansetzen, wo Biografien zu kippen drohen – vom ersten Strafverfahren bis zur Entlassung aus der Haft – und den Weg zurück in ein legales, selbstbestimmtes Leben ebnen.

Der Schlüssel liegt in einer Dreifachstrategie, die sich in der Praxis immer wieder bewährt hat:

• **Bindung herstellen.** Ohne eine verlässliche Bezugsperson – Streetworker, Mentor oder Betriebspate – bleibt jede gerichtliche Auflage ein Stück Papier. Glaubwürdige Begleiter können Eskalationen entschärfen, Rückfälle auffangen und neue Lebensmuster vorleben.
• **Ehre neu definieren.** Jungen Männern, die gelernt haben, Respekt mit Härte zu erzwingen, muss ein alternatives Selbstbild angeboten werden. Biografiearbeit, Familiendialoge und Rollenexperimente im Sport- oder Musikprojekt verschieben die Bedeutung von ‚Stärke': Verantwortung ersetzt Rache, Fürsorge ersetzt Dominanz.
• **Perspektiven sichern.** Wer morgens keinen Grund hat aufzustehen, fällt schneller zurück, als jede Bewährungsauflage wirkt. Teilqualifizierungen, Vermittlungsgarantien in Handwerk oder Logistik und bezahlbarer Wohnraum zeigen, dass legaler Einsatz sichtbaren Gewinn bringt – finanziell wie sozial.

Anti-Gewalt-Trainings ergänzen diese Struktur, indem sie die innere Logik der Gewalt bearbeiten. In Einzelgesprächen wird zunächst das Schweigen gebrochen: Hinter der harten Fassade liegen Scham, Angst und das Bedürfnis nach Zugehörigkeit. In den Gruppensitzungen – „heißer Stuhl", Rollenspiele, provokative Settings – üben die Jugendlichen, ihren Impuls zu kontrollieren und gleichzeitig das Gesicht zu wahren. Restorative-Justice-Formate führen einen Schritt weiter: Durch Dialog mit Geschädigten, konkrete Wiedergutmachung und ein öffentliches Abschlussritual erfahren sie, dass Anerkennung auch ohne Einschüchterung möglich ist. Diese Arbeit ist anspruchsvoll, weil sie nicht linear verläuft. Rückschläge,

Probationsverstöße und Druck aus dem alten Umfeld gehören dazu. Genau deshalb braucht es ein tragfähiges Netzwerk aus Jugendhilfe, Justiz, Wirtschaft und Wohnungswesen. Kommunen sichern offene Jugendarbeit und Streetwork, Gerichte koppeln Sanktionen an dialogorientierte Auflagen, Betriebe bieten Einstiegschancen mit Mentoring, Wohnungsgesellschaften halten Übergangszimmer bereit. Jeder Akteur steuert den Hebel bei, den er am wirksamsten bewegen kann.

Was folgt, sind zwei praxisnahe Unterkapitel. Das erste zeigt, wie Bindung, Identitätsarbeit und Zukunftsperspektive in ein kohärentes Resozialisierungsdesign übersetzt werden können. Das zweite öffnet die Tür zum Trainingsraum. Es veranschaulicht, wie konfrontative Methoden, kulturell anschlussfähige Narrative und konsequente Wertschätzung jenen Moment erzeugen, in dem ein Junge erstmals sagt: *„Ich bin mehr als meine Tat."*

8.5.1 Die Kraft passender Anker: Resozialisierung als Dreiklang von Bindung, Identität und Perspektive

Wer mit delinquent gewordenen jungen Migranten arbeitet, merkt schnell: Strafe allein verändert kein Leben. Entscheidend sind Anker – konkrete Bezugspunkte, an denen sich ein Jugendlicher festhalten kann, wenn ihn die altvertrauten, oft destruktiven Gewohnheiten und Loyalitätsmuster wieder in ihre Bahn ziehen wollen. Drei solcher Anker haben sich in meiner Praxis als unverzichtbar erwiesen: eine *belastbare Beziehung*, eine *Neujustierung* von Ehre und Männlichkeit sowie eine *realistische Zukunftsperspektive*. Greift nur einer von ihnen, bleibt der Kurs instabil; greifen alle drei zugleich, entsteht ein Navigationssystem, das selbst in Turbulenzen hält.

1. Bindung – ohne verlässliche Menschen bewegt sich nichts
Gerade Jungen, die Gewalt als Kommunikationsform verinnerlicht haben, testen ihr Gegenüber auf Authentizität. Ein Doppel-Mentoring hat sich hier bewährt. Auf der Straße hält ein Streetworker den niederschwelligen Kontakt – per WhatsApp um zwei Uhr nachts oder beim spontanen Kaffee an der Bushaltestelle. Parallel begleitet ein betrieblicher Mentor den Einstieg in Ausbildung oder Job: Der Schichtführer, der morgens mit dem Jugendlichen eincheckt und nachmittags mit demselben Ernst nachfragt, warum er zu spät kam. Dieses Tandem verbindet Lebensweltnähe mit beruflichem Nutzen. Fühlt sich der Jugendliche wirklich gesehen, beginnt er, Alternativen zur Gewalt zu erproben – nicht, weil man es von ihm verlangt, sondern weil das Gegenüber bleibt, auch wenn er scheitert.

2. Identität – Ehre neu denken, Männlichkeit weiten

Viele der Teilnehmer stammen aus Ehrkulturmilieus, in denen Respekt als Null-Summen-Spiel gilt: Entweder du herrschst – oder du verlierst dein Gesicht. Resozialisierung muss deshalb das innere Drehbuch umschreiben. Narrative Interviews helfen, verschüttete Momente des Stolzes freizulegen: „Wann warst du das letzte Mal stolz, ohne jemanden zu schlagen?". In Familiendialogen erzählen Mutter und Schwester, welchen Preis sie für die ‚Ehre' zahlen, wenn der Sohn in Untersuchungshaft sitzt. Rollenexperimente ergänzen die Reflexion: Der ‚harte Typ' wird Team-Captain im Sportprojekt und muss Fairness durchsetzen oder organisiert als DJ den Abschlussabend im Jugendhaus. Gelingen solche Erfahrungen, verschiebt sich das Selbstwertmodell. Anerkennung kommt nicht mehr ausschließlich über Dominanz, sondern über Verantwortung und Kooperation.

3. Perspektive – Zukunft muss sich lohnen

Selbst die beste Beziehung erodiert, wenn der Alltag nach der Haft leer bleibt. Darum verzahnt ein wirksames Programm Qualifizierung, Jobgarantie und Wohnraum. Teilqualifizierende Module – zwei Wochen Metallgrundkurs, acht Wochen Lagerlogistik – ersetzen das ‚Alles-oder-Nichts' der klassischen Ausbildung und verschaffen schnelle Erfolgserlebnisse. Städte schließen Anker-Allianzen mit Handwerk und Pflege: Besteht der Jugendliche die Module, verpflichtet sich der Betrieb, ihn 24 Monate einzustellen – abgesichert durch eine kommunale Bürgschaft. Parallel sucht ein Wohn-Lotse ein WG-Zimmer oder ein Übergangsapartment und bleibt erster Ansprechpartner für Vermieter. Hat der Jugendliche morgens einen Arbeitsplatz und abends einen Schlüssel, schrumpft der Rückfallreiz drastisch. Die Investition in die Zukunft ist größer als der vermeintliche Gewinn einer Schlägerei.

Restorative Justice als Katalysator

Zwischen diesen drei Polen wirkt Täter-Opfer-Ausgleich wie ein Beschleuniger. Die Begegnung mit dem konkret Geschädigten, eine fassbare Ersatzleistung – etwa die Renovierung des zerstörten Jugendclubs – und ein öffentliches Abschlussritual verknüpfen Verantwortung, Stolz und soziale Anerkennung. Die Jugendlichen erleben Würde ohne Einschüchterung; das Umfeld sieht Fortschritt statt bloßer Strafe.

Ein Netz statt Einzelmaßnahmen

Damit das System trägt, teilen Kommune, Justiz, Wirtschaft und Wohnungswesen die Verantwortung. Die Stadt garantiert Streetwork und offene Jugendhäuser, Gerichte verknüpfen Bewährung mit dialogorientierten Auflagen, Betriebe erhalten Mentor-Coaching und steuerliche Entlastung, Wohnungsgesellschaften reservieren Übergangsplätze. Jeder Partner bewegt den Hebel, den er am besten bedienen kann; gemeinsam verschieben sie das Chancen-Risiko-Verhältnis nachhaltig.

Wenn Bindung, identitätsbezogene Neuorientierung und greifbare Zukunftsperspektive zusammenfinden, beginnen Biografien sich vom Gewaltskript zu lösen. Der Satz *„Ich sehe dich – und ich glaube an deine zweite Chance"* wird nicht länger wohlmeinende Floskel, sondern gelebte Realität – und genau dort, in diesem dichten Netz aus Ankern, beginnt echte Resozialisierung.

8.5.2 Anti-Gewalt-Training: Praxis und Methoden

Ein Anti-Gewalt-Training verläuft in klaren Etappen. Ich beginne im geschützten Vier-Augen-Gespräch, in dem der Jugendliche ohne Publikum über seine Tat sprechen kann und ich schließe erst, wenn er im »heißen Stuhl« vor der Gruppe Verantwortung übernimmt. Zwischen diesen Polen steigere ich den Anspruch Schritt für Schritt – vom leisen Fragen über Rollenspiele bis zur konfrontativen Diskussion –, damit Vertrauen, Selbstreflexion und Verantwortung parallel wachsen. Die folgenden Abschnitte beschreiben diesen Weg und seine Methoden im Detail.

1. Warum jedes Training mit Schweigen beginnt
Die Jugendlichen, die in mein Anti-Gewalt-Programm kommen, tragen zwei unsichtbare Gepäckstücke bei sich: eine chronische Wachsamkeit („hier will mich eh keiner verstehen") und einen stummen Auftrag („zeig keine Schwäche"). Darum startet das Curriculum niemals mit Regeln oder Lehrplänen, sondern mit *Einzelgesprächen*. Ich setze mich ihnen gegenüber, lasse die Türe einen Spalt offen – damit Flucht möglich bleibt – und frage schlicht:

„Wie würdest du deine Tat jemandem erklären, der dich liebt?".

Erst wenn ein Funken Irritation aufblitzt, ist der erste Riss in der Fassade da. Dieses initiale Setting hat drei Funktionen (Tab. 8.4):

Tab. 8.4 Kernelemente eines Anti-Gewalt-Gesprächs

Ziel	Praxisdetail	Effekt
Risikocheck	Fragen nach Sucht, akuter Traumatisierung, suizidalen Signalen	Belastungen früh screenen, ggf. externe Hilfen einschalten
Rollenumkehr	Täter:in formuliert aus Sicht des Opfers	senkt Abwehr, weckt ‚Empathie-Muskel'
Verbindlichkeit	„Hier drin wird es hart, aber fair – du darfst gehen, doch bleibst du, gilt jedes Wort."	Stärke durch Wahlfreiheit, Vertrauen in den Prozess

2. Die Gruppensitzungen: Veränderung im Resonanzraum der Peers

Die eigentliche Dynamik des Anti-Gewalt-Trainings entfaltet sich in der Gruppe. Hier wird nicht nur über Gewalt gesprochen – sie wird in einem geschützten Rahmen sichtbar, benennbar und bearbeitbar. Jede Sitzung folgt klaren Ritualen und wiederkehrenden Bausteinen, die Sicherheit geben und zugleich herausfordern. Drei thematische Linien bilden dabei das Gerüst:

1. **Konfrontation mit der eigenen Tat**
2. **Reflexion über Gewalt, Ehre und Männlichkeit**
3. **Einüben gewaltfreier Handlungsalternativen**

Ein zentrales Format ist der sogenannte *heiße Stuhl*: Ein Teilnehmer nimmt in der Mitte Platz, die Gruppe sitzt kreisförmig um ihn herum. Gemeinsam rekonstruieren wir den Tathergang und beleuchten blinde Flecken. Leitfragen strukturieren den Prozess:

- *Was ist tatsächlich passiert?*
- *Welche Folgen hatte dein Handeln für das Opfer?*
- *Wie hättest du anders reagieren können?*
- *Wie würdest du dich fühlen, wenn deinem Bruder Ähnliches widerführe?*

Der Stuhl ist kein Pranger, aber auch kein Schonraum. Das Ziel ist, Verharmlosungen und Ausreden aufzulösen, ohne den Jugendlichen zu beschämen. Häufig fällt an diesem Punkt die schützende Maske: Zum ersten Mal rückt das eigene Tun in einen moralischen Bezug – und damit in die Verantwortung des Handelnden. Um echte Selbstregulation zu trainieren, konfrontiere ich die Teilnehmer auch körperlich und sprachlich mit Stressreizen: direkter Blickkontakt, ungewöhnliche Nähe, ironische Bemerkungen. Die Botschaft lautet: *Du bist jederzeit frei auszusteigen – entscheide bewusst.*

Ein Beispiel verdeutlicht den Effekt: Bei einer Übung berührte ich einen Jugendlichen leicht an der Wange – eine Intimdistanz, die in seinem kulturellen Kontext als Tabubruch gilt. Er spannte sich an, atmete hörbar, verharrte jedoch. Später sagte er: „Ich wollte zuschlagen, aber ich habe es ausgehalten. Zum ersten Mal." Diese Erfahrung ist pädagogisch bedeutsam: Das Gehirn unterscheidet in der Stressverarbeitung kaum zwischen Übung und Ernst; wer Kontrolle im Training erwirbt, kann sie auch außerhalb anwenden.

3. Provokation ohne Demütigung – ein Balanceakt

Viele Kurse scheitern, weil Lehrende *über* Ehre sprechen, nicht *durch* sie. Ich arbeite daher mit *kulturell anschlussfähigen Triggern*:

- **Religion als Spiegel:**
  „Der Prophet Mohammed hat geweint – war er schwach?"
  → bricht binäres Männlichkeitsbild auf, ohne die Kultur abzuwerten.
- **Geschlechterrollen auf den Kopf stellen:**
  „Chadīdscha: älter, Unternehmerin, geschieden – trotzdem Rasulallahs große Liebe. Warum muss deine Frau Jungfrau sein?"
  → zeigt Differenz zwischen Tradition & spirituellem Urtext.
- **Körperliche Nähe als Testzone:**
  Leichte Berührung an der Schulter während einer Provokationsfrage. Wer hochschießt, trainiert in der nächsten Runde Selbstkontrolle („Freeze-at-Five-Breaths-Rule").

Konfrontation wirkt nur, weil sie von Respekt gerahmt ist: Ich bin strikt gegen Selbstentwertung, halte den Jugendlichen aber konsequent den Spiegel vor. *Fehler sind erlaubt – Ausreden nicht.*

4. Rollenspiele, Filme und Übungen – Lernen durch Erleben

Die meisten meiner Teilnehmer haben wenig schulische Erfahrung, viele sind schreibfaul. Deshalb arbeite ich mit anderen Mitteln:

- **Rollenspiele:** Wir stellen Alltagssituationen nach – ein Streit auf dem Schulhof, eine Beleidigung, ein Angriff auf die Schwester. Die Jugendlichen spielen sich selbst oder den anderen. Sie erleben sich in der Täter- oder Opferrolle – und erkennen plötzlich, wie sich beides anfühlt.
- **Filme und Reflexion:** Ich zeige Szenen, Interviews, Dokumentationen – z. B. über Gewaltopfer, über Jugendliche, die aus der Spirale ausgebrochen sind. Danach wird diskutiert: „Was hat dich berührt? Was war dir neu?".
- **Körperübungen:** Wir machen Aggressionskontrollspiele, Vertrauensübungen, Standfestigkeitstrainings. Ich bringe ihnen bei: Du kannst Nein sagen. Du kannst aus einer Eskalation aussteigen – ohne deine Ehre zu verlieren.

5. Restorative Justice – Verantwortung erlebbar machen

Viele der jungen Männer, mit denen ich arbeite, haben in ihrem bisherigen Leben nur zwei Reaktionsmuster kennengelernt: Schweigen oder Vergeltung. Restorative-Justice-Ansätze eröffnen ihnen eine dritte Möglichkeit – Wiedergutmachung.

Dabei geht es nicht um ein mildes „Entschuldige dich", sondern um einen strukturierten Prozess, der drei Ebenen verbindet:

- **Dialog:** Noch während des Ermittlungsverfahrens kann die betroffene Seite wählen, wie sie dem Täter begegnen möchte: in einem geschützten persönlichen Gespräch, schriftlich oder via Video. Dadurch wird deutlich, dass eine Straftat immer einen konkreten Menschen trifft, nicht eine abstrakte Ordnung.
- **Konkrete Wiedergutmachung:** Geldzahlungen allein bleiben oft folgenlos. Weitaus wirksamer sind greifbare Ersatzleistungen, bei denen der Täter praktisch erfährt, was Verantwortung bedeutet – etwa die Renovierung des Jugendhauses, in dem er später selbst Workshops leitet, oder die Gestaltung einer Social Media-Kampagne gegen Gewalt.
- **Öffentliches Anerkennen:** Ist die Wiedergutmachung abgeschlossen, folgt ein kleiner, aber symbolstarker Abschlussmoment – zum Beispiel eine kurze Rede im Quartier-Café, eine Urkunde oder ein gemeinsam gebautes Objekt für die Nachbarschaft. Damit wird Verantwortung sichtbar, der Täter erlebt Würde ohne Machtdemonstration und die Community sieht einen glaubwürdigen Lernschritt statt bloßer Strafe.

Durch diesen Zyklus erfahren die Jugendlichen oft zum ersten Mal, dass Anerkennung auch ohne Einschüchterung möglich ist – und dass echte Stärke darin liegt, einen Schaden zu beheben, statt ihn zu leugnen.

6. Community und Peers – Zugehörigkeit neu knüpfen
Wie die Analysen in Kap. 6 zeigen, scheitern viele Resozialisierungsversuche, sobald ein junger Mann in sein altes Umfeld zurückkehrt. Dort greifen vertraute Loyalitätsregeln, alte Rollen und schnelle Anerkennung durch riskantes Verhalten. Deshalb braucht es neue soziale Netze, die Sicherheit und Status auf konstruktive Weise bieten:

- **Peer-Mediatoren:** Ehemalige Klienten, die selbst einen erfolgreichen Ausstieg geschafft haben, begleiten Neuankömmlinge in Sport-, Musik- oder Mediengruppen. Sie wirken glaubwürdiger als jede Fachkraft, weil sie die Codes und Fallstricke aus eigener Erfahrung kennen.
- **Familienforen:** Einmal pro Woche kommen Mütter, Väter, Geschwister und Jugend-Coaches zusammen, moderiert von einer religiösen oder kulturellen Vertrauensperson. In diesen Runden wird offen darüber gesprochen, was Respekt in der Familie bedeuten kann – fernab von Drohungen und Ehrkonflikten.

- **Digitales Mentoring:** Push-Nachrichten erinnern an Gerichtstermine, Bewerbungsfristen oder Therapiesitzungen; ein verschlüsselter Chat bietet schnelle Hilfe bei Krisen. So verlieren Rückfallrisiken wie Gruppendruck oder unvorhergesehene Schulden ihre Überrumpelungskraft.

Diese Bausteine knüpfen ein belastbares Netz: Sie zeigen, dass Veränderung möglich ist – und dass sie nicht im luftleeren Raum geschieht, sondern durch gemeinschaftliche Unterstützung getragen wird.

7. Kommune, Justiz, Wirtschaft – Verantwortung teilen statt verschieben

Resozialisierung kann nicht gelingen, wenn sie nur der Jugendhilfe oder der Justiz überlassen wird. Jede Ebene hat einen eigenen Hebel:

- **Kommunale Ebene:** Städte und Landkreise müssen offene Jugendarbeit sowie aufsuchendes Streetwork als Grundversorgung begreifen. Verlässliche Öffnungszeiten, qualifiziertes Personal und sichere Räume sind das Fundament, auf dem alle anderen Maßnahmen aufbauen.
- **Justiz:** Gerichte und Staatsanwaltschaften können Täter-Opfer-Ausgleiche oder dialogorientierte Auflagen frühzeitig anregen und konsequent begleiten. So wird das Strafverfahren vom reinen Sanktionsinstrument zum Lernprozess.
- **Arbeitsmarkt:** Betriebe, die Jugendlichen nach der Haft eine Chance geben, brauchen Unterstützung – etwa durch Mentorings, steuerliche Anreize oder passgenaue Qualifizierungen. Entscheidend ist, dass Verantwortung und Risiko geteilt werden. Das Unternehmen bekommt einen Begleiter an die Seite, der kulturelle Brücken baut und Konflikte moderiert.
- **Wohnungswesen:** Ohne stabilen Wohnraum verpufft jede Perspektive. Kommunale Wohnungsgesellschaften können kleine Übergangs-WGs oder Einzelapartments reservieren, in denen Betreuer:innen regelmäßig vorbeischauen und bei Alltagsfragen helfen. So bleibt der Neustart nicht an bürokratischen Hürden hängen.

Solche Strukturen kosten Geld – aber sie sparen die wesentlich höheren Ausgaben, die durch erneute Haft, Polizeieinsätze oder lebenslange Sozialtransfers entstehen. Vor allem aber signalisieren sie: Gesellschaftliche Teilhabe ist kein Privileg, sondern ein Angebot, das an klare Regeln geknüpft ist – und an die Bereitschaft, Verantwortung zu übernehmen. Menschen ändern sich, wenn Bindung, Identitätsarbeit und konkrete Zukunftsperspektiven zusammenwirken. Die Daten aus Kap. 6 liefern den objektiven Nachweis: Steigen soziale Startchancen, sinkt Delinquenz – unabhängig von Herkunft oder Pass.

„Ich sehe dich – und ich glaube an deine zweite Chance."

Dieser Satz wirkt stärker als jede Gefängnismauer, wenn er von einer Gesellschaft kommt, die ihn ernst meint – und die dafür sorgt, dass Schulen, Betriebe, Wohnungsmarkt und Justiz bereit sind, ihren Teil beizutragen. Dort, wo das gelingt, werden sogenannte ‚hoffnungslose Fälle' zu glaubwürdigen Vorbildern. Und aus nüchternen Kriminalstatistiken werden Geschichten des Gelingens.

Die vorangegangenen Kapitel haben die Reise von den konkreten Zahlen der Kriminalstatistik bis zu den leisen Momenten eines Anti-Gewalt-Trainings nachgezeichnet. Wir haben gesehen, dass Gewalt nicht in einem Vakuum entsteht, sondern dort, wo sich soziale Ausgrenzung, ökonomische Unsicherheit und eng gefasste Rollenerwartungen überlagern. Genauso wenig gedeiht Frieden von allein. Er braucht Räume, in denen Zugehörigkeit spürbar wird, in denen junge Menschen sich erproben dürfen, ohne ihre Würde aufs Spiel zu setzen und in denen die Gesellschaft bereit ist, zweite Chancen zu ermöglichen.

Gewaltprävention, Jugendarbeit, Restorative Justice und politische Repräsentanz sind dabei keine konkurrierenden Handlungsfelder, sondern Zahnräder desselben Getriebes. Eine Schule, die antirassistische Bildung verankert, ein Jugendzentrum, das emotionale Sprachfähigkeit trainiert, ein Unternehmen, das Ex-Offendern einen Ausbildungsplatz bietet und eine Kommune, die Ratsmandate diversifiziert – sie alle tragen gemeinsam dazu bei, dass ehemalige ‚Problemkinder' zu Vorbildern werden können. Entscheidend ist, dass jeder Sektor erkennt, dass Sicherheit nicht primär aus Härte entsteht, sondern aus fairen Startchancen und belastbaren Bindungen.

Gleichzeitig mahnen uns die vielen Geschichten der Jugendlichen, die Komplexität individueller Biografien niemals hinter abstrakten Konzepten verschwinden zu lassen. Pädagogische Routinen, therapeutische Settings oder politische Programme entfalten erst Wirkung, wenn sie einen konkreten Menschen erreichen. Das verlangt von Fachkräften Mut zur Selbstreflexion, von Institutionen die Bereitschaft zur Kooperation – und von der Gesellschaft insgesamt die Geduld, Prozesse nicht an Wahlperioden oder Projektlaufzeiten zu messen. Veränderung braucht Zeit, Rückschläge und einen langen Atem, doch sie zahlt sich vielfältig aus: ökonomisch, weil Haftkosten sinken; sozial, weil Angst schrumpft; demokratisch, weil Engagement wächst. Vor allem aber erfordert dieser Weg ein neues Wir-Verständnis. Migration, Behinderung, Armut oder Geschlecht dürfen nicht länger als Defizit-Marker gelten, sondern als selbstverständliche Teile einer pluralen Normalität. In einer solchen Normalität ist es denkbar, dass ein Jugendlicher aus einer Sammelunterkunft später das Sozialdezernat leitet, dass eine Frau mit Kopftuch die Schulleitung übernimmt und dass ein Sohn von Gastarbeitern im Kanzleramt Verantwortung trägt – nicht als exotische Sensation, sondern als erwartbarer Verlauf einer offenen Gesellschaft.

Das Buch endet damit nicht in einem vermeintlichen Idealzustand, sondern mit einer Einladung. Die vorgestellten Konzepte, Beispiele und Werkzeuge sind bewusst offengehalten, damit sie vor Ort angepasst, erweitert und kritisiert werden können. Sie bilden eine Art Baukasten, der nur dann lebendig bleibt, wenn er gemeinsam erprobt wird – von Lehrerinnen und Streetworkern, von Gemeinderäten und Gefängnisseelsorgern, von Elternbeiräten und Sporttrainern, von jungen Menschen selbst.

So schließt sich der Kreis: Wir setzen mit nüchternen Zahlen und konkreten Fallgeschichten an, passieren die Brennpunkte von Schule, Straße, Gerichtssaal, Jugendzentrum und Stadtrat – und landen bei einer vorsichtigen, aber fundierten Zuversicht. Die Erkenntnisse unterwegs sind weder idyllisch noch endgültig, doch sie verweisen auf reale Hebel: eine Lehrerin, die in der Pause das Gespräch sucht; ein Streetworker, der nachts ans Telefon geht; ein Betrieb, der einen ‚schwierigen‘ Auszubildenden behält; eine Stadträtin, die das Fastenbrechen nicht als Pflichttermin, sondern als Gelegenheit zum Zuhören begreift; ein Bewährungshelfer-Team, das Rückfälle als Ansporn nimmt, noch genauer hinzuschauen. Jedes dieser Beispiele verwandelt abstrakte Risikoindikatoren in gelebte Verantwortung. Gemeinsam zeigen sie, dass eine demokratische, vielfältige und sichere Gesellschaft kein statisches Gelände ist, sondern eine Brücke in fortwährender Konstruktion. Ihre Tragfähigkeit wächst mit jeder vertrauensvollen Beziehung, jedem ernst gemeinten Beteiligungsformat, jeder Institution, die bereit ist, Macht zu teilen und jedem Menschen, der der Versuchung widersteht, andere abzuschreiben. Diese Brücke benötigt tägliche Wartung: das Nachziehen von Schutzgeländern in Form klarer Regeln, das Einsetzen tragender Pfeiler durch Bildung und Arbeit, das Ausbessern von Rissen durch Dialog und Wiedergutmachung. Wenn wir uns dieser Aufgabe stellen, bleibt niemand gezwungen, am Rand stehen zu bleiben – und die vielbeschworene gesellschaftliche Mitte wird zu einem Ort, an dem Unterschiedlichkeit nicht nur toleriert, sondern als Quelle gemeinsamer Stärke begriffen wird.

Ende – Warum ich dieses Buch geschrieben habe

Dieses Buch entstand nicht zufällig. Es wurde nicht einfach an einem ruhigen Schreibtisch geschrieben – es wuchs in mir. Es wuchs aus Begegnungen, Gesprächen und Widersprüchen, aus Zorn, Enttäuschung und Hoffnung. Obwohl dieses letzte Kapitel unter Zeitdruck entstanden ist, war es mir eine Herzensangelegenheit, es unbedingt noch aufzunehmen. Es fasst zusammen, was mich innerlich antreibt und weshalb dieses Buch *genau jetzt* geschrieben werden musste.

Der unmittelbare Auslöser waren zwei Fernsehsendungen des SWR: „Zur Sache Baden-Württemberg" und „Zur Sache intensiv". Dort wurde ich eingeladen, um über Themen zu sprechen, die mich seit vielen Jahren beschäftigen: Gewalt, toxische Männlichkeit, Ehrvorstellungen, Loyalitätskonflikte und Diskriminierung – Themen, die unbequem sind, weil sie tiefer gehen. Während der Sendungen war der Austausch engagiert, kontrovers und respektvoll. Doch nachhaltig berührt hat mich vor allem, was danach geschah. In den darauffolgenden Tagen und Wochen erhielt ich zahlreiche Rückmeldungen – von Bekannten, Fremden, Fachkräften, Jugendlichen, Eltern und sogar von Menschen, die sich zuvor nie mit dem Thema beschäftigt hatten, aber plötzlich spürten: „Das betrifft auch mich." Viele Reaktionen waren ermutigend, einige kritisch. Menschen riefen mich an, schrieben mir und suchten bei Veranstaltungen das Gespräch – nicht oberflächlich, sondern ernsthaft und aufrichtig. In all dem spürte ich eine Dringlichkeit, eine Leerstelle, die gefüllt werden musste. Diese Erfahrungen haben mich tief bewegt. Mir wurde klar, dass Einzelgespräche oder Workshops allein nicht ausreichen. Es braucht einen größeren, zugänglichen Raum, etwas Bleibendes – ein Buch, das Fragen aufwirft, ohne einfache Antworten zu versprechen. Ein Buch, das erzählt, analysiert, provoziert und zugleich ermutigt.

Im Zuge dieser Entwicklungen entstand auch der Workshop „Toxische Männlichkeit", der bald am Institut für Psychologie und Bedrohungsmanagement in Darmstadt startet. Er bündelt meine beruflichen Erfahrungen aus rund zwanzig Jahren Anti-Gewalt-Arbeit, vor allem mit jungen Männern arabischer und türkischer Herkunft. Dieser Workshop richtet sich an Fachkräfte, pädagogische Teams, Multiplikatorinnen und Multiplikatoren – aber auch direkt an junge Männer selbst. Ziel ist es, Räume zu schaffen, in denen offen gesprochen, gestritten, hinterfragt und neu gedacht werden kann.

Ich habe diese Arbeit nie aus einer akademischen Distanz heraus betrieben. Viele der inneren Konflikte, über die ich schreibe, kenne ich aus eigener Erfahrung. Ich bin zwischen zwei Kulturen aufgewachsen, habe Widersprüche erlebt – zwischen Anpassung und Widerstand, zwischen Herkunft und Ankommen, zwischen Fremdzuschreibung und Selbstbild.

Ich verdanke vieles den Menschen, die an mich geglaubt haben. Besonders meiner verstorbenen Pflegemutter, die oft sagte: „Nichts ist unmöglich, wenn du etwas wirklich willst. Du kannst sogar Berge versetzen." Dieser Satz begleitet mich seit meiner Jugend und war mein inneres Fundament in Momenten der Unsicherheit, Müdigkeit und Ohnmacht. Vielleicht ist genau dieses Buch mein Versuch, einen solchen Berg zu bewegen – oder zumindest sichtbar zu machen, wo er steht.

Ich schreibe dieses Buch aus Respekt. Aus Respekt vor den Jugendlichen, mit denen ich gearbeitet habe. Ich habe sie gesehen, gehört und gespürt – mit all ihren Stärken, Zweifeln, Verletzungen, Masken und Hoffnungen. Ich habe mich oft über ihre Provokationen geärgert und zugleich ihr Schweigen verstanden. Aus Respekt vor den Fachkräften, die täglich in Schulzimmern, Beratungsstellen, Jugendzentren und Wohngruppen gegen Müdigkeit und Frustration ankämpfen, ohne aufzugeben. Aus Respekt vor den Familien – insbesondere den Müttern, die in patriarchalen Strukturen über sich hinauswachsen, jedoch kaum gesehen werden. Und aus Respekt vor der Menschlichkeit, vor dem Mut, weich zu bleiben in einer harten Welt.

Mein besonderer Dank gilt Ibrahim Ezzedine, dessen zwei Kapitel zum Thema Vorbilder, Bezugspersonen und die Auswertung der Kriminalstatistik und die damit verbundenen sozioökonomischen Einflüsse dieses Buch fachlich und menschlich bereichern. Seine Perspektive gibt dem Gesamtwerk zusätzliche Tiefe.

Wir haben ChatGPT (OpenAI) als äußerst wertvolle Unterstützung vor allem zur sprachlichen Korrektur unseres Manuskripts genutzt, und Frau Dr. Claudia Obermeier hat das Buch als Lektorin mit großer Sorgfalt geprüft. Für ihren überaus hilfreichen und wertvollen Input sind wir ihr zutiefst dankbar, und die Verantwortung für Inhalt und Endfassung liegt vollständig bei uns.

Und dann war da Henning Otte vom SWR. In der Sendung fragte er mich: „Manche nennen Sie einen Träumer. Träumen Sie?". Ich habe nicht lange gezögert und geantwortet: „Ja. Ich träume. Und ich glaube daran, dass manche Träume in Erfüllung gehen können." Denn was wäre die Welt ohne Träume? Wären wir nicht noch immer in feudalen Machtverhältnissen gefangen, hätten nicht mutige Menschen geträumt – von Freiheit, Gleichberechtigung und Teilhabe? Viele große Errungenschaften begannen mit einem Traum, mit der Vorstellung, dass es auch anders sein könnte. Oft braucht es nur eine kleine Gruppe von Menschen, die nicht nur träumt, sondern auch handelt. Menschen, die beginnen, Fragen zu stellen, Strukturen zu hinterfragen und Verantwortung zu übernehmen. Dann entsteht vielleicht etwas Bleibendes. Ich wünsche mir, dass dieses Buch ein kleiner Teil eines solchen Prozesses sein darf – ein Buch, das nicht nur gelesen, sondern auch gespürt, diskutiert und weitergedacht wird. Ein Beitrag zu einer dringend notwendigen Debatte über Männlichkeit, Gewalt, Herkunft, Zugehörigkeit und Gerechtigkeit.

Zum Schluss, aus tiefstem Herzen: Ein großes, aufrichtiges Dankeschön. An all die jungen Männer, die mich mit ihrem Verhalten manchmal zur Verzweiflung gebracht haben – und mich mit ihrer Menschlichkeit immer wieder berühren. An meine Wegbegleiter, die auch dann an meiner Seite geblieben sind, wenn es unbequem wurde. An meine Liebsten, die mir den Rücken stärken, wenn ich mich öffentlich positioniere. An meine Pflegemutter, die mir ein Zuhause gegeben hat und mir ermöglichte, heute anderen Orientierung zu geben. An alle Leserinnen und Leser, die sich diesem Buch öffnen – mit Neugier, mit Zweifeln, mit offenem Herzen.

Dieses Buch gehört nicht nur mir. Es gehört allen, die nie aufgehört haben zu träumen.

Euer Mohamed Zakzak oder Mo Zakzak

Anhang

Jungen fördern im Spannungsfeld von Ehre und Erwartungen (Leitfaden)

Der Leitfaden basiert nicht auf wissenschaftlicher Forschung, sondern auf langjähriger Praxiserfahrung in der Jugendhilfe. Er enthält praxisnahe Impulse, die sich besonders bei stabilen Beziehungen zu Jugendlichen als wirksam erwiesen haben. Ziel ist es, zur eigenen Reflexion und Weiterentwicklung anzuregen. Der Leitfaden versteht sich als flexibles Angebot, nicht als starres Regelwerk.

Ein besonderer Fokus liegt auf der Arbeit mit männlichen Jugendlichen und jungen Erwachsenen mit Migrationshintergrund, die oft unter dem Druck toxischer Männlichkeitsbilder leiden. Diese Jugendlichen kämpfen weniger aus Aggression heraus als vielmehr aus Ohnmacht und einem Gefühl des Ausschlusses. Der Leitfaden plädiert dafür, ihnen Räume zu schaffen, in denen neue Formen von Stärke – basierend auf Verantwortung, Konfliktfähigkeit und emotionaler Ausdruckskraft – möglich werden.

Im Anhang befindet sich ein Leitfaden für die Einzel- und Gruppenarbeit mit jungen Menschen. Er richtet sich an Fachkräfte, die junge Männer dabei unterstützen möchten, ein respektvolles und gewaltfreies Verständnis von Männlichkeit zu entwickeln.

A. Leitfaden für die Gruppenarbeit (Schulklassen): Toxische Männlichkeit und Ehrverständnis – Prävention und pädagogische Intervention

1. Zielsetzung

Der Leitfaden unterstützt Fachkräfte in der Bildungs- und Sozialarbeit dabei, toxische Männlichkeitsideale und problematische Ehrvorstellungen zu erkennen, zu verstehen und präventiv zu bearbeiten. Er soll:

- Sensibilität für kulturelle Kontexte und soziale Dynamiken schaffen,
- Jungen und junge Männer stärken, emotionale und soziale Kompetenzen zu entwickeln,
- Gewaltprävention durch alternative Männlichkeitsbilder fördern,
- nachhaltige pädagogische Interventionen ermöglichen.

2. Ausgangslage und Problembeschreibung

In vielen Kulturen und Sozialisationen wird ‚Ehre' über das Verhalten männlicher Familienmitglieder definiert. Daraus ergeben sich folgende Problematiken:

- **Gewalt als legitimes Mittel:** Jungen werden darin sozialisiert, auf Kränkungen mit Stärke oder Vergeltung zu reagieren.
- **Druck zur Männlichkeitsbehauptung:** Es besteht die ständige Erwartung, stark, unerschütterlich und dominant zu sein.
- **Verknüpfung von Männlichkeit und Kontrolle:** Kontrollverlust (z. B. durch Liebeskummer oder Ablehnung) wird als Gesichtsverlust empfunden.
- **Loyalitätskonflikte:** Jugendliche geraten in Konflikte zwischen familiären Ehrvorstellungen und gesellschaftlichen Erwartungen.

Beispiel: Ein 16-jähriger Schüler schlägt einen Mitschüler, weil dieser seine Schwester „angeschaut" habe – aus seiner Sicht ein Angriff auf die Familienehre.

3. Leitprinzipien der Arbeit

- **Kulturelle Sensibilität:** Hinterfragen statt stigmatisieren – z. B. durch kulturvergleichende Diskussionen.
- **Beziehungsarbeit:** Vertrauen aufbauen, um sensible Themen wie Scham, Angst oder Versagensdruck anzusprechen.
- **Empowerment:** Jugendlichen Mut machen, eigene Werte zu entwickeln.
- **Partizipation:** Jugendliche an der Gestaltung von Projekten beteiligen – z. B. eigene Podcasts, Wandzeitungen, Theaterstücke.

Übung: „Mein Werte-Kompass" – Jugendliche zeichnen einen inneren Kompass, auf dem sie ihre wichtigsten Werte (z. B. Respekt, Familie, Freiheit, Stolz) verorten und diskutieren Unterschiede und Gemeinsamkeiten.

4. Handlungsfelder und Methoden
A. Biografische Reflexion
* **Workshop-Reihen** zu:
  - „Was ist ein Mann?"
  - „Was ist Ehre?"
  - „Was ist Respekt?"
  - „Was ist Gewalt?"

Methoden mit Beispiel:
* **Biografiearbeit:** „Was hat mein Vater über Ehre gesagt?"
* **Rollenspiel:** Zwei Jugendliche spielen einen Konflikt durch: Dein Freund hat ein Foto deiner Schwester geteilt.
* **Trigger-Filme:** Kurze Clips (z. B. aus „4 Blocks" oder „Dogs of Berlin") – danach Reflexion in Kleingruppen.
* **Musik-Analyse:** Rap-Songs analysieren – z. B. Farid Bang vs. Samy Deluxe: Welches Männerbild wird vermittelt?

B. Soziale Gruppenarbeit

Jungengruppen mit festem Rahmen:
* Vertrauensübungen: „Was ich sagen kann, bleibt in der Gruppe."
* Gewaltfreie Streitkultur trainieren: Streiten, ohne zu schlagen.
* **Beispielübung:** „Du bist dein Held" – Jungen entwickeln Superhelden mit Eigenschaften wie Mitgefühl, Ehrlichkeit, Mut.

C. Elternarbeit
* Elternabende mit Rollenspielen: „Was würdest du tun, wenn dein Sohn sich in ein Mädchen verliebt, das nicht deiner Kultur entspricht?".
* Diskussionen mit kulturellen Vermittlerinnen und Vertrauenspersonen.
* Aufklärung über Rechte, Erziehung ohne Gewalt und alternative Umgangsformen mit Scham und Ehre.

D. Einzelfallhilfe und Krisenintervention
- **Situationsanalyse:** Welche Werte, Ängste und Loyalitäten stehen hinter der Eskalation?
- **Fallbegleitung:** z. B. bei Schulverweigerung nach Ehrenkonflikt.
- **Sicherheitspläne:** Wenn Gefahr durch die eigene Familie droht (z. B. bei Homosexualität oder ungewollter Partnerschaft).

Praxisbeispiel: Ein Jugendlicher will sich trennen, aber fürchtet Gewalt durch die Familie des Mädchens – Fachkräfte planen gemeinsam Ausstiegsstrategien und holen Unterstützung durch Schule und Jugendamt.

5. Mögliche Leitfragen zur Reflexion mit Jugendlichen
- Was wäre, wenn du keine Angst hättest, ‚Schwäche' zu zeigen?
- Wem willst du etwas beweisen – dir selbst oder anderen?
- Was passiert, wenn du dich nicht als ‚richtiger Mann' fühlst?
- Kann man stark sein, ohne andere zu kontrollieren?
- Gibt es andere Wege, Stolz zu empfinden?

6. Lernziele und Kompetenzen (bei Jugendlichen)
- **Emotionale Kompetenz:** Gefühle erkennen und benennen (z. B. durch Gefühlsampeln).
- **Ambiguitätstoleranz:** Aushalten von widersprüchlichen Anforderungen.
- **Empathie und Perspektivwechsel:** z. B. durch Rollentausch-Übungen.
- **Selbstbeherrschung:** Techniken wie „Gedanken-Stopp" oder „innerer Rückzugsort".
- **Soziales Verantwortungsbewusstsein:** Entwicklung eines Ehrenkodex der Gruppe: „Was ist für uns echte Stärke?".

7. Haltung der Fachkräfte
- Präsenz zeigen: „Ich bin da, auch wenn es unangenehm wird."
- Keine Verurteilung, aber klare Grenzen bei Gewalt.
- Selbstreflexion: „Was triggert mich in Männlichkeitsdiskussionen?".
- Solidarität mit verletzlichen Seiten – ohne jemanden lächerlich zu machen.

Übung für Fachkräfte: Eigene Männlichkeits- oder Weiblichkeitsbilder reflektieren – was wurde mir beigebracht?

8. Materialien und Medienvorschläge

- **Filme:** „Die Welle", „Systemsprenger", „Gegen die Wand", YouTube-Formate von Marvin Neumann oder Open Mind.
- **Texte:** „Was ist ein Mann?" – Essays oder Poetry Slams lesen und schreiben.
- **Comics:** „Habibi" (Craig Thompson), „Youssef" (Soufeina Hamed).
- **Musik:** Analyse von Tracks aus Rap, Pop oder Soul mit Bezug zu Gewalt, Männlichkeit und Scham.

B. Leitfaden für die Einzelberatung: Toxische Männlichkeit und Ehrverständnis – Prävention und Intervention

1. Zielsetzung im Einzelsetting

Ziel der Einzelberatung ist es, einen geschützten Raum für junge Männer zu schaffen, in dem sie:

- toxische Männlichkeitsbilder und Ehrvorstellungen reflektieren können,
- innere und äußere Konflikte verstehen lernen,
- neue Handlungsoptionen jenseits von Gewalt und Dominanz entwickeln,
- emotionale Kompetenzen aufbauen und Resilienz stärken.

2. Haltung der beratenden Fachkraft

- **Wertschätzend, aber konfrontativ:** Klare Sprache bei Grenzverletzungen, ohne zu beschämen.
- **Geduldig und prozessorientiert:** Veränderung braucht Zeit und Wiederholung.
- **Empathisch und authentisch:** Eigene Unsicherheiten offen ansprechen, ohne die Beratungsrolle zu verlieren.
- **Kulturell sensibel, ohne Relativierung:** Normen einordnen, aber individuelle Verantwortung einfordern.

3. Gesprächseinstieg und Beziehungsaufbau

Ziel: Vertrauen schaffen – ohne Druck auf schnelle Offenheit.

Einstiegsfragen:

- „Wer bist du außerhalb von dem, was andere von dir erwarten?"
- „Wie war das bei dir zu Hause – was galt als ‚stark' oder ‚männlich'?"
- „Wie gehst du damit um, wenn jemand dich ‚nicht respektiert'?"

Hilfreiche Methoden:

- Gefühlekarten oder Emotionsskalen
- Bildkarten zum Thema Ehre, Stolz, Stärke, Männlichkeit
- Mini-Soziogramm: „Wer erwartet was von dir – und was willst du selbst?"

4. Themenzentrierte Vertiefung
A. Biografische Reflexion

Übung: *„Mein Männerbild früher – heute – morgen"*

- Drei Kreise zeichnen:
  1. „Was habe ich als Kind über Männer gelernt?"
  2. „Was denke ich heute über Männlichkeit?"
  3. „Was wünsche ich mir für mein zukünftiges Ich?"

Ziel: Entwicklungsspielräume sichtbar machen.

B. Konfliktanalyse

Methode: *Ehrenkonflikt durchspielen (ohne Wertung)*
Beispielhafte Fallfrage:
  „Stell dir vor: Jemand sagt etwas über deine Schwester. Was geht in dir vor? Was fühlst du zuerst? Was denkst du? Was tust du? Was passiert dann?"
  Ziel: Automatisierte Reaktionen erkennen, unterbrechen und Alternativen erarbeiten.

C. Wertearbeit

Übung: *„Mein persönlicher Ehrenkodex"*

- Reflexion über: Was bedeutet Respekt für mich? Was ist Stolz? Was ist Stärke?
- Entwicklung eines eigenen, gewaltfreien Wertekatalogs
- Reflexion: Welche Werte will ich beibehalten, welche verändern?

D. Arbeit an Emotionen und Impulskontrolle

Techniken:

- Gedanken-Stopp
- Atemübungen (4-7-8-Technik)
- Körperwahrnehmung bei Wut (Wo spüre ich Wut? Was hilft mir?)

Übung: *„Wut-Tagebuch"*

- Wann bin ich wütend?
- Was war der Auslöser?
- Wie habe ich reagiert?
- Was hätte ich anders machen können?

5. Arbeit mit Medien und Vorbildern

- **Rollenmodelle analysieren:** Vaterfiguren, große Brüder, Idole aus Rap, Serien, Sport
  - „Was bewundere ich an XY? Was davon möchte ich selbst entwickeln?".
- **Videos nutzen:** z. B. Statements von Männern, die alternative Wege gegangen sind (z. B. von „Heroes"-Projekten, YouTube-Kanälen mit migrantischen Influencern).

6. Krisenintervention
Wenn akute Konflikte bestehen (z. B. Drohungen, Gewaltandrohung in der Familie):

- **Stabilisierung:** „Was brauchst du jetzt, um sicher zu bleiben?"
- **Netzwerk einbinden:** Schulsozialarbeit, Jugendamt, Polizei
- **Rollenklärung:** „Ich bin für dich da, aber Gewalt kann ich nicht dulden."

Notfallplan gemeinsam erarbeiten: Wo kannst du hingehen? Wen kannst du anrufen?

7. Zielvereinbarungen und Prozessdokumentation
- Gemeinsam konkrete Schritte definieren:
  - z. B. „Ich schreibe einen Brief an mein 14-jähriges Ich."
  - „Ich probiere, in der nächsten Woche in Konflikten zuerst zu atmen."
- **Verbindlichkeit herstellen:** Mit Karteikarten, Fotodokumentation oder Audioaufnahme.
- Regelmäßige Rückschau: „Was war schwierig? Was hat sich verändert?"

8. Evaluation und Abschlussreflexion
- Welche alten Muster erkennst du inzwischen schneller?
- Was bedeutet heute ‚ein Mann zu sein' für dich?
- Was willst du anders machen als die Männer, mit denen du aufgewachsen bist?
- Welche Haltung willst du an deine Kinder (oder jüngere Brüder) weitergeben?

C. Exkurs: Konfrontative Fragetechniken im Einzelsetting: Würde, Verantwortung und Ehrverständnis hinterfragen

Grundgedanke der konfrontativen Pädagogik
Konfrontative Pädagogik nutzt gezielte, bewusst provokante Fragen, um eingefahrene Denk- und Verhaltensmuster herauszufordern – insbesondere dort, wo sich Jungen und junge Männer hinter Idealen wie „Ehre", „Stärke" oder „Männlichkeit" verschanzen und destruktives Verhalten als legitim oder notwendig betrachten.

Diese Methode geht davon aus, dass Veränderung nicht durch reine Information, sondern durch emotionale Irritation entsteht – in der Begegnung mit Verantwortung, Scham, Mitgefühl oder Selbstachtung. Die Fragen zielen auf *Selbstkonfrontation*, nicht auf Bloßstellung.

Rahmenbedingungen für den Einsatz
- **Nur bei stabiler Beziehung:** Diese Fragen wirken nur, wenn ein gewachsenes Vertrauensverhältnis besteht.
- **Nicht in akuten Eskalationen:** Kein Einsatz im Affekt oder bei hoher emotionaler Spannung.
- **Gespräch auf Augenhöhe:** Die Fachkraft ist weder Ankläger noch Moralist – sondern Spiegel und Impulsgeber.
- **Anschließende Begleitung notwendig:** Konfrontation muss aufgefangen, besprochen und verarbeitet werden können.

Zielsetzung konfrontativer Fragen
• Werte- und Ehrverständnis kritisch beleuchten
• Verantwortung für das eigene Handeln anregen
• emotionale Betroffenheit erzeugen – als Zugang zur Empathie
• Widersprüche zwischen Selbstbild und Fremdwahrnehmung deutlich machen
• zur Selbstreflexion und Neuorientierung motivieren

Themenfelder & Konfrontationsfragen
A. Zum Thema „Ehre und Gewalt"

• *„Ist es ehrenvoll, jemanden zu schlagen, weil er dich beleidigt hat – oder ist es einfach nur schwach?"*
• *„Was genau an dieser Tat macht dich zum Mann?"*
• *„Wer hat dir beigebracht, dass Respekt bedeutet, Angst zu machen?"*
• *„Wen schützt du eigentlich – deine Ehre oder dein verletztes Ego?"*
• *„Was ist mutiger: zuzuschlagen oder stehen zu bleiben und zu reden?"*

B. Zur Verantwortung gegenüber der Familie
• *„Ist es ehrenvoll, dass deine Mutter jede Nacht nicht schlafen kann, weil sie nicht weiß, wo du bist?"*
• *„Glaubst du, deine Eltern haben dich großgezogen, damit du irgendwann im Gefängnis sitzt?"*
• *„Was würdest du deinem kleinen Bruder sagen, wenn er dich fragt: Warum hast du das getan?"*
• *„Wie wird dein Großvater reagieren, wenn er hört, dass du Gewalt angewendet hast – wird er stolz oder traurig sein?"*
• *„Ist es das, was du willst: dass deine Familie Angst hat vor deinem nächsten Schritt?"*

C. Zum Selbstbild als Mann
• *„Was ist ein richtiger Mann in deinen Augen – und bist du gerade dieser Mann?"*
• *„Wer hat das Recht, dich zu einem ‚richtigen Mann' zu erklären?"*
• *„Was ist stärker: zuzuschlagen oder zu sagen: ‚Ich will das nicht mehr'?"*
• *„Willst du Macht über andere – oder Kontrolle über dich selbst?"*
• *„Ist dein Stolz wichtiger als deine Freiheit?"*

D. Zur Wirkung auf das soziale Umfeld

- *„Willst du, dass deine kleine Schwester denkt, Männer müssen so sein?"*
- *„Denkst du, deine Freunde finden dich stark – oder benutzen sie dich, weil du der bist, der Ärger macht?"*
- *„Was glaubst du, denkt dein Lehrer wirklich über dich – dass du gefährlich bist oder dass du dich nur schützt?"*
- *„Wenn andere Jungs sich an dir orientieren: Was genau sollen sie sich abschauen?"*
- *„Was hinterlässt du, wenn du so weitermachst – Respekt oder Angst, Stolz oder Scham?"*

Methodische Umsetzung in der Einzelberatung
1. Reflexiver Einstieg

Beginne mit einer offenen Haltung:
„Darf ich dir eine sehr direkte Frage stellen – du musst nicht gleich antworten. Aber ich glaube, sie ist wichtig."

2. Raum lassen für Reaktionen

Erlaube Betroffenheit, Irritation oder Schweigen. Gib keine Antworten vor. Wiederhole die Frage ggf. in abgewandelter Form, aber ohne zu drängen.

3. Nachbereitung mit vertiefender Reflexion

„Was ging dir durch den Kopf, als du das gehört hast?"„Hast du dich dabei eher angegriffen oder eher nachdenklich gefühlt?"„Wenn du willst, schreib dir die Frage auf – und gib dir selbst morgen eine ehrliche Antwort."

Vertiefende Übung: „Ehrlich mit mir selbst"
Aufgabe für den Jugendlichen:
Schreibe auf ein Blatt:

- Die Frage, die dich am meisten getroffen hat.
- Deine erste spontane Antwort.
- Was dir danach durch den Kopf ging.
- Was du einem Freund antworten würdest, wenn er dich dasselbe fragt.

Wirkung und Chancen
Konfrontative Fragen bieten Chancen für:

* einen inneren Wendepunkt („So will ich nicht mehr sein"),
* den Einstieg in tiefer gehende biografische Arbeit,
* das Erkennen von Rollenkonflikten und Widersprüchen,
* die Entwicklung neuer, selbstgewählter Orientierungen.

Aber nur, wenn sie eingebettet sind in ein stabiles, zugewandtes Setting, das mehr bietet als bloße Kritik – nämlich Halt, Perspektive und Wertschätzung

Interview zwischen Mohamed und Dunya (überarbeitet* nach Originalaufnahme, erweitert)

Mohamed: Ich bin Mohamed, 47 Jahre alt. Ich arbeite als Inklusionsbeauftragter und bin bundesweit in mehreren Themenbereichen aktiv. Mein Ziel ist es, die Stimmen und Bedürfnisse von Menschen mit Migrationshintergrund und Behinderung sichtbar zu machen. Dieses Interview ist ein Teil meines neuen Buchprojekts über „Toxische Männlichkeit – Wenn Ehre zu Gewalt wird". Es ist mir besonders wichtig, dass du dich in diesem Gespräch sicher und respektiert fühlst, Dunya. Alles, was du erzählst, wird mit Vertrauen behandelt. Ich danke dir von Herzen für deine Offenheit und Bereitschaft.

Dunya: Danke dir, Mohamed. Ich bin bereit, offen zu sprechen. Ich teile, was ich bereit bin zu teilen, aber du kannst dir sicher sein, dass ich aufrichtig bin. Wenn neue Fragen entstehen, frag ruhig – ich antworte ehrlich.

Mohamed: Beginnen wir mit einer grundlegenden Frage: Wie hast du als Frau innerhalb deiner Herkunftsgemeinschaft den Begriff „Ehre" erlebt? Wie hat sich dieses Verständnis auf deine Entscheidungen und dein Lebensgefühl ausgewirkt?

Dunya: Unser Vater war früh nicht mehr Teil unseres Lebens. Dadurch fiel dem ältesten Bruder automatisch eine dominierende Rolle zu. Ehre war dabei ein ständiger Begleiter – ein Maßstab für Verhalten, Kleidung, Auftreten. Ich erinnere mich an Sommer, in denen es brütend heiß war, aber ich durfte nichts Kurzes tragen. Ich musste mich immer zurücknehmen, obwohl ich eigentlich ein extrovertierter, neugieriger Mensch bin. Das war eine enorme innere Zerrissenheit. Meine Schwester hat sich stärker angepasst, sie hat das System angenommen. Ich hingegen habe mich oft wie ein „Junge" verhalten, im Sinne dessen, was unsere Gesellschaft für „männlich" hält: Ich habe Fußball gespielt, war draußen unterwegs, habe mit meinen Brüdern

Blödsinn gemacht. Zuhause sitzen, Haushalt machen, das war nie meine Welt. Vielleicht auch deshalb, weil das Frauenbild in unserer Familie extrem eingeschränkt war.

Wenn ich mit meinen Brüdern unterwegs war, fühlte ich mich frei. Wir haben Neues erlebt. Aber sobald ich allein war oder unter Frauen, war ich wieder eingesperrt – immer dieselben Gespräche über Heirat, Kleidung, Familie. Ich habe mich oft gefragt: War das alles? Wo war der Raum für meine Träume, meine Gedanken?

Mohamed: War das Bedürfnis nach Selbstbehauptung auch ein stiller Protest gegen diese Enge?

Dunya: Absolut. Ich habe nie akzeptiert, dass Respekt bedeuten soll, mich selbst zu verleugnen. Mein Bruder verdient Respekt – ja – aber nicht auf Kosten meiner Freiheit. In unserer Familie ist jeder stark, aber als mittleres Kind bist du oft unsichtbar. Ich musste darum kämpfen, überhaupt wahrgenommen zu werden. Das war sehr prägend.

Mohamed: Du hast deinen Vater erwähnt – was war da genau los?

Dunya: Er ist meiner Mutter untreu gewesen. Und das war kein einmaliger Ausrutscher, sondern ein strukturelles Verhalten. Meine Mutter hat das lange mit sich machen lassen. Sie war unglaublich aufopferungsvoll – was aus heutiger Sicht nicht klug war. Aber sie kannte es nicht anders. Ich habe ihr nie die Schuld gegeben. Ich habe gesagt: Du wurdest so erzogen – zu schweigen, zu ertragen, für die Kinder da zu sein, der Familie zuliebe zu bleiben.

Ich habe irgendwann aufgehört, ihre Entscheidungen zu bewerten und angefangen, sie zu verstehen. Durch Bildung, Gespräche, eigene Erfahrungen habe ich einen anderen Blick bekommen. Als die Situation zu Hause eskalierte, kam die Polizei. Es kam sogar so weit, dass mein Bruder mitgenommen wurde. Das war ein Wendepunkt.

Mohamed: Wie hat deine Mutterfamilie – ihre Eltern oder Geschwister – reagiert?

Dunya: Leider genauso wie man es erwartet: „Für die Kinder", „für den Ruf". Es ging nie um das, was meine Mutter wirklich gefühlt hat. Ihre Gefühle hatten keinen Platz. Ihre Tränen waren zweitrangig. Hauptsache, das Bild nach außen blieb intakt. Das hat mich wütend gemacht. Und traurig.

Ich war schon immer anders. Ich habe mich nie dafür interessiert, was andere denken. Ich bin das schwarze Schaf – aber das ist für mich ein Kompliment. Ich habe gelernt, mich selbst zu behaupten. Und meine Mutter? Sie erkennt das heute an, auch wenn sie es nicht immer versteht.

Mohamed: Gab es Versuche, dich in bestimmte Rollen zu drängen?

Dunya: Ja, sie hat zum Beispiel gesagt: „Du bist ein Mädchen, du könntest Kopftuch tragen." Nicht, weil sie wollte, dass ich es tue – sondern weil sie wusste, dass es mir egal ist, was andere denken. Heute konfrontiere ich sie bewusst mit meiner Realität: Ich erzähle ihr von Dingen, die sie vielleicht nicht hören will – aber sie soll mich kennen, wie ich bin. Nicht nur das Bild, das sie gerne hätte.

Mohamed: Wie war das mit deinen Brüdern? Gab es da Druck, stark zu wirken?

Dunya: Ja. Man hat nie Schwäche gezeigt. Nie. Ich habe meine Onkel nur einmal weinen sehen – als ihr Vater starb und selbst das erst, als alle anderen weg waren. Und auch meine Brüder mussten früh stark sein. Auf einmal ging es nicht mehr ums Spielen, sondern um Ehre, Verantwortung, Status.

Ich war nicht mehr die Schwester, die draußen mit ihnen rumhängt – ich war „das Mädchen", das sich fügen sollte. Mein jüngster Bruder ist besonders sensibel. Er hat nie eine intakte Familie erlebt. Er ist ruhig, lässt andere scheinen. Das hat mich beeindruckt. Ich habe irgendwann erkannt: Ich brauche eure Bestätigung nicht. Ich bin genug. Ich habe gesagt: Wenn ich bei euch bin, fühlt es sich an, als würde ich euch ein Stück vom Kuchen wegnehmen.

Mohamed: Was hat diese Erkenntnis mit dir gemacht?

Dunya: Sie hat mich radikal emanzipiert. Ich habe mich innerlich gelöst. Mein mittlerer Bruder war so überfordert, dass er zusammenbrach – physisch, psychisch und im Krankenhaus landete. Der Jüngste? Der hat nie eine echte Kindheit gehabt. Aber keiner zeigt Schwäche. Selbst nach der Geschichte mit dem Krankenhaus. Sie stehen wieder auf und machen weiter. Diese Härte – sie hat mich geprägt, aber auch entfremdet.

Ich habe meiner Mutter vergeben. Aber ich kann nicht in ihr System zurück. Ich habe gelernt, mit Einsamkeit zu leben. Sie war oft mein einziger sicherer Ort. Ich war das Kind, das irgendwie „mitlief" – aber nicht gesehen wurde.

Mohamed: Was würdest du Mädchen sagen, die heute in einer ähnlichen Lage sind?

Dunya: Ich würde niemals sagen: Geh denselben Weg. Es war hart. Aber ich würde sagen: Es gibt Alternativen. Schau über deinen Tellerrand. Sprich mit anderen, schau dir andere Familien an. Beobachte, wie anders Brüder mit Schwestern sprechen können. Es gibt ein Leben jenseits dieser Enge.

Du bist kein Besitz. Du bist du. Und du darfst fühlen, denken, wählen. Wenn du bereit bist – geh den Schritt. Wenn nicht – such dir Hilfe. Es gibt sie. Ich habe es spät gelernt, aber sie war da. Menschen, die zuhören. Die dich ernst nehmen.

Deine Ehre ist nicht abhängig von dem, was andere sagen. Sie ist das, was du für dich definierst. Lass dir das nicht nehmen.

Mohamed: Hattest du Kontaktabbrüche in deiner Kindheit oder Jugend?

Dunya: Ja. Und sie haben mich geformt. Ich habe mich oft wie ein Geist gefühlt – nicht ganz da, nicht ganz weg. Selbst heute, nach Jahren der Distanz, weiß ich: Es bleibt schmerzhaft. Ich telefoniere wieder mit meiner Mutter – nach fast drei Jahren. Aber sie ist unstet. Wenn ihr etwas nicht passt, zieht sie sich zurück.

Früher habe ich ihr gesagt, was sie hören wollte. Heute sage ich ihr die Wahrheit. Auch wenn sie wehtut. Ich möchte nicht geliebt werden, weil ich funktioniere – sondern weil ich echt bin.